陕西出版资金资助项目

A Short History
of the Chinese People

［美］富路德 著
吴原元 译

# 中华民族简史

西北大学出版社

著作权合同登记号:陕版出图字 25-2014-336

**图书在版编目(CIP)数据**

中华民族简史/(美)富路德著;吴原元译. —西安:西北大学出版社,2017.12(2024.5重印)
书名原文:A Short History of the Chinese People
ISBN 978-7-5604-4111-5

Ⅰ.①中… Ⅱ.①富… ②吴… Ⅲ.①中国民族—民族历史 Ⅳ.①K28

中国版本图书馆 CIP 数据核字(2017)第 316374 号

### 中华民族简史

[美]富路德 著
吴原元 译

| | |
|---|---|
| 出版发行 | 西北大学出版社 |
| 地　　址 | 西安市太白北路 229 号 |
| 邮　　编 | 710069 |
| 电　　话 | 029-88302590 |
| 经　　销 | 全国新华书店 |
| 印　　装 | 陕西博文印务有限责任公司 |
| 开　　本 | 889 毫米×1194 毫米　1/32 |
| 印　　张 | 13.5 |
| 字　　数 | 299 千 |
| 版　　次 | 2017 年 12 月第 1 版　2024 年 5 月第 2 次印刷 |
| 书　　号 | ISBN 978-7-5604-4111-5 |
| 定　　价 | 79.00 元 |

如有印装质量问题,请与西北大学出版社有限责任公司出版部联系调换。电话:029-88302966

**版权所有　　侵权必究**

献给

罗伯特·K. 赖肖尔(Robert K. Reischauer),

"二战"中第一个美国受害者,是他促使本书的写作。

# 目　录

第一版序言　/　1
第三版序言　/　4

## 第一章　中华民族之初始　/　1
第一节　史前时期　/　3
第二节　历史时期　/　9
　　一、商(前1523—前1028)　/　9
　　二、周(前1027—前256)　/　21
　　　(1)周初　/　21
　　　(2)中周与晚周　/　24

## 第二章　初期帝国　/　33
第一节　秦(前221—前207)　/　35
第二节　汉　/　41
　　一、西汉(前202—9)　/　41
　　二、过渡期：新朝(9—23)　/　46
　　三、东汉(25—220)　/　48
第三节　汉代文化　/　52

## 第三章　政治分裂时期　/　65
第一节　三国与西晋(220—317)　/　67
第二节　东晋与突厥—匈奴—蒙古族人王朝(317—420)　/　91
第三节　北方的北魏与南方的宋、齐、梁、陈(420—589)　/　106

第四章　中国重新统一:隋唐(590—906) ／ 125

　　第一节　隋(590—618) ／ 127

　　第二节　唐(618—906) ／ 131

　　第三节　隋唐时期的宗教与文化 ／ 138

第五章　分裂,宋与分治的北方及西北 ／ 171

　　第一节　五代与十国时期 ／ 173

　　第二节　宋(960—1279) ／ 177

　　第三节　契丹、西夏与女真 ／ 195

第六章　元朝时期(1260—1368) ／ 203

第七章　明朝时期(1368—1644) ／ 225

第八章　清朝时期(1644—1912) ／ 253

第九章　民国时期(1912—1949) ／ 273

**附录** ／ 283

　　补充阅读书目 ／ 285

　　年代表 ／ 307

　　史表 ／ 309

　　汉字对照表 ／ 312

　　索引 ／ 321

**中外学者关于本书的书评** ／ 385

　　(一)胡适的书评 ／ 387

　　(二)杨联陞的中文书评 ／ 389

　　(三)杨联陞的英文书评 ／ 391

　　(四)邓嗣禹的书评 ／ 393

（五）韩玉姗的书评 / 395

（六）赖德烈的书评 / 397

（七）柯睿格的书评 / 399

（八）萧洛克的书评 / 401

（九）宓亨利的书评 / 402

（十）T. H. Lindsay 的书评 / 403

（十一）M. A. S 的书评 / 405

（十二）L. M. King 的书评 / 407

（十三）P. H. C 的书评 / 408

**译后记** / 409

## 第一版序言

中华民族的历史通常很难讲述得全面而详细。她的历史很古老,但每年都有关于她的新看法。与此同时,中国人正在我们眼前创造历史。我们从来没有像现在这样需要去理解,此时的中国人为何会如同我们一样开始为保卫他们自己的生活方式而愿意做出如此牺牲。

中国人不同于我们,他们又比印度人、越南人或日本人更像我们。在上次大战结束(指"一战"——译注)时,作者同一批隶属于美国军队的中国劳工共处了一段时间。尽管存在着语言和习俗的障碍,然而困惑中的美国士兵却一次又一次帮助引导中国劳工,不由得使作者注意到他们与中国人之间存在着与生俱来的相似性。他们同其他人一样想解释这种现象。因此,我们值得去了解中华民族是如何沿着时间长河从旧石器时代一路走到现在,并考察其历史记录。

研究中国历史的另外一个原因,是将其作为一种比较和对照,为我们自己服务。由于与世界其他一些伟大文明处于半脱离状态,中国人的演化在某些方面像我们一样,然而在某些方面又有所不同。他们有着伟大的历史传统,如同罗马人一样,印度人却并不具备。为什么?中国人对于星象有着相当的了解,设计出一套可行的历法,并在数学、医学、工程技术、建筑、地理学、史学批评方面取得了令人赞叹的成就,却没有形成一套完整的科学方法,这又是为什么?人们可以提出许多类似的问题。并非所有问题的答案都在这本书中。然而,作者希望的是,通过阅读本书,读者对于历史背景能够比之前有着更为全面的理解,并更具获取问题答案的能力。其中部分问题,只能以推测性的答案予以解答,这些推测性的答案当然难以让人完全满意。对于作者来说,依然只是希望通过对中华文明进行深入透彻的研究,从而使无论欧洲的、西亚的、美洲的或任何其他地区的历史研究者能够在理解历史时有一个更好的基础。事实上,这是达成一种全球性理解(a global understanding)的唯一路径。

最后一个理由是,我们在许多方面将从中国人的经验性知识中获益良多。举两个例子:有关中国 11 世纪政治家王安石①的政策及其实施,据说副总统华莱士对这方面的材料进行了秘密整理并加以消化吸收;另外一个例子是,美国农业部门多年来一直在积极学习并利用中国人在造林、农作物生产、肥沃土壤、预防植物病虫害等方面的经验。类似的例子还可举出,我们也应该寻找这样的例证。

要对任何一个涉及范围如此广泛的研究主题进行概要性处理,必定是不均衡的。每一部中国通史性著述都存在这种缺陷,著者意识到本书也不例外。然而,著者希望在《补充阅读》这一章

---

① 现在看来,华莱士感兴趣的并非王安石,而是王莽。参见他给卜德(Derk Bodde)的信,见《远东季刊》(*The Far Eastern Quarterly*, Vol. 5, No. 4),1946 年 8 月。

中提出的建议能提供一些补救办法。著者已意识到有一件事需要做些解释。政治分裂这一章(第三章)很长,原因有三:其一,如果对这段如此复杂时期的讨论加以缩写,这将使其毫无意义;其二,佛教和道教——尤其是前者——已经形成它们各自的特征,并对中国人生活的各个方面产生了至关重要的影响;其三,这一时期正是中华文化扩散并对韩国、日本及其他相邻地区文化产生影响的时期。要了解它们,人们不能对公元200年后的这四个世纪仅有粗略的了解,应具有更为丰富详细的知识。

在此,作者必须承认获得了来自多方面的帮助,并对所获得的帮助表示感谢。首先,感谢我的学生们,是他们教会了我许多东西;感谢我的同事们,我从他们那里收获了友善的批评和帮助;感谢Harper & Brothers出版社的多萝西(Dorothy)小姐,她在本书编辑上给予了帮助;感谢亨利·C.芬恩(Henry C. Fenn),他慷慨地允许我改编他的一幅图表;对一些个人和机构要致以感谢,他们允许我将其照片用作插图;还要对许多著作和论文的作者们表示感谢,我引用了他们著述中的翻译并已在文中注明;另外,要感谢众多不同年龄和身份的中国朋友。作为其结果的这部著作,虽有愧于他们的帮助,但他们的投入和付出却使得本书的出版成为一件值得衷心祝福之事。

富路德<br>1941年

## 第三版序言

自本书于1941年首次出版以来,中国人或许承受着比其他民族更为显著的压力。其结果是,他们在政治、军事、社会和文化等生活的各个方面都发生了深刻变化。这一版像第二版一样,考虑到了这些变化;同时,利用此次机会,作者根据最新研究对文本做了一些修订。

富路德

1958年9月于纽约

# 第一章

# 中华民族之初始

The Beginnings of the Chinese

## 第一节　史前时期

中华民族的历史,就是中国人在大河流域和平原繁衍生息,并在亚洲属于他们自己的内陆部分和亚洲内陆以外的沿海区域逐渐发展的故事。如同希伯来一样,关于中国的传说故事一度被认为始于公元前5000年。但是,最近的考古发现将这一时间推至更为久远的年代,并使我们能够描绘出史前中国人曾经或渔猎或耕作竭力谋生的生活画卷。

一种被称为原始人的类人猿动物曾在中国北方出现,它出现的年代一度有着从10万年前到50万年前等不同的推测。这些原始人的化石,在某种程度上比在世界其他地区所发现的绝大多数同时代化石更为原始,因为这些化石被发现时是同数千块石头、骨头、角状工具、烧焦的骨头和木炭灰、吃剩的食物及许多动物化石(其中一些动物现在已灭绝)紧密连在一起。这些原始人似乎已经知道如何依靠两只脚直立行走;他们已会使用火,但尚不具备制造工具的技能;其脑容量(850~1220CC)大约是大猩猩、黑猩猩及其他高等灵长类动物的两倍,但比现代人的脑容量(一般是1350CC)要小;他们能够清晰地说话。原始人颅骨和牙齿的遗骸具有五种特征,这些特征对于东亚现代人来说相当普遍,却并不常见于其他地区的现代人。亚洲的智人似乎是从这种或相关

旧石器时代东亚地形图

种类的原始人即俗称的蒙古人种缓慢进化而来。

中更新世①的冰川,中断了中国北方人种的进化及大量陆地人群向北部和西部的持续迁移。这个巨大冰盖的平均厚度从欧洲的 6500 英尺②到乌拉尔山脉的 2300 英尺不等,其厚度随着接近蒙古逐渐趋于平稳。巨大的冰盖激起了史上速度最快的风暴。伴随着从冷到暖的气候变化,这些风卷起了塔里木和戈壁滩平原等地区的土壤(它们即因此而干燥),并使其沉积在从甘肃大部到北直隶海湾(指渤海湾)③的整个黄河流域。尽管不是完全不可能,这种条件使得生存变得困难,一度迫使人们迁移到其他地方。

冰川期结束时,一种特有的原始人种又回到了这片土地,因为在整个中国北方、蒙古、满洲和西伯利亚的原生黄土层顶部都发现有他们的遗迹。大概在 1.2 万年至 2 万年前时,这一人种开始迁徙到北美洲,也可能迁徙到日本。他们在制造诸如针等工具方面的能力非常出色;他们常从遥远的地方采石,并以小型群居的方式生活;他们无疑已掌握了有关作物的根叶、鱼类以及平原动物的大量知识。一项考古发现表明,他们已开始从铁矿石的表面获取红色粉末。到 6000 年至 7000 年前,他们以更大规模的群居方式居住于洞穴中;他们至少驯养了猪这样一种动物,并已会

---

① 中更新世(Middle Pleistocene)是第四纪冰川更新世中间的一个时期,这一时期气候周期转型,全球冰量增加,海平面下降,哺乳动物迁徙或灭绝。——译注

② 1 英尺大约相当于 0.3048 米。——译注

③ 明永乐初年移都北平(今北京市)后,又称直隶于京师的地区为北直隶,简称北直,包括今北京、天津两市以及河北省大部和河南省、山东省的小部地区。——译注

制作粗陶,其中一些陶器有 18 英寸高的尖底;石刃锄是其主要耕作工具;弓和箭则可能是其防御和进攻的主要武器。

几个世纪之后,狗开始加入到家庭之中。小米成为他们的主要农作物,同时开始种植小麦和旱稻。当土地产量下降时,他们便迁徙到另外一个地方,开荒、松土、种植其农作物。他们仍继续渔猎;为了帮助防御,他们又设计了一种带有竹尖的长矛;其衣服由兽皮、树皮制作而成,或许也用麻纤维保暖;他们用穿孔的贝壳来装饰打扮女人。在一些地方,尤其是黄河流域的中上游及北方,陶器制作有了进步,已开始使用陶艺旋盘(a potter's wheel)。在其所制作的几种形状的陶器中,有一些着色了,既有单色也有多色,在西亚、俄罗斯和印度也发现有其类似物;其中最早的被称为绳纹陶器,这可能是东亚所独有的,其特征是尖底。或许出于交换的目的,也可能出于装饰和美感,石器时代的人开始使用贝壳,这种小贝壳可能来自印度半岛西南部的马尔代夫群岛这样遥远的地方。

在以后的几个世纪,聚居人群从山东半岛扩展到杭州湾,并远至河南等内陆省份。第二次世界大战爆发前后许多遗址的坐落地表明,这些定居点的平均大小约为 75 万平方英尺,通常夯有土墙环绕。部分地下住所为圆形,地面上平坦地铺着泥土,中心是火炉。这些人的主要工作是从事农业耕作①,但他们也打猎、捕鱼和

---

① 他们在林木相对较少地方的生活经历,确凿无疑地证明了"农耕方式所能养活的人口是狩猎方式的 20 至 50 倍"(魏特夫[K. A. Wittfogel],《中国史前社会》["The Society of Prehistoric China"], zeitschrift fur sozial-forchung, VI-II;169, n. 7, 1939)。

饲养动物。除猪和狗外,他们还饲养马、羊和牛。他们通过龟甲占卜预测未来,它是根据对牛和鹿的肩胛骨加热后所形成的裂缝进行预测。死者被埋葬于长方形的墓坑中,头部朝向他们居住地的正中央。

他们用淡水软体动物的贝壳制作了各种各样的工具,如小刀、刮刀、镰刀、箭头、针和吊坠。然而,他们却是因黑陶而闻名于世,这种黑陶薄且有光泽。他们制造了碗、盆、酒杯、杯子、烧杯、罐、壶、坛子、中空的三足鼎,甚至有如娃娃大小的容器和摇铃等玩具。

公元前2000年时,仍没有书写或使用金属(除了着色问题外)的任何迹象。在这些定居点内,一定存在某种形式的政府,因为其内部需要有法律和规则来维持,尽管各个定居点之间可能不存在法律和规则。但是,我们除了猜测对此一无所知。

在公元前的第一个千年期间,书写中国历史的文士将接下来的500年确定为中原第一个统治王朝夏朝。根据一份材料,夏朝始于公元前1994年,并持续到公元前1523年(不为学者们普遍认同的另外一份材料认为,夏朝始于公元前2205年)。根据传统说法,在这500年间一个又一个酋长统治着诸多城邦,他们或许是在黄河最后一个大转弯处即靠近山西的某个地方开始发源。他们的臣民已知道使用青铜兵器、乘坐战车去打仗、从事农业耕作和养蚕,并用书写的方式记录下他们的想法。事实上,目前还没有满意的证据能证明这一国曾经存在。没有一件礼器、兵器或铭文,我们能确证是夏朝的。不过这许许多多的从商代传下来的工艺及文字,绝不是初民所为,在中国一定早有了好几百年的历史。这些东西使我们可以断定,即使没有过夏朝,在黄河岸上也

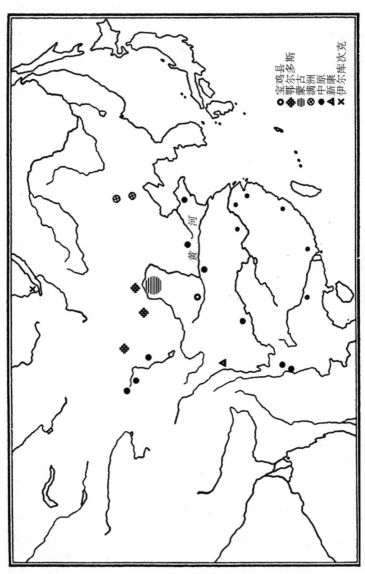

新石器时代东亚地形图

一定有过几个中心会铸造青铜器、知道蚕的用处、使用战车并开始有文字了,他们已迈出了朝向文明的第一步。

## 第二节　历史时期

### 一、商（前 1523—前 1028）

中国历史开始的时间,差不多是在公元前第二个千年的后半期。1924 年年底,卡特(Thomas Francis Carter)①教授制作完成一份中国历史图表,在这份图表中,他将这整个千年都置于史前时期。在中国考古学家与美国华盛顿佛利尔美术馆最初的合作中,他们在今河南省北部的洹河(黄河的支流)一带,通过考古挖掘,获得了一系列非常重要的考古发现。据此,这种看法在 1928 年被改变了。然而,"历史"这个词存在限定条件。尽管科学家致力于精确其年代②,但我们仅有资格说某事件或某物品是发生在或制造于这五百年间某一不确定的时段。直到公元前 9 世纪和公元前 8 世纪,中国历史上所发生的事件才有日期,但也须谨慎采用。

都城附近的区域为王室统治后,中国人称这一时期为商(其

---

① 卡特(1882—1925),曾任哥伦比亚大学中国语言系主任、教授,著有《中国印刷术的发明及其西传》。——译注

② 董作宾于 1945 年出版的《殷历谱》,在历法方面具有重要贡献,但其观点并没有被普遍接受。董作宾坚持商开始于公元前 1751 年,结束于公元前 1112 年,他同斯德哥尔摩的高本汉(Bernhard Karlgren)和剑桥大学的德效骞(Homer H. Dubs)就此问题产生了激烈争论。

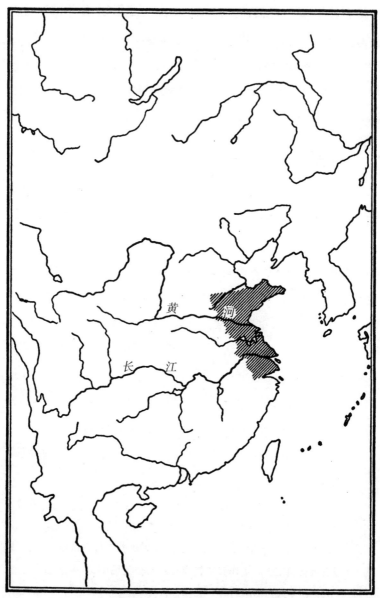

中国黑陶遗址图(图中虚线阴影部分)

后来的名称是殷)。前面所提到的文献,将其年代确定为大约公元前1523年至公元前1028年。商朝的起源只能靠猜测。然而,我们确信其在许多方面已有非常重要的发展。比如,出现了能够号令众多小酋长的统治集团,这些小酋长则相应地管理农民;已能够在战争中使用轮式车辆,并拥有相当规模的军队①;能够发起并进行公共工程的建设,并能举行显然代表全体族人的宗教仪式。在这些发展中,人口的增加一定包括在内,这就需要在某些方面进行一定的集权:为了防备干旱、洪灾及被围攻时之所需,需要储存小米、小麦及水稻;为了铸造工具和武器,需要广泛收集金属,并由此需要提高部分人的专业技能。

根据传统史家的说法,第一位商王成功征服了1800个城邦。要将这些城邦更加强有力地凝聚在一起,显然存在着周期性的困难。他们好几次都被迫迁都,或许是因为突袭或防御困难,或许是因为洪水这样的灾难。都城的确切位置现在已无从知晓,可能是在今河南郑州、山东济南或陕西西安附近,因为最近考古学家在这些地方发现了大量商文化早期和中期的遗迹。大约在公元前1300年,一位统治者和他的朝廷来到今安阳附近,他们在此慢慢建立起一座拥有宫殿、庙宇和陵墓的城市。

这座都城的发现,为迄今对商代仍只有模糊认识的某些方面提供了线索,因为该建筑物及其附属物的遗迹要比那些并不太复杂的结构和装饰更好地经受住了潮湿和人为破坏。我们除了能够借此了解到有关建筑、防御武器及礼器方面的确切知识外,亦

---

① 据说,武丁王在三个月的时间内即为其军队招募到2.3万人,但大多数军队的规模要小很多,大体上在3000~5000人。

能从所发现的成千上万片铭文中获取大量信息。这些铭文大多是碎片,仅代表这一时期书面文献的一小部分。在戟的刀片或祭坛所用的碗片等青铜器以及陶器和玉器上,都有一些简短铭文,但是大多数铭文都是发现于动物的骨头或龟壳上,现在这种产自长江流域或更为遥远的南方龟已灭绝。这些铭文表明,占卜已成为一种由专门的祭司操作的艺术;祭司不仅要教授占卜,还要记录下君主的问题和上天的回答。其中一些铭文表明,官府中有一个特殊的群体,其职责是负责记录。这些铭文还表明,除了在金属、壳及骨头上书写外,商代中国人也在木头、竹子甚至丝绸上进行书写。根据书写表面的不同,他们的工具应包括小刀或刻刀及原始的画笔;用于木头和陶器的油墨,可能由煤烟制成;并且,此时的中国人还常将朱砂抹于刻画线之中。

非原始性的书写和大约 3000 个(其中约有 1400 个能被识别)书面文字表明,在公元前 1300 年前它已有一段相当漫长的历史。但是,最初写在什么地方仍是未解之谜。根据东亚和西亚文士(scribes)所用的某些字在象形形状上存在的相似性,一些学者将其同西亚联系在一起。或许它们之间有关系,但埃及的象形文字同中国的象形文字之间存在着约两千年的差距。事实上,诸如太阳和雨等字的象形符号,完全有可能是早期中国人自己独立想象设计出来的,正如北美的苏族人和奥日贝人一样。更为重要的是,下列事实使独立起源的观点更具说服力:5、6、7、8、9、10 这些数字以及表示中国天干地支的 22 个汉字符号,在其他地方找不到任何与其相类似的文字符号。显然,在黄河流域内部象形文字符号本身存在某些延伸性发展,因为许多文字符号已具有纯粹的中国意涵。一位著名的英国研究者评论道,这些文字符号甚至在

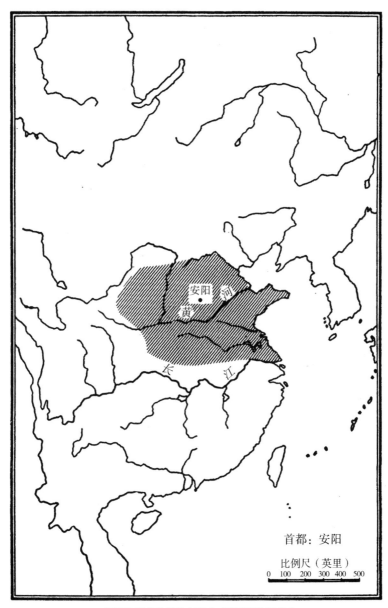

商朝统治疆域图（图中虚线阴影部分）

殷商时期已是"如此格式化并具指意性,这意味着它有一段非常非常漫长的过去"。

  这些文字符号有着不同的类型。诸如身体部位、动物、鸟、植物、小河、丘陵、木筏、兵器及天体这类常见的东西,象形文字是用描绘其轮廓和局部片断的方式来表示。表意文字则用图画的形式来表达思想,例如用一支箭放在弓上表示"射击";用鸟筑巢表示"向西"。尽管大多数符号在形状上存在着叠嵌,以至其最初的意思现在只能靠猜测,但是象形文字和表意文字连同在现场发现的古器物,还是给我们提供了有关那个时代物质文化方面的宝贵信息。那些对这一正处于快速发展之中的科学分支①并不了解的学者们,他们提出的不成熟观点和解释,我们在接受时应多加审慎。例如,有部分学者坚持认为,两个女人处在同一屋檐下表示的是"家中烦恼",然而在汉语字典中找不到这样的字。毫无疑问,我们的知识进步已经远超过 80 年前的状况。80 年前,《汉英字典》(*A Chinese-English Dictionary*,1892)的伟大编纂者翟理斯(Herbert A. Giles)②博士在其序言中宣称:"这里并没有留存任何一个真正带有图画性或象形性质的铭文范例,可能像这样的铭文从来就不曾存在过。"

  另外,这些早期的汉字经常"借用"符号,因为同其发音相似的字已经有了符号标识。例如,如果英语单词"bang"这一符号标

---

  ① 指语言文字学。——译注

  ② 翟理斯(1845—1935),前英国驻华外交官、著名汉学家。研究领域为中国语言、文化、文学研究及翻译,一生翻译了许多孔子、老子等中国古代思想家的著作。——译注

识的是"一种爆炸",而同其有相同发音的另外一个词表示的是某种风格的女人发式,那么这个符号标识可用来表达这两种意思。在以后的岁月里,尽管发现了其年代可追溯至殷商时期的一些例子,但汉字是根据这一原则进行构造,即它应由两部分组成,一部分提示其意,另外一部分则提示其发音。例如,"石"表示的是与石头有关的东西;"包"提示其发音是"p'ao"或"pao"。在中世纪时期,中国人发明了弩砲——或许是从国外引进而来。他们将其称为"p'ao",并写作"砲"。后来,当弩砲发展为"炮"时,它也被称为"p'ao",但在写的时候已带有关键的"火"旁,即"炮"。即使到今天,中国象棋的一方仍有两个标记为"砲"的弩砲,而与之相对的另一方有两个标记为"炮"的炮。古时候在创建"书写的声音(written sounds)"时采用这种"关键字加拼音"的原则,使得中国人几乎能够同科学家根据拉丁语或希腊语创造新词语一样自由地发明创造新汉字。正如顾立雅(H. C. Creel)①所说:"现代汉字构造中的每一重要原则,早在三千年前就已不同程度地在使用。"随着时间的流逝和书写材料的变化,汉字已变形或约定俗成化(一些汉字已几乎面目全非),并有了极大增补;但是,早期文士所设计的一套系统不仅持续到今天,还扩散到了包括日本、韩国及越南在内的绝大部分东亚地区。

刚开始时,书写方向并没有固定,但通常是按照垂直线方向书写。这样书写的原因并不清楚,也许是因为用于书写的竹片或木牍

---

① 顾立雅(H. C. Creel,1905—1994),美国芝加哥大学教授,曾任芝加哥大学东方语文系主任、美国东方学会会长、亚洲学会会员等,是西方著名的汉学家,著有《中国之诞生》《孔子其人及神话》等。——译注

形状狭长,也许是为了符合死去先人坟墓旁所竖立墓碑的形状。不管怎样,这种垂直书写仍在延续,并影响了回鹘人、蒙古人和满族人的书写,虽然这些少数民族采用的是地中海民族的字母文字。①

尽管最近的考古发现给我们提供了大量关于文字的信息,但我们对口语却知之甚少。铭文表明,这些文字的词序跟我们的并无不同,它们中有代词和介词——如同我们的语言一样,在谈到同一人名时仅用部分汉字来指称;并不是通过名词的变音或转调来显示数量或词性;所使用的动词中没有共轭的成对。然而,我们现在只能通过研究更晚时期的词组来猜测其读音。也许用于口语中的词,要远多于保存在骨头和龟壳上的词。也许还存在许多方言;人们相互间的交流缓慢且具有误解的危险,因为某些词在书写时存在许多变化。直到十个世纪以后,统治集团强制采用唯一的书写形式,书写的问题才通过行政命令的方式得以解决,但方言却伴随着不断的改变一直延续到今天。

中央朝廷和其他地方的文士是提供管理职能的统治阶层。在这个统治阶层中,处在最顶端的是君主以及陪伴他的王后和王妃们②——后来文献中共出现了31位君主的名字,铭文包含有其

---

① 基于一些未加解释说明的原因,在印度博学之人的指导下,公元7世纪藏人将梵文作为他们文字的基础,尽管他们同中原人有着长久而密切的联系,并且大量借用后者的文化,但他们却从未采用这种垂直方向书写。同样难以理解的是,与早期藏人繁荣于大致相同时期的回鹘族人,在书写时最初采用的是西方人的水平排列方式,后来改为汉人的垂直方式。

② 在婚娶方面,后来的统治者和诸侯们常被鼓励娶9位或12位妻子,所娶女子来自其所在地之外的国家或城邦。参见 T. S. Tjan,《白虎通》,第251-252页。

中的23位。由阉人来掌管王室的可能性非常小。在战争、狩猎及由君主充当臣民与上天之中介的特殊祭祀中,君主居于统领地位。在某种程度上,君主在这种特殊祭祀中还具有一种僧侣的功能。对于令其困惑的问题,他向祖先请教——这可能就是祖先崇拜的开始。继承的法则是混杂的,有些是父死子继,有些是兄终弟及,另外还有背离这两种惯常做法的五种其他法则。

市政已经十分发达,这从都城大量官员的头衔即可得知。他们的职责主要是管理贡款的收支、公共建筑和防御设施的建造以及水利。祭司是君主的重要伙伴,他们可能主持所有的祭祀仪式,并就所有事情向君主提出建议,以避免君主冒犯那个看不见的世界即上天。他们为寺庙中的王室祖先及庙宇内外的诸神提供祭品。祭品包括羊、猪、狗、牛,有时还包括马甚至人,后者可能是偷袭敌人领地时所获的俘虏。

在殷商以及整个历史时期,历法的确定是政府的主要职责之一,因为在很大程度上所有人都依赖它从事农耕,这项职责也确定无疑是由祭司负责。商代历法虽复杂难懂,但相当稳定,并经常进行调整以使其同季节保持一致。最短的时期是10天,三个这样的时期构成一个月(有时则缩短一天),这是因为月亮盈亏的缘故。6个10天构成一个循环周期①,这是一个基本单位,其中的每一天都有一个由两个字组成的名称。6个这样的循环周期构成一年。一位学者曾言,"年"这个汉字代表着一个人背上背着一捆谷物;换言之,即中国北方一种农作物的年收成。当有必要时,历法机构的官员们会为由6个循环周期组成的一年追加一个、两

---

① 直到公元1世纪,才出现60年循环。

个或更常见的三个这种以 10 天为一期的单元。① 在完整循环外有额外追加的情况下,一年总计由 14 个月组成。这种情况被称为闰期,一直延续到现代。

管理历法之人必定既知识渊博又受人尊敬,因为君主要获得民众的支持很大程度上要依赖于他们。在一个易于轻信的民族中,君王被认为是可以与神灵亲密交谈之人。如果不能接收到神灵的指示,便意味着他失去了神灵的支持。因此,君王对于朝廷及其臣民的掌控,取决于历法的准确以及国外的军事胜利和在国内的政治智慧。这就解释了为何在整个三千年中国政府都对这一科学分支极为关注,也解释了中国统治者为什么热切欢迎来自印度、中亚、波斯和欧洲的天文学家,尤其是当他们在历法上要优于中国人时。在星象方面,商代负责历法之人的知识可能要落后于巴比伦人,但他们的表现非常好,还被委以记录其他事情的职责。公元前 2 世纪,一位杰出的的占星家同其继承这一头衔的儿子既是官方档案的保管员亦是史官②。两种职责集于一人,这有助于解释在中国最早的历史文献(一直到公元前 200 年)中为什么会有如此多关于日食和其他天文现象的记载。

商代时期,战争显然非常频繁,因为铭文中多次提及这类事件。为收取贡品以及供应朝廷的所有必需品和奢侈品,如牛、马、奴隶、铜、锡、毛皮、象牙、羽毛等,大量的强权政治成为必要,并需要到远离都城的地区去获取。同样,周围的部落对中原不断增长

---

① 一开始,这追加的单元是附加在一年的年末,但在商结束前,开始将增加的单元明智地放在被认为最合适的某个月末。

② 指的是司马谈与司马迁父子。——译注

的财富一定非常羡慕并渴望拥有,当其力量足够强大时便前往夺取。在作战的时候,人们使用复合弓(一种强有力的武器,广泛用于亚洲北部,但并没有用于欧洲)以及加装有尖骨或带刺青铜或黏土的羽箭;其他弓箭的箭头是骨头或石头。铜矛、戟及战斧用于近距离作战。普通士兵或奴隶是步行作战,贵族则乘坐一种两匹马拉的战车。一些士兵已使用青铜头盔以及用皮革、木头或骨头制作的盔甲和盾牌做防护。

从石器时代到青铜器时代,乡村生活一直都没有实质变化,尽管农业的重要性已经提升。锄头和镐依然由石头磨制而成,耕地也依然是用一只脚的犁。民众中有部分人养牛,其他人制作未着色的粗糙陶器。至少在冬季,所有人都居住在地穴式建筑或黄土洞穴之中。稍晚时期的一首诗曾说:

> 古公亶父,陶复陶穴,未有家室。①

然而,都城和其他中心城市的生活毫无疑问变得复杂,并出现专业化。城市居民中,有部分人专门负责销售和分配来自乡村及其他地方的产物;还有部分人负责用丝绸和麻制作衣服、绳子和锦旗。城中不仅有编织篮子的匠人以及加工骨头、木头和石头的工匠,还有负责雕刻白色器皿和青铜轮脚的陶工和专门修建房屋、庙宇及陵墓之人。对于这一时期保存下来的手工制品,人们

---

① 亚瑟·威利(A. Waley)译:《诗经》,第248页。另外两部古老的作品集有相类似的表述。(原注中文原文见《诗经·大雅·文王之什·緜》。——译注)

可能会感到惊讶:宏大的皇家陵墓中有青铜礼器、陶器、大理石雕像、精致的象牙、镶嵌有绿松石的骨头、铸有小人物图像的青铜器以及诸如三角石、钟、陶笛等各种各样的乐器和戈、战车配件、马具饰品和箱盖等随葬品。它们表明,这一时期的物质文化已达到相当高的水准。其中部分东西,如礼鼎和一些装饰图案,很明显具有石器时代晚期的风格。有观点认为这些手工制品源自于亚洲其他地区。毕晓普(Bishop)①特别注意到,石斧和矛头都装有托座,在西方有其早期的形式,但在中国没有。② 然而,令人费解的是,没有任何证据表明,在东方和西方间的任何地方存在工艺如此精湛的青铜器。

公元前11世纪商朝的垮台,被归因于周的出现。周朝,是一个在西部发展起来的新强国。很可能在当时旧统治集团已变得虚弱无力,无法同那些生性好战的边远部族进行激烈战斗;而在一位有才华之人的领导下,这些边远部族已结成了一个强有力的团体。无论怎样,入侵者无情地破坏了他们的都城,那些逃跑之人不得不四散逃命。在东亚文明史上,这是一个重要时刻,因为商的失败突然间扩展了中华文明的范围。朝鲜人的历史即传说始于商朝被推翻之时;一千多年来,满洲的一个民族"扶余"每年都要根据商历举办宗教仪式;一些逃跑的殷遗民也可能来到地处

---

① 毕晓普,美国汉学家,专门研究中国文学,著有《三言选集》《中国文学研究》等。——译注

② 《美国东方学会学报》(*Journal of the American Oriental Society*)增刊,LIX:52-53,1939年12月;也可参见罗樾(Max Loehr),《美国考古学杂志》(*Amer. J. of Archaeology*),LII:135,1949年6月。

长江流域的楚国。

二、周(前1027—前256)①

(1)周初。

同商的起源一样,周族的起源及其早期发展并不确定。许多西方学者因周和征服印度的雅利安人之间存在诸多相似性而对其留有深刻印象:都是青铜时代的战车战士;两者都处在大致相同的时代,雅利安人的入侵约发生在公元前12世纪。在中国人的传统解释中,却一点也没有提及遥远的西方渊源,并得出结论:周人和商人一样都是中国人,他们只是对西部和北部绿洲居民及游牧民族生活的了解要胜于对黄河下游文明的了解。至少到现在,这被证明是恰恰相反的。他们有着比农耕更为牧歌式的生活似乎是可能的;他们来自今陕甘地区,并肯定已意识到南部四川平原的价值。他们不仅将战斗和破坏的才能带入中国东部,也带来了不同于商的宗教、社会观念及习俗。那么,是什么促使他们开始踏上征服之路呢?可能只是基于对权力和战利品的欲望,或许这也是17世纪满族人征服中原的动力所在。但是,它也完全

---

① 出于方便,通常会对漫长的周朝时期进行细分。中国人一般将其中后期划分为春秋时期(即前722年至前481—480年)和战国时期(前403—前221)这两个阶段。这两个阶段的名称取自保存下来的那个时代的书籍名称。这种古老的划分是不真实的,另外它没有包括公元前479年至公元前404年这段时间。因此,我们将使用下面的划分:周初(前1027—前771),这是真正由国王统治的时段;周中期(前771—前473),从迁都到越国兼并吴国;周后期(前473—前256),这是为争夺霸权而进行的战争越来越集中于南方的楚国与西北的秦国之间的时期。

可能是一场伟大的民族运动。在最初的几十年,这场伟大的民族运动始于西亚,后到达中亚绿洲带,像台式桌球中的球一样,周开始向抵抗力较弱的遥远地区进发。

周对于商领地(据说有约 50 个诸侯国)的征服过程持续了约 20 年,并且是在商的世敌援助下得以完成。当周完成领土征服时,对于那些幸存下来的仍旧生活在中国中部的商王室成员,周允许他们在今河南商丘的中心保留一小块地方,并可以继续举行他们重要的祭祀仪式。周王则将其都城建于今陕西西安附近,并分封了许多诸侯国,这些封地都由其亲属和征战中的有功之人统治。在其鼎盛时期,周王朝的疆域北到满洲南部,南到长江流域的部分地区,西到甘肃东部,东到东部沿海。在辽阔疆域的边缘地带,生活着许多长期抵抗其征服和同化的小民族。

在最初两个半世纪的大部分时间里,周王能够掌控其国家——在中国,一个强大王朝的平均寿命大概只有两个半世纪。封地的诸侯王们要以口头和实物的方式向周王进贡及致敬。基于周王在疆域内所拥有的实力、解决争议的技巧以及臣民对他的忠诚,诸侯王们保持着对周王的尊敬。到公元前 9 世纪,即公元前 800 年左右,周王的权威开始下降。那些通过不断蚕食周边邻邦以强化自身实力的诸侯王们,已敢于公开蔑视其统治者周王。公元前 771 年,申侯认为自己受到周王侮辱,于是寻求并获得了来自中原之外游牧民族的军事援助。① 这些士兵杀死了周王,袭掠了都城,迫使王室逃到相对安全的洛河(在今河南西部)。然

---

① 或许这些士兵正受到西方的压迫,因为在这个世纪期间塞西亚人入侵了俄罗斯南部。

第一章 中华民族之初始 23

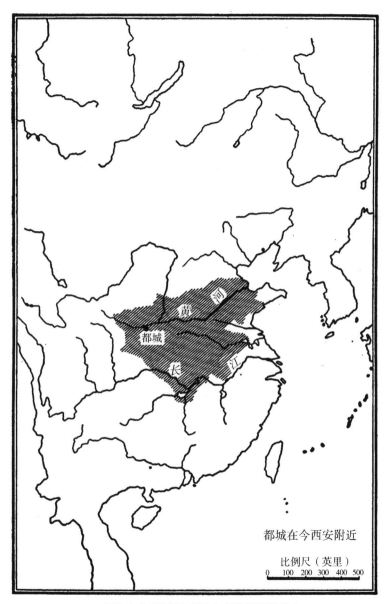

周朝初期疆域图（图中虚线阴影部分）

而,此时的周王仍掌握着世俗的和祭司的权威。从那时起一直到公元前3世纪周朝灭亡,周王被剥夺了军事力量和统治权力,诸侯只有在索取这个或那个诸侯国的统治权这类合法性问题上才会同周王商议。五个世纪以来,中国被分裂为众多几乎是独立的且文明程度不一的国家,它们之间试图解决共存这一古老问题。

(2)中周与晚周。

中周最为显著的特征在于:北方几个诸侯王的权力更为强大,统治范围扩展到长江流域,分封了吴和越这两个诸侯国。吴越这两个新的诸侯国地处东南部,长江便是在这里通过三江口直接进入东海。晚周时代的特点是,日益强大的楚国控制了几乎整个长江流域(楚国在公元前334年吞并了越国),秦国则向北方和西部进军。其结果是,这两个诸侯国为争夺中原的最终控制权展开了规模宏大的战争,这场战争一直持续到周王室灭亡后。正是这种状况,使得更好的机构组织、纪律、新的战术和武器得以涌现(前223)。

正如这是一段社会和政治处于大动荡的时期一样,它也是富有创新和发展的时期。中国人将这段时期称为古典时代:他们最著名的一些诗歌和散文即创作于这一时期;法令开始被记录下来以便于公众知晓;市场日益增多、货币经济开始出现;工艺和生产方法有了改进,其中最为显著的是肥料、灌溉和曳犁;在制造一般工具和兵器时,铁开始取代铜;科学和思想有了重大飞跃,越来越多的新思想越过疆界的障碍到达西部和西南,并激发他们本土的天才人物。事实上,中国处于一片混乱可能有助于这些发展,因为这时不存在固定的模式、正统的宗教和起支配作用的统治政策。

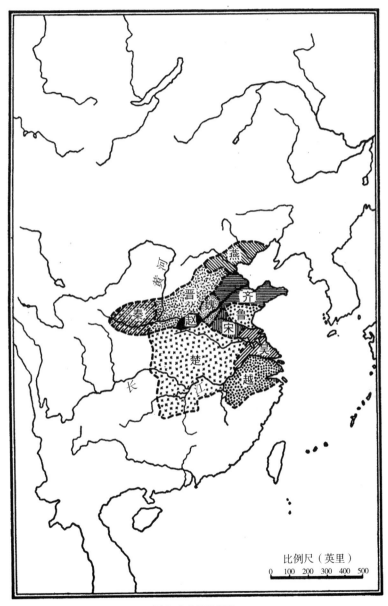

周朝中期疆域图

《诗经》这部事实上未被后来者改动过的作品,为我们展现了有关公元前8世纪和公元前7世纪社会状况的最好情景。男人们咏唱他们的爱情和婚姻,女人们哀怨用情不专的爱人,士兵们悲叹他们的悲惨遭遇和将军的毁灭性破坏,贵族们叹息他们得不到应有的尊敬。如同希伯来语诗篇和所罗门之歌,这本书将所有这些以及民间神话和传说都收集在一起。① 其他早期作品则是关于预兆和占卜、皇室和部分诸侯国的史志以及皇家举办的宗教仪式。这些构成了权威之书,它们经由口口相传,然后是手抄相传。这些手稿常常会腐烂,但却变成了两千年来每位政治家、先知者和学童的教科书。无论是寻求获得任命的政治家还是那个时代的博学之士,都是凭借记忆而对其有更多了解,他们彼此间在能否恰当引用以使听众满意或是否出现混淆方面展开竞争。

饱学之士居住在人口聚集的中心之地,以便对孩童进行公共服务方面的培训教育,或方便于在诸侯国间游走,以寻求担任君王和诸侯王的门客。一些人获得了声望名誉,并有大量的追随者;其他人则反感于江湖术士的巧言令色和欺骗;也有人是不能或不愿在喧闹声中赢得听众,因此他们退隐家园,向一小部分忠实的信徒倾诉自己的思想。经过一代或两代信徒的过滤,他们的一些话语像苏格拉底或耶稣的话语一样被记录成书,这些书便成为文学和思想的里程碑式作品。这里有孔子强调济世的话语,有墨子同情失败者、强调非攻、宣扬兼爱和禁欲主义的话语,有个人主义者、愤世嫉俗的完美主义者及宿命论者杨朱的话语,有神秘

---

① 这些颂歌都有一个有趣的特征,即不断使用押韵,拉丁或阿拉伯诗歌直到10世纪后才出现这一特征。

第一章　中华民族之初始　27

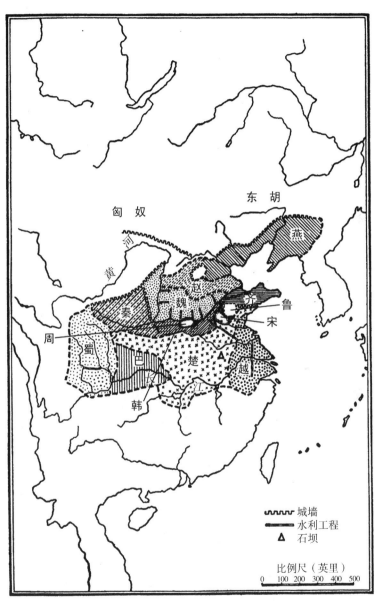

周朝后期疆域图

主义者庄子、无政府主义者老子以及法家思想流派创立者商鞅的话语。除源自于理论数学和纯科学方面的部分思想外,在公认为由同时代希腊人所取得的成就中,中周和晚周时期(特别是后者)的中国人实际上已成功完成了其中的绝大部分。

然而,至少这些被保存下来的著作主要是关于政治思想的。儒家强调君子美德的价值,礼对于处理潜在社会关系的必要性,正名的价值以及在夫妻、父子、兄弟、君臣、朋友之间保持适当关系的重要意义。如果这些理想应用于国家,即认为能够成功实现政治良序。在此后的岁月里,它们对于帝国的缔造者们有着强烈吸引力,因为它们倾向于维持现状。墨家最接近于建立一种教会型组织,它根据应对所有人都有效这一原则来衡量一切事情,因此它强烈反对战争,号召简朴。墨家学派希望由最有能力之人担负起权力的责任,并希望他们能考虑到民众的愿望。然而,它并没有概述应如何实现这种理想状态。就相似性而言,这一学派最接近于现代民主思想,它在长达几个世纪里非常活跃,但到公元1世纪时却似乎死亡。一个半世纪后为道教吸收的老庄学派认为,自然决定一切,有规律的生活方式就是不做任何与自然相违背的事情,政府唯一要做的就是无为,不违背自然法则。同样,一个理想社会不需要儒家称赞的礼、道德及政治技巧。拥有商鞅这样强有力代言人的法家,同老子的信徒们形成对照。法家主张必须有一套法律规则,在一位有坚定意志的君主统治下,国家必须不惜任何代价遵循这套法律规则。

几个世纪以来,人们一直认为这些以及类似主题的书籍之所以能够形成并被保存下来,是因为这个民族中存在健康有益的知识环境。除随时为皇室人员提供服务之人以及聚集在皇家宫殿的卫士外,对那些处在缓慢发育中的官僚机构之内和之外的许多成员来说,这些著述不仅激励他们,亦为他们带来安慰。在对一些道德进行阐述后,他们试图将这些道德原则运用于其生活中。所有的高级官员和下层官员都一样,他们既是生活环境的产物也是环境的创造者。为了防御敌对民族,他们不得不沿着行军路线修建几百英里长的城墙,并不断修补这些城墙。地处河谷的居民区,不论其大小都被保留。为此,沼泽地被抽干,河道被不断检修,修筑了水道和公路,并修建了水槽和水库。这些工程中,有些修建要以牺牲邻国为代价,由此引发战争;其他工程由于覆盖相当多地区,从而变成了共同合作的事业,但这些工程的确需要有效的维护。为确保诸侯国间正常的关系,人们精心设计出一份协议,并创建了一个联盟以执行成员国所商定的规定。当时的诸侯王们常以令人惊叹的先见之明尽力解决那个时代的课税、料民、防止饥荒等问题,这表明中国社会正日趋成熟。

一个小问题是,在周朝的几百年间,中国人是如何开始同亚洲其他地区有了密切联系?正如我们所知道的,很早以前他们已使用来自遥远热带海岸的贝壳。小麦首先是在近东栽培,在青铜器时代才出现在中国。即使不是更早,家禽、水稻和来自孟加拉湾附近的水牛也是在公元前第一个千年开始时才为中国人所知。中国人从未被孤立,但从5世纪时开始,这类引进似乎才变得更为频繁。这种现象可由这两个原因加以解释:大流士(前521—前485)统治下的波斯人将他们的征服扩展到东方的印度河,并使伊朗境内所有部落都处于其统治之下。① 与此同时,中国人也已到

---

① 亚历山大大帝统治时期(前337—前327)的希腊也曾重复过这些征服。

达这一地区,他们在这里接受到更多新思想和制度。尽管旅行极其困难,商队仍冒着极大危险翻越高山、穿越沙漠,他们一定带来并传播了某些物品和思想。

下面这些东西显然受到外来文化的影响:形成于近东的牛拉犁,可能出现于公元前6世纪初期;狮子并不是中国本土的动物,因为公元4世纪时中文在称呼狮子时用的是梵文;埋葬死者时,中国人不再用草席包裹,改用棺木这一埃及的古老实践;同样专为死者设计的有孔玻璃小珠,是由早期地中海人制造的,最近在年代约为公元前400年的墓穴中发现有这种小珠①;明显是印度教精神内核的宇宙哲学和地理观念出现在公元前4世纪的中文著述中;在木星的12岁年周期中,有一岁名的早期中文名称是摄提格(siap-d'iei),这一词可能源自梵文suati。中国人的军事技术和兵器中,有一部分是由他们自己发明设计的,但他们使用的其他军事技术和兵器则在中国之外早已闻名遐迩,为了保护旨在强化城镇防御的泥土墙而修建的护城河以及矿井的使用即是范例。在公元前300年后不久,中原人像草原人一样也训练马上弓箭手。如果要跨着骑马,裤子和靴子就成为必需品。裤子和靴子早已为安息国人熟知,塞西亚帽和皮带扣同样如此。艺术作品中同样出现外来图案,安息的飞腾马(the Parthian flying gallop)是其中之一;在科学方面,有被称为毕达哥拉斯的音阶和西方的几何公理;在希腊和中国文学中,至少也存在两种相同或类似的掌故逸事。骡、驴和骆驼最初驯养于中亚或更远的地方,公元前3世纪

---

① 一个有趣的差异是,在河南发现的有孔小珠通常含钡,而希腊人的有孔小珠不含这种东西。

或更早以前,这些动物开始为中国人使用。在日常生活中,这三种动物作用非凡,尤其是骆驼。因为如果没有它,那么在基督诞生前后的几个世纪期间,珍贵的中国丝绸几乎不可能穿越沙漠到达帕米尔高原的富裕市场。

这一时期远非只是吸收边疆以外民族的思想观念和物质文化,它同样是中国人思想知识发展最为活跃的时期。如此集中的发展,以至于一些杰出的思想心灵似乎都已开花结果了。公元前3世纪的混乱是如此普遍,致使倡导绝对的政府权力、主张牺牲个人自由和独立的诸侯王纷纷上台,而此时正是中国历史上军事战争最为活跃之时。不管是文字还是口语,周初时已满足所有诗歌式和描述性要求的商语言,此时显现出紧张的迹象,但"语言危机"最终被战胜,这在孟子那条理清晰的宏论之中有所体现。孟子相当于孔子的"圣保罗(St. Paul)",他将庄子富有趣味的奇闻逸事和屈原的放情抒歌——所有公元前4世纪下半叶著者的特点都集于一身。由于毛笔、上佳墨水和丝卷更为广泛的使用,书写有了改善和提高。一幅大约是公元前300年的帛画,是近年来的主要发现之一。还有其他的中国本土特产:木质家具表面的漆,可能是在中国南方"发明"的,它的使用需要高超的技巧和艺术性,正如幸存下来的公元前4世纪的样品所展示的那样;铜镜、金槽、用金银装饰的青铜器、既显示财富又反映少数有闲阶层新需求的翡翠饰品、文学作品中提到的宽敞居所和憩息花园也同样如此。铁的使用催生了许多工具。一份存在一定争议的文献描述了公元前4世纪和前3世纪的状况。这份文献材料提到了农民的犁头、锄头、镰刀、长柄镰刀以及车匠的轴、锯、轮子、轮毂、钻头、凿子和女人用的小刀、锥子及针。实际上,在这一时期的许多遗址中都已发现了其中的一些铁质工具和模具。公元前3世纪首次提及的筷子是最具特色的工具之一,它的使用标志着礼仪文明史向前迈进了一大步,因为它说明人们已发展到不再用手指吃东西了。最有力的武器是弩,这是中国士兵在远距离防御和进攻时的主要手段。它使得后来的中国人能够打败只装备了复合弓的匈奴人和安息人,并且它的飞镖能够轻易刺穿装备精良的罗马军团的盾牌。数以百计的周晚期战车配件清楚地表明,战车这种复杂的机械装置如同在西方一样是必定要出现的,尤其是公元前133年之后,这是因为骑手具有更大的机动性。这一时期科学进步非常明显。公元前444年,周人已计算出一年有365.25天。公元前350年,他们收集了其他相对准确的天文数据,如木星和土星的行星运转等。公元前240年,周人首次观察到哈雷彗星①,从那之后一直到1910年,他们对彗星的观测几乎从未中断过,有连续30次之多。

---

① 对于彗星有两次更早的观察,公元前611年和公元前467年这两次观察到的可能是同一颗彗星。德效骞(H. H. Dubs)的报告中说,已计算出将于公元前163年5月出现的彗星没有被记录,但却记录了公元前162年2月6日出现的一颗彗星。

# 第二章

# 初 期 帝 国

The First Empires

## 第一节 秦(前221—前207)

在秦成功统一中原之前的一个世纪里,中原的一些诸侯国都有雄霸天下的野心,较弱诸侯国被他们一个又一个地吞并,其中包括周天子在内。秦国虽因粗俗和野蛮而为其他诸侯国所蔑视,但它汲取了鄙视者的部分文化,并且不错过可以提高军事技术的任何机会。追随商鞅学说的一批政治家们,致力于使秦国成为戈壁沙漠以东最富有纪律性和目的性的政府。公元前318年,统治西北的秦国进入四川,控制了物产富饶的平原。据说,秦国统治者和他的儿子于公元前300年左右即开始在这里修建庞大的灌溉系统,这套灌溉系统到现在还依然有效,2200年来,它使这里免于严重的水旱灾害。公元前246年,秦修建了一条穿越陕西的长约100公里的运河①,由于运河中有富含水分的淤泥,从而给这里的碱性土壤增添了肥料。据编年史家说,这一地区的产量迅速提高到每平方英里28配克②。正因为如此,官府在今开封附近建立了一个粮站,以确保军队的食品供应。公元前238年之后,秦

---

① 指郑国渠。——译注
② 英氏容积单位,1配克(peck)=2加仑(gallons)=9.092升(litres)。——译注

国为结束分封制已不再授予封地。在公元前239年至公元前235年期间,秦国为防范后方叛乱以及为都城提供劳动力而迁徙了大量人口。根据编年史家的说法,总计12万户豪族被迁居到都城即今陕西咸阳。公元前247年,嬴政还只是个孩子,到公元前234年已成为秦国君主,此时的他已开始统帅军队作战。公元前222年,他征服了最后一个敌对诸侯国。出色的准备措施、持续不断的压力以及对最新军事技术尤其是骑兵术的精湛掌握,所有这些结合在一起使秦国远胜其敌人。秦王嬴政迅速建立第一个帝国,自封为始皇帝。他建立的政权体制,一直延续到20世纪。

在李斯这位有着杰出才干的大臣的帮助下,始皇帝开始着手建立可延续千秋万代的帝国。公元前221年,他将整个帝国划分为36个军事行政区,不久后即迅速增加到41个。每个区都设有军事长官、行政长官和监察官员。民众的武装被解除,但赋予他们财产权,即他们应担负纳税义务。晋升降职常作为奖惩的措施,除此之外还另有其他异常严厉的惩罚措施。贵族身份不再是基于出身,而是基于封赠以及对国家的贡献。秦帝国统一了习俗、法令和度量衡,甚至车同轨。另外,秦帝国还以牺牲商人的利益为代价而使工匠和农民受惠。

公元前220年,秦始皇开始修建道宽50步且绿树成荫的驰道。北方的分段墙被连在一起,形成了一道长长的屏障(这即是我们所称的长城),它第一次表明什么是中原人、什么是野蛮人。活跃于黄河河套南部地区的匈奴被驱逐出去后(可能就是后来大规模入侵欧洲的匈奴人),秦始皇沿着黄河修建了44个营地(这些营地由战俘守卫着)、加深了水道,并修建了一条长长的官道。

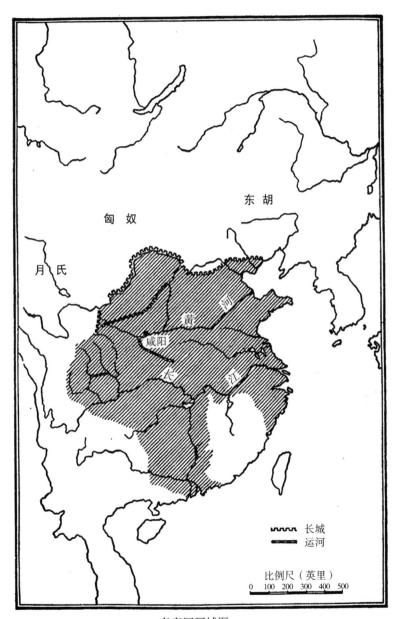

秦帝国疆域图

秦始皇对其从新长城一直延伸到楚国南部(今河南境内)的疆域并不满意,他将军队派到更遥远的南方去开疆拓土。在公元前221年至公元前214年的一场辉煌战役中,他们征服了福建、广东、广西和交趾(越南北部一地区的旧称,即越南河内)等地方。秦始皇开挖了一条20英里长的水道,这条被称为"灵渠"的水道将湘江和珠江这两大水系连接起来,从而使从长江到西江的所有水上运输方式都成为可能。

由于全国各地有着不同的书写方式,始皇帝于是将各种不同的书写方式统一简化为一种。他发现以前的古书中有相当一部分所尊崇的是另外一种生活方式,于是下令将古书焚毁。除了皇家档案、医药、占卜、农事、林木栽培及其家族史外,其他所有书籍都被付之一炬。他试图通过这种方式摧毁地方主义和任何对封建挥之不去的支持,并借此统一"百家思想"。始皇帝曾一次性处死了460位博学之人,其中主要是术士。① 他倚重的是不会带来麻烦的学者,故而继续在朝中设太医官。始皇帝自己不知疲倦地工作着,每天要处理"120磅"的奏章。调查时,他经常乔装改扮,这既是因为害怕刺杀,亦是试图塑造一种神秘的形象。公元前212年完成的宫殿,是世界几大奇迹之一。其宫殿东西长2500英尺,南北宽500英尺,可容纳1万人。方圆60英里内,有270座较小规模的皇家住宅,这些皇家住宅由大量加有边墙的道路连接着,并配有"帐篷、华盖、钟、鼓及美人"。

始皇帝的所有措施,并不都来自于他这一代领导人的头脑,

---

① 这为一些学者否认,参见《天下月刊》(*T'ien Hsia Monthly*, III:423, November, 1936)。

先秦政论家对其中部分主张的宣扬已有差不多一个半世纪。这些主张中,有部分显然来自于西方。大约在三个世纪以前,大流士已建立帝国,这个帝国很大程度上依赖于行省制、用于连接行政区间的干道公路、帝国的驿站及其个人权威。正如毕士博(Carl W. Bishop)①所指出的那样,这些同样是印度北部旃陀罗笈多帝国②的特征。然而,不论其来源如何,在中国采取这样的措施确实需要始皇帝这样有天赋且拥有绝对权力之人。尽管他的帝国很短暂,在其子统治的第三年即崩溃,但这一帝国的建立是世界历史上的重要事件。就将"长城以内"所有民族都统一起来这一想法付诸实践而言,秦始皇是当之无愧的第一人。在帝国崩溃之后很长一段时间内,这一观念亦从未在人们的视野中消失过。他建立的中央集权政府,不仅掌管法律与秩序还负责公共工程的建设;基础性的公共服务和铸币权皆由官府垄断;中央政府主张维护平民的权利,并反对商人拥有与之相同的权利。在"我们"这一群体与北方和西北的"他们"群体之间,这一帝国划出了第一道清晰的分界线。帝国的流散者,则被送至朝鲜及其他地方。据说,与日本列岛的首次接触可追溯至这个时候。当时,一支探险队从山东半岛出发,以寻找能

---

① 毕士博(Carl W. Bishop),美国考古学家,任职于美国弗利尔艺术馆,曾多次同中国学者合作进行考古挖掘,著有《中国之新石器时代》《远东文化之原始》等。——译注

② 旃陀罗笈多,又译月护王,印度孔雀王朝第一任君主(公元前324—前300年在位),统一印度北部地区,建成中央集权国家,为建立印度历史上第一个统一帝国奠定基础。——译注

长生不老的神仙。① 中国的 China 这一名称来自于秦 Ch'in,这一点似乎是没有疑问的,因为它对亚洲许多国家都产生了极大影响,这种荣誉是当之无愧的。

尽管存在着专制主义,帝国却不可能使两个集团完全沉默。其中之一就是理论家们,他们不喜欢这个由他们自己为其奠定基础的政权;另一个是周天子的后裔和诸侯国的大臣们,因为他们在帝国中没有任何地位。除这些人外,不计其数的民众则承受着难以名状的徭役、兵役和繁重的赋税。公元 1 世纪时,后世一位可能带有偏见的历史学家曾这样写道:

> 至于始皇,遂并天下,内兴功作,外攘夷狄,收泰半之赋,发闾左之戍。男子力耕不足粮饷,女子纺绩不足衣服。竭天下之资财以奉其政,犹未足以澹其欲也。海内愁怨,遂用溃畔。②

公元前 210 年,始皇帝在远离都城之地出巡时去世。由于害怕造反,其尸体不得不用一密闭的马车运回咸阳。始皇帝铁腕统治的终结以及由其无能儿子继承王位所导致的结果是,秦帝国在

---

① 实际上,搜寻这些群岛的探险队早在公元前 4 世纪即被派出。一位研究西方文明的学者认为,迦太基人亦是在大致相同历史时期寻找幸运岛。参见叶慈(W. P. Yetts),《新中国评论》(*New China Review*),II:290 - 297, 1920 年 6 月。

② 英文译文由卜德(Derk Bodde)翻译,见《中国的第一位统一者》(*China's First Unifer*),第 172 页。

公元前207年为各种不满群体所推翻。随后的几年,中原处于无政府状态,直到一位将领重新将其统一后这种无政府状态才结束。这位重新统一中原的将领出身行伍,他打败了同其争夺王权的其他所有竞争对手。

## 第二节 汉

### 一、西汉(前202—9)

新皇帝刘邦(后来被称为汉高祖)即位时,有诸多问题摆在他的面前:战败军队的散兵游勇正在乡间掠夺;许多城市被洗劫,其中一些遭破坏——都城咸阳被焚烧了整整三个月;堤坝、水库、粮仓和其他公共工程处于严重失修状态;在秦朝军事将领的召唤下,南部所有新区域都宣称不接受刘邦的统治;长城以北的民族则乘机发起进攻;仅有小部分官员和谄媚者宣誓效忠于他。

尽管这位出身于布衣之人还沉浸在庆祝最终战胜竞争对手夺取王位的狂欢之中,刘邦还是明智地保留了秦始皇的大部分举措。然而,当他恢复封建制并在整个帝国向其亲属和宠臣授予封地之时,他抛弃了秦始皇的一项重要措施(即废除分封制——译注)。半个世纪后(前154),随着分封诸侯王实力的提升,结果引发了"七王之乱"。尽管在短短几个月之内,这次叛乱即被无情地镇压下去,但王权所面临的威胁却显而易见。在那之后,汉帝国采取了两项措施:如有诸侯王敢冒犯朝廷,即剥夺其部分封地;每个诸侯王的嫡长子,应同其年轻弟兄一道分享其父的一半封地。从那以后,每一代诸侯王的财产被细分即成惯例。公元前196

年,面对重订兵营规则这样复杂而棘手的任务以及就职仪式问题,刘邦同样明智地去寻找有能力之人的帮助。这些人使儒家思想在朝廷中占据主导地位,当然他们基于时代和习俗对其做了一定程度的修改。他们之所以能够做到这样,既是因为在商议时其话语有分量,也因为他们作为王位继承人和特权阶级中其他人的导师能够对下一代产生影响。然而,他们的进展比较缓慢,因为古老先秦儒学的迷信行为夹杂了老子和庄子的自由放任。这种混杂着老庄自由放任的先秦儒学之迷信①,长期以来无论是在高贵还是低贱的人群甚至众多女性中都获得了压倒性的支持。这使博学之士大为困扰,在帝国虚弱时期尤为如此。

所有问题中,最为严重的是来自北方交界地区的侵扰。从长城一端到另一端,汉帝国被正在崛起的非中原民族所环绕——甘肃的月氏、蒙古的匈奴、满洲的东胡,刘的先辈们曾用驱逐政策冒犯过这些民族。尽管在周统治的早期,这些民族在王室会议和联盟中偶尔还有一席之地,现在他们只能处于野蛮人的地位。像秦一样,匈奴是在相同的时间稳固了其帝国,现在它是汉帝国的最大威胁。他们的第一位单于(大约是公元前210年或前209年)在秦始皇的威力面前是无能为力的,但传说第二位单于是一位冷酷无情且严厉的领导人,同时也是最优秀的骑士。他横扫了帝国西部的月氏,然后将其部落带至黄河平原。几年前,他的部落正是从这被驱逐而离开。由于匈奴单于将刘邦困于一个筑有防御工事的小镇,从而成功迫使汉朝皇帝缔结了条约,这是同时代的

---

① 指汉初的黄老之学。——译注

中原人一直都未能做到的事情①。汉帝国通过将汉室公主嫁于匈奴单于,并送其大量丝绸、酒、粮食、食品,刘邦才得以重获自由。匈奴曾多次宣称其军事优势(或者至少是平等),这是他们第一次展现锋芒。有时,他们亦不得不同中原统治者进行带有侮辱性的交易。

　　直到公元前2世纪行将结束时,汉朝才采取措施稳定了同匈奴的关系。在帝国稳固后,刘邦的继任者汉武帝首先是试图与其历史上的仇敌月氏结成联盟。约公元前200年时,大部分月氏人已西逃。到公元前176年,匈奴人打败了月氏的残部。又过了十年,匈奴人杀死了月氏的最后一位首领,并迫使月氏人逃到西藏北部的高原地区。公元前128年,当汉武帝寻求同大月氏联盟时,他们已在侵犯帕米尔高原的粟特人和大夏人,并对中亚政治失去兴趣。尽管汉武帝的使节没能成功,但他关于中亚和西亚状况的报告,使这位皇帝有勇气在抗击匈奴的战役中(前121—前119)派遣出在中国历史上可算是最优秀的年轻骑兵将领。在汉帝国历史上,曾有一位将领②在边疆征战时,击败或杀死了1.9万个匈奴敌人,并俘获了100万只羊。同时,另一位骑兵将领③这场战役牢固地确立了中原人的权威,其结果是使汉帝国享有极高的声望。还深入匈奴境内抓获了八十多个匈奴首领。差不多一个世纪汉匈之间互有胜败的情形之所以反复上演,部分是因为在边境生活的有着混合血统的将领,他们基于自身利益的最大化,一

---

　　① 指白登山之围。——译注
　　② 指车骑将军卫青。——译注
　　③ 指霍去病。——译注

会儿站在中原人一边,一会儿站在匈奴人一边。此后不久(前115),汉武帝将其使节派至西亚,跟随使节的军队于公元前101年征服了大宛和其他国家。一直到公元前36年后,汉帝国在这些地区的统治才牢固地确立。在粟特,中原军队第一次也是唯一一次遭遇罗马军团。

汉武帝渴望扩展其帝国,于是将其军队派至南方、北方及西部。他的军队通过水路和陆路,侵入到朝鲜的北方或东北部,并在此建立了一个殖民政府,都城位于今平壤附近。这个傀儡政权所统治的区域,即使没有超过亦至少远至南方的汉城。汉武帝将这一统治区域划分为四郡,乐浪郡是其中主要郡之一。在乐浪郡,有一中原人聚居地,居住着6.3万户约31.5万人口。① 根据当时的记载,这个聚居地人口稠密,繁荣程度甚至超过了在辽东和山东的那些聚居地,最近的考古发掘证实了这一点。这里发展成一个文化中心,其文化渗透到朝鲜之外,到达仍旧神秘的日本列岛。公元前111年,汉武帝的一支远征军征服了都城在广州的南越国。一个多世纪的时间,中原人通过当地的部落首领统治着这一地区。汉朝皇帝并不满意这种征服,于是他派使臣乘船前往亚洲内陆以外的其他地方索要贡品和其首领的恭敬效忠。公元2年,一些中国人可能已横越印度洋。当然,他们从遥远的地方带回了珍珠、镜子、奇石、珍玩、珍禽异兽等精美礼物,其中包括一只活的犀牛,汉朝的使臣则以黄金和丝绸作为回报。

---

① 根据公元2年开展的大规模人口普查所获取的统计数字,当时中国总人口为12233062户,59594978人(《汉书》,28B/19b.)。这些统计数字可能需要向上修正,因为社会中一些人员没有被统计到。

这些远征的代价是发生了一场财政危机。公元前150年左右，田税已经减半。由于任何额外的田税必定会伤害农民，而他们在人口中占据多数。为此，朝廷不得不寻找其他方式以增加财政收入。公元前129年，朝廷开始对车辆实施征税，再后来是对船征税，这可能主要是对商人和富人有影响。由于军队在袭击匈奴的行动中取得一系列成功，公元前123年汉武帝拿出2万斤黄金（约5000万克，按照古代标准，这是一巨额数量）作为奖赏。这一奖赏之后，朝廷开始出售所有17个等级的军官头衔。四年后，汉朝政府沿袭秦朝的做法，再一次严格执行盐铁的垄断（公元前81年，这一做法在朝廷的一次讨论中遭到尖锐批评）。同一年（前119），货币贬值，由此铸币权也同样由中央政府完全垄断。公元前115年，汉武帝下令凡不遵守这道法令者皆处以死刑。基于消除粮食方面的私人投机以及吸引中间商为帝国财政谋利的双重目的，汉武帝于公元前110年设立了平准官。王公侯爵们则被迫进行变相的捐赠，因为他们需要出示被授职的鹿皮权杖，而这种鹿皮权杖只能以高价从政府购买。一年一度的祖庙秋祭上，王公侯爵按惯例要供奉祭品。公元前112年，主管财政的部门认为贡品应具相当价值。据说，106位诸侯王因提供劣质供品而名誉扫地。工匠和商人则被要求公开个人财富，他们分别被按照4.75%和9.50%的比例进行征税。公元前110年，盐铁的制造和销售由官府垄断；到公元前98年，酒类亦由官府垄断，一直到公元前81年，官府才放弃对酒类的垄断。

这些措施使汉朝渡过了眼前危机，却制造出新问题。自私的官员中饱私囊，卑劣可恨之人仅通过购买即可获得高阶爵位。抱怨诉苦成为普遍现象，从而导致这些法令逐渐被废止。到汉武帝统治结束时,外来的贡金足够支付帝国的部分巨额开销,这并非没有可能。在公元前 81 年召开的盐铁会议上,御史大夫在驳斥批评者指控时所说的这段话即表明这一点:

> 今山泽之财,均输之藏,所以御轻重而役诸侯也。汝、汉之金,纤微之贡,所以诱外国而钓胡、羌之宝也。夫中国一端之缦,得匈奴累金之物,而损敌国之用。是以骡驴驼驼,衔尾入塞,驒騱騵马,尽为我畜,鼲貂狐貉,采旃文罽,充于内府,而璧玉珊瑚琉璃,咸为国之宝。是则外国之物内流,而利不外泄也。异物内流则国用饶,利不外泄则民用给矣。①

## 二、过渡期:新朝(9—23)

汉武帝统治结束时(前 87),中国国内及其附属国处于历史上三大鼎盛时期之一②。尽管中亚和西亚那些躁动不安的国家一直都组织有序,纪律严明,但到这一世纪行将结束之时中原军队仍保持着极高威望。汉武帝之后,汉朝没有一位合格的继任者。由于宫廷政治以及来自外戚和宦官的干涉,这个虚弱的王朝到公元

---

① 盖尔(E. M. Gale)翻译,《盐铁论》,第 14 - 15 页。(中文原文见王利器校注:《盐铁论校注》(卷一,力耕第二),北京:中华书局,1992,第 28 页。——译注)

② 假如元朝和清朝时期作为非中原王朝被排除在外,其他两个巅峰时期出现在公元 1 世纪和 8 世纪。

后的第一个十年即不得不屈服于王莽这位有才干的朝臣。王莽是太后的侄子,他从公元1年到公元8年一直担任摄政王。

王莽是新朝的第一位也是仅有的一位皇帝,他从公元9年一直统治到公元23年。事实上,在汉朝国内处于动荡不安时,其附庸地区已在很大程度上摆脱了对中原的依附。王莽的外交政策虽并不重要,但他在国内政治上还是留下了其统治的痕迹。王莽在小心翼翼地用儒家仁义包装自己之同时,他像秦始皇一样在一位精明的国师辅政下开始了一系列改革。他的第一项改革是将土地国有化,并将政府所持有的大量土地重新进行分配;与此同时,他颁布法令让男奴①重获自由并使他们成为私属。在发现这两道法令无法执行时,他被迫于三年后撤销。公元17年,他以每个奴婢3600钱的税率向蓄奴之人征税。他重新恢复了汉武帝在盐、铁、酒及货币方面的垄断,但他对这些垄断做了很大程度的改进。在让货币贬值的同时,王莽也不断制造新铜钱。由于强制要求黄金必须替换成铜钱,他成功地回收了帝国境内和国外流通的几乎所有黄金,甚至遥远的罗马亦感受到黄金的外流。台比留(古罗马皇帝)因此下令禁止穿丝绸,因为它需要用罗马黄金购买。据官方报告,到王莽去世时,他的国库已积累了大约相当于500万盎司的金属,其数量据估算超过了中世纪欧洲的总供应量。② 王莽的另外一种垄断是,凡从山川林泽中所获的收入皆应

---

① 在中国总人口中,男奴所占比例可能从来没有超过1%,在古希腊人口中则约占50%。

② 德效骞(H. H. Dubs),《经济史杂志》(Journal of Economic History),II:I,第36-39页,1942年5月。

征税①。最后，他还试图平抑价格。例如，他要求政府买入市场上多余的商品将其储存在仓库、向某些职业人士强征十一分之一的所得税、荒年时要求官员自动减薪、荒废田地之人其田税增至三倍、放贷须无息或只收取每月3%的利息。

这些措施有些是以儒家的仁义为名，但其原意并不是为了改善人民的生活，而是为了获取政治和财政的控制。如果新朝官员们有谦卑而诚实的作风，王莽很可能可以取得成功，但贪婪而狡猾的官员利用了它们。有钱人被逼得的走投无路，普通民众也因黄河水灾而遭受痛苦。王莽所推行的措施引发了普遍不满，即使朝臣和军队亦不支持即证明了他的失败。当起义爆发时，没有任何人前往支持，最终他为一位士兵所杀。

## 三、东汉（25—220）

王莽去世时，中原已出现了几位渴望获得王权宝座之人。随后的斗争持续了两年，直到西汉皇帝的一位远房表兄最终获胜，他继续沿用汉朝的名称。由于在争夺王权宝座期间长安城已被焚毁和劫掠，故此都城由长安迁至周朝古都洛阳。

第一个世纪结束时，中国几乎已恢复了其在世界政治中的原有位置。东汉建立后，统治者花了十年甚至更长的时间去安抚全国各地。公元40年，广东南部地区发生叛乱，一支远征军于公元42年至43年被派至那里，这支远征军征服了海南、东京（今越南河内）和安南。东汉统计者并非单纯地将其作为受保护国，实际

---

① 王莽改制时期，规定应向取利于名山大泽的养蚕、纺织、缝补、工匠、医生、巫、卜、樵夫、渔民、猎户及商贩征收山泽税。——译注

第二章　初期帝国　49

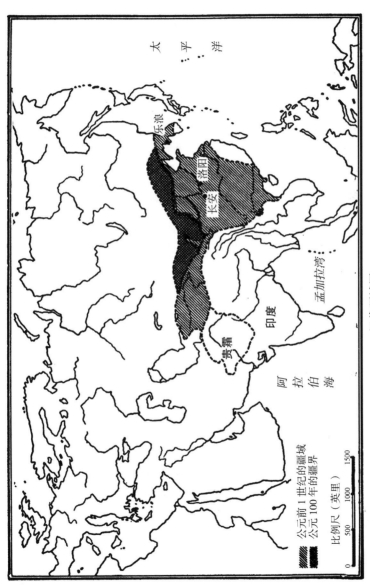

汉代疆域图

上是将这一地区纳入中原统治区,这种状况一直持续了近九个世纪。公元120年后,印度、伊朗、叙利亚及罗马帝国的使节和商人通过靠近交趾的港口来到中国,他们中有些人冒险北行同中原人打成了一片。① 自汉武帝于公元前111年将西南(今云南)纳入统治疆域后,它虽曾一度游离出帝国的轨道,但在公元69年又再次被东汉政府征服。这可能是由于其具有战略上的重要性,因为这一地区是通往印度贸易路线的重要站点。公元140年的人口数字明白无误地显示,南中国大部分地区的人口有显著上升,其人口数总计约有900万。这与公元2年的人口数据形成鲜明对照,西北和东北甚至有大幅度的下降。② 至少早在公元57年,中国即已开始积极主动与日本联系接触。在整个汉代,朝鲜部分地区和满洲南部都掌握在中原人的手中。在中亚和西亚,一群有才干的军官在小股骑兵以及军屯的作用之下,成功使匈奴与其他北方部落之间一直处于不和的争斗之中,并迫使环绕在塔里木盆地这一绿洲周边的小王国屈服投降。公元90年之后,他们甚至向新建立的贵霜帝国强制征收贡品。③

---

① 自1944年以来,根据金边古王国统治疆域的讨论发现,从公元1世纪到6世纪东南亚一直由这一王国所控制。参见戈台斯(G. Coedes),《亚洲艺术》(*Artibus Asiae*),X:193–199,1947。

② 参见《后汉书》,33/17b。富有启发性的讨论和汉代人口图表,见毕汉思(Hans Bielenstein):《远东古物博物馆馆刊》(*Museum of Far Eastern Antiquities Bull*),No. 19,第139页,1947。

③ 由于月氏征服了粟特和大夏,贵霜国王得以在公元前两个世纪统治着从阿富汗一直到印度西北的广阔地区。贵霜国王使用中国古典时的名称"天子",这说明他们的祖先长期居住在甘肃地区。

随着外戚和宦官专权,到公元第一个世纪即将结束时,肆虐的宫廷阴谋毁灭了帝国的统治。由此产生的恶政连同四川的农业危机,终于在公元184年引发了一场农民起义,它标志着汉朝开始走向结束。这场起义虽被镇压,但权力的欲望却使统治权一直由军阀而不是皇帝掌控。他们试图推翻早在几年前已使皇帝成为傀儡的宦官统治,结果导致了一场宫廷政变。在这场宫廷政变中,皇帝被废黜,他的继任者成为董卓的工具。董卓是中国西部一位能干但却冷酷无情的将军和地方诸侯。据说,董卓妄称自己有权穿着靴子、佩带宝剑缓步走到皇帝面前,不允许任何人直呼其名,这是皇帝权威下降到非常卑微的地步的象征。这个军阀意识到他在洛阳的位置并不稳固,因此在从这座城市撤走时焚毁了整座城市——皇宫、寺庙、官府建筑、私人住宅全都被损毁。这造成无法估量的文化破坏,因为两千年来城市一直都是中原文化的中心。据说,部分档案文献(70车)已随同年轻的皇帝一道被运至西汉时的首都长安,但也仅有一半被保存。甚至汉朝皇帝坟墓中所有被认为有价值的东西,都被翻了个遍。今天,我们站在洛河峡谷的山脊上,依然能看到汉朝皇帝的丘冢。这一现象清晰地表明,汉朝王室为人所尊敬是有期限的。全国各地的其他将领都举起了反叛的大旗,其结果是中国很快被分裂成众多军事割据区,皇帝的权力几乎无法越出其王位宝座。公元192年,军队哗变致使董卓遇刺,他们中最为杰出的是作为新兴独裁者的曹操。最终,当曹操于公元220年去世后,他的儿子废黜了皇帝,早已失去统治权的汉朝就此终结。

## 第三节  汉代文化

如果周朝是中国的古典时代,那么汉朝则是中国的帝国时代。由于这一时期能激起中国人的想象力和自我满足感,以致中国人经常称他们自己为"汉人"。早在周朝和秦朝皇帝统治时,可能即已开始设立制度机构,但这些制度机构到汉朝时则达到了它们的最高峰。来自外部的影响,丰富了科学、艺术、文学、音乐、手工业和体育活动,使它们有了新发展。关于这一时代的许多精确知识,不仅可从大量保存下来的历史文献和著述中获得,亦可从中国或靠近其边境的朝鲜、辽东、日本、越南、蒙古、中亚和其他地区的最新考古发现中获得。所有这些,实际上都预示着一种新的气象和中国的大发展。

公元前 2 世纪日晷的精确记录表明,中国人的计时器将一天划分为相等的 100 份。公元 8 年,水钟被分为 120 等分,但在此之前也是 100 等分。在这方面,他们遥遥领先于欧洲人,因为后者直到 13 世纪才会使用相等的单位。公元前 104 年,作为伟大占星家和太史令的司马迁,同其他人一道在历法方面进行了有序改革。他们的方法如下:"乃定东西,立晷仪,下漏刻,以追二十八宿相距于四方,举终以定朔晦分至,躔离弦望。"①1 月、4 月、7 月和 10 月为四季之始;2 月、5 月、8 月和 11 月则包含有春秋分和夏冬

---

①《汉书》,卷 21,叶慈(W. P. Yetts)翻译,《卡尔藏中国青铜器》(*The Cull Chinese Bronzes*),第 162 页。(中文原文见《汉书律历志第一》,中华书局版。——译注)

至。一直到1912年,它一直都是官方历法,到现在依旧为民间所使用。王莽的杰出顾问刘歆,计算出一回归年为 $365\frac{385}{1539}$ 日。伽利略是第一位发现太阳黑子的欧洲科学家,他于1613年出版了其著作。然而,自公元前28年,中国人就已观察到太阳黑子的一些规律。公元1世纪,中国人发明设计了用于观察黄道日食或月食并测量其倾角的专用仪器。在大致相同的时间,两位学者已注意到月球的轨道是椭圆形以及月球一次完整的公转需9年①(月球一次完整的公转实际上需8.85年)。公元132年,居住在首都的张衡发明了一件引人注目的仪器,这种仪器能记录到朝中人们所没有察觉到的微弱地震②。但可惜的是,他没有对这种原始地震仪做任何进一步的改进。张衡(78—139)这位科学家还有一处值得一提,他在其著作《灵宪》中做了同样引人注目的表述:"中外之官,常明者百有二十四,可名者三百二十,为星二千五百,而海人之占未存焉。微星之数,盖万一千五百二十。"③

在数学方面,即便不是更早,中国人也在公元前1世纪已使用了进位制。数字16448664375被写成⊥ ⊤ ⦀ ≡ ⫝ ⊥ ⊤ ≡ ⦀ ⊥ ⫝⫝。此时,中国人虽没有使用零,但已留有空格。同样,汉初时数学家在书写时已通过移动两个空格的位置将1提升到100,印度直到

---

① 指东汉著名天文学家贾逵和刘洪。贾逵曾指出"月行有迟疾","乃由月所行道有远近出入所生,率一月移故所疾处三度,九岁九道一复"。——译注

② 指张衡的地动仪。——译注

③ 译文见张钰哲(Y. C. Chang)在《大众天文学》(*Popular Astronomy*,53:124,1945)中的翻译。

后来才学会使用进位制。

王充(27—100)在其著述中,已显现出一种科学的态度。他批判当时颇为流行的迷信行为,这种迷信行为几乎已成为了一种神学。当时流行的观念认为,火灾、洪灾、饥荒、地震这类灾难以及日食、彗星这类反常现象,都是上天不满发怒的表现和对皇帝的告诫。作为那个时代领袖群伦的史家,王充在天文方面接受过良好教育。他曾对当时流行的观念这样驳斥道:"在天之变,日月薄蚀,大率四十一二月,日一食,百八十日,月一蚀,蚀之皆有时(四十二月日一食,五六月亦一食,食有常数),不在政治,百变千灾,皆同一状,未必人君政教所致。"①公元1世纪末2世纪初时,实际观察和批判精神似乎已获进展,但它常为政治和社会的恶化所中断。

几个真人大小的圆形雕塑,已被确定是出自一墓冢周围的古迹,这有力证明这一古墓是亚述人或其他同伴的墓葬。这个古墓陪葬室中的绝大多数雕塑都是浅浮雕,凿雕得如此微妙,以致被认为是画在石头上的。绘画作品的真实遗迹比较少,但它们一定是在文化中心常见到的景象,因为我们现在知道的所有布料和工具在公元2世纪时即已在中国使用。我们从早期文学作品中可知,公元1世纪时绘画已从纯粹的工匠劳作提升为具有一定专业技能的艺术,汉明帝(58—76年在位)即曾资助保护过这种艺术。今天,在砖瓦、漆器和墓穴墙壁上仍保留有一小部分这种绘画。1931年,在朝鲜乐浪(今朝鲜平壤附近)附近的墓葬中出土了一

---

① 由胡适翻译,见《中国文化专题论文集》(*Symposium on Chinese Culture*),第44页。(英文据胡适做法将《治期篇》与《说日篇》整合,故中文原文亦相应做此调整。——译注)

个篮子,这个篮子的表面装饰有 94 个或坐或站的人物漆画像。漆本身一定非常流行,因为考古学家在蒙古、阿尔泰山脉、印度支那和朝鲜等中原人居住过的几乎所有地方都发现过它。在一个朝鲜人墓葬中,考古人员发现了一个年代约为公元 4 年的容器,这一容器上有两位艺术家的名字。巧合的是,这两位艺术家的名字也出现在年代为公元前 2 年的另外一件漆器上,而这件漆器发现于靠近乌兰巴托的于诺因半岛。出身高贵的汉代妇人与他们的现代姐妹一样喜爱化妆,这从乐浪出土的一漆箱得到了印证,因为这个漆箱中不仅装有一面镜子,内中还有六个形状各异的用于装胭脂等化妆品的小盒子。① 这些可爱的小玩意中,有一些是在西部四川地区制造的,这是那个时代具有流动性的另外一个令人震惊的证据。釉陶的出现,是汉末在瓷器制作工艺方面所做的第一次小尝试。一些带有衣领和衣带的容器以浅浮雕的形式展示自然场景,这尤为珍贵,因为它是当时生活的实物证据。此外,墓葬中还惊现泥塑的人、动物、房子、谷仓、炉灶及类似的东西。

　　无论诗歌还是汉赋,都有关于建筑尤其是宫殿的精彩描述:镶玉柱,贵美石装饰的墙壁和屋檐,带有雕刻、彩绘并被镀金(这部分是出于保存)的木器,雕有格子花纹图案的屋顶,用雕花大理石建造的楼梯。然而,除了一些地梁外,黏土模型和浅浮雕是仅

---

① 考古学家甚至发现了一些含碳酸盐的铅,公元 1 世纪时这种含碳酸盐的铅曾作为扑粉使用。原田(Harada)在乐浪的考古挖掘和伯克曼(Bergman)在中亚楼兰的考古发现(国外一些学者常将楼兰作为中亚区域表述。——译注),参见《乐浪》(1930)和《中国和瑞典联合探险》(Sino-Expedition,VIII:1,126,1939)。

存的证据。地中海地区很早就已知道如何制砖,但有关制砖的知识却是在这一时期才开始在中国传播开来的,因为建造墓冢时需要用到砖。汉武帝的上林苑举世闻名,他的上林苑中有从西部引入的新物种。值得注意的是,苜蓿是专为进口品种的马而引进,葡萄则是为皇帝餐桌提供水果和美酒。公元前111年,汉武帝在征服南方之后,便将橘子树、槟榔和荔枝等南方物种引入皇家花园。① 在上林苑的树林里,放养着为皇帝狩猎而准备的动物,有两个人工湖,配有游船和用于训练水军的船只。一位诗人这样描写他的皇后:"登兰台而遥望兮,神怳怳而外淫。……桂树交而相纷兮,芳酷烈之閜閜。孔雀集而相存兮,玄猿啸而长吟。翡翠协翼而来萃兮,鸾凤翔而北南。"②

与遥远国度的贸易,使一些小型工艺品(Minor arts)获得新生。长期以来,中国的玉石匠都是将一些从河床底找到的玉制成刀和吊坠,但他们现在可将来自遥远于阗矿山的石头雕刻成政府文件所用的印章等各种新奇古怪的形状。为此,珠宝商人到南部海域和印度洋的港口寻找珍珠、玻璃和奇石(其中包括钻石砂)。在商和周晚期这两个巅峰之后,青铜器艺术开始衰退,但铜镜成为中华文明仍处于前沿的证据。据称,使节们高度重视这些曾为皇帝瞥过一眼的铜镜。这些铜镜经巧妙铸造而成,同时它还具有神秘的意义。无论是平针的丝绸还是绣有奇形怪状的动物及汉

---

① 在以后的几个世纪,这一做法一直被延续。例如,首先在中国西部种植的核桃,到公元2世纪时已种植在洛阳皇家花园之中了。

② 这位诗人是司马相如(前117),参见索佩尔(A. Soper),《艺术通报》(*Art Bulletin*),XXIII:2,144 n.,1941年6月。

字符号的丝绸,不仅用于国内消费亦用于对外出口。公元前200年之前,斯基泰人和匈奴人就渴望拥有它。汉武帝的征战结束后,西方人也曾同样热切渴望拥有它。在阿尔泰、蒙古北部和西伯利亚的冻土里,在塔克拉玛干的沙漠里以及巴尔米拉①、吉尔吉斯斯坦和克里米亚都曾发现过一些早期的丝绸。

伴随着语言和书写的统一、国内的长期和平、有闲阶级的扩大和特权阶层的教育水平提升,文学开始出现新的表达方式。这最后一点应归因于这一事实,即在公元前165年尤其是公元前124年之后,随着官僚机构的日渐扩大,其中的许多成员是通过笔试而被选任为官的。② 公元前84年,新设的太学仅有50名学生;250年后,其学生人数达到3万人,太学使用的课本则是儒家经典③。从此,为确保文本的正确性,抄写以及解释这些儒家经典便成为博学之人最重要的职责之一。公元前1世纪快结束时,人们发现在秦末纷争中所遗失的书比普遍认为的要少得多。中国第一份国家图书目录的年代即可追溯至这时,这份国家书目由一群医学、军事、哲学、诗歌、占卜和天文学方面的博学之士编制而成,它列出了约677部书写于木简和丝绸上的著作。尽管都城在公元23年至25年遭遇到破坏,但至少皇家图书被部分保存下来,两

---

① 巴尔米拉,是叙利亚沙漠上的一片绿洲,位于大马士革的东北方,是叙利亚境内丝绸之路上的著名古城,又名泰德穆尔。——译注

② 在汉代,似乎还没有公共考试制度。大多数官职候选人都是由地方当局推荐给京城;对于这些候选人的首要要求,就是要有充裕的财富。

③ 它们一般包括《诗经》《尚书》《周易》《礼记》和《春秋》,有时也包括《论语》。

千车的书被运至洛阳。由于它们已完全消失,迄今为止我们仅知这些。幸运的是,最近在中亚一古代瞭望塔附近的垃圾堆中,考古学家们发现了几千片木简以及一卷用原始皮带捆在一起的完整木简(共由 77 枚组成)。经仔细检核,这卷木简虽不是什么学术巨著,但其中的内容反映出从军士兵的需求——主要是关于占卜、占星术、启蒙读本以及公元前 63、59、39 年的日历以及其他类似的内容。大约在公元 100 年,中国人发明了纸,自此纸开始逐渐取代竹子和木头以及用作书写材料但质地较差的丝绸。这一发明是如此伟大,以致如果仅从文献的角度来看,纸的发明是否出现得太早的确是一个悬而未决的问题,因为如果印刷术的发明紧随其后,中文著述可为更多的人利用,且书的传播范围会更广。正因为如此,太多著述或因政权崩溃瓦解或因灾难而遗失。

档案工作者如同中国的历史一样古老,但中国直到汉代才出现真正的历史学家。最早的编年史只关注事实,后来才将富有想象力的故事穿插于其中。作为一位史官的回忆录,《史记》是第一部从想象中筛选出真相的史书,它一直到公元前 100 年才完成。作者司马迁是拥有同一头衔的太史令之子,他是那个时代最优秀的游历型学者。他曾就其史书谦逊地写道:"余所谓述故事,整齐其世传,非所谓作也。"①后世史家高度称赞其著作,并忠实地遵循

---

① 沙畹(Edouard Chavannes)已翻译或以节选形式翻译了《史记》前 47 卷,译文连同绪论和其他注释部分一同出现在沙畹的五卷本《司马迁的传体史》(*Les memoires historiques de Se-ma Ts'ien*, Paris,1895—1905)。有关作者的生平,见华兹生(Burton Watson)的《司马迁:中国伟大的史家》(*Ssu-ma Ch'ien:Grand Historian of China*,1958)。

其书写模式。

一个半世纪后,一个史官家族①的著述成功地获得了几乎与《史记》相同的声誉。他们的主要不同之处在于,这个史官家族的著述只涉及从秦帝国灭亡到东汉建立这230年的历史②,然而司马迁却将整个过去都视为其研究范围。如果人们希望获取他们各自在研究方法和写作方面的洞见,那唯有阅读这两部史书。班彪(3—54),是班固和班超的父亲,同时也是前面已提及的王充的老师,他曾就《史记》的史学价值写过一篇评论性文章。然而,我们必须牢记的是,文学批评仍处于初期阶段;同样必须牢记的还有,公元前2世纪的那种思想自由到公元1世纪中期时已被汉代朝廷中相当刻板的教条主义所取代。班彪写道:

> 迁之所记,从汉元至武以绝,则其功也。至于采经摭传,分散百家之事,甚多疏略,不如其本,务欲以多闻广载为功,论议浅而不笃。其论术学,则崇黄老而薄《五经》;序货殖,则轻仁义而羞贫穷;道游侠,则贱守节而贵俗功:此其大敝伤道,所以遇极刑之咎也。然善述序事理,辩而不华,质而不野,文质相称,盖良史之才也。诚

---

① 指班固家族。——译注
② 德效骞(H. H. Dubs)已翻译了《汉书》本纪部分,出版了3卷本《班固的〈汉书〉》(*The History of the Former Dynasty by Pan Ku.*, Baltimore, 1938, 1944, 1955)。

令迁依《五经》之法言,同圣人之是非,意亦庶几矣。①

除了历史和校勘评论外,其他形式的文献学亦具有一定的重要意义。公元前200年,一位不知名的作者开始在文献评注方面进行初步尝试;到公元100年,词典编纂学因《说文解字》而开始具有不可替代的地位。《说文解字》包含有9353个汉字的解释和1163个具有双重功能的汉字,这部字典是一位学者②在经数年准备之后才编纂完成。在准备期间,作者曾到中国许多地方旅行。这位学者主要关注的是汉字的书写形式,但他也标示出指定字词在不同地方的读音。根据这部字典和其他文献,现代研究者可确定绝大多数中国方言是单音节,但苏州—上海—杭州地区的吴越人所说的是多音节语言。这有助于解释为什么到今天长江口周边地区所说的语言与从沿海地区到广州一带所说的语言会存在明显的断裂。我们应提及的还有:特殊形式的诗歌(或许起源于南方,因为他们中关于长江的神话传说比比皆是)、鬼神故事、法令法规③、具有高尚道德的"列女传"(它让西方人想起圣保罗给提摩太的信)、地理志以及关于广州的第一部方志。

---

① 引自沙畹的翻译,卷1。(中文原文见范晔:《后汉书·班彪列传上》。——译注)

② 指许慎。——译注

③ 法典非常浩大,达到960卷7732200个字。它已不存在了,但是根据古代文献编纂的汉代法律之现代汇编还存在,参见爱斯喜拉(J. Escarra),《中国法制》(*Le droit chinois*),北京,1936,第95,470,495页。

长期以来为贵族和平民①所喜爱的音乐,因为两三种新的乐器而更为丰富。其中的一种是琉特琴或曼陀林,中国人称之为琵琶。它的出现可能是由于中国与巴克特里亚的联系接触所致(在波斯,一种相类似的乐器名称是 barbat 或者是 barbud;在希腊,则是 barbiton)。根据公元 1 世纪和 2 世纪的犍陀罗②遗迹,琵琶的鸣箱是半圆形的,在一块板上有四根弦,弹奏者在弹奏时将其靠在前胸,用手指拨弄琴弦。这应是中国最早的琵琶,两位中国学者在公元 2 世纪时才首次提到它。③ 另外一种乐器被称为**箜篌**,它可能是有弦乐器。尽管几乎没有关于它的任何确切信息,但一位于公元 126 年去世的作者说:"它能发出一种柔和多情的乐音,后来出现在轻佻浅薄的音乐中。"第三种新出现的乐器是一种有 14 根弦的竹体古筝,它可能起源于南方。

在汉朝这样长的时期内,工业方面一定有着广泛的进步,因为中原人与西部和南方的民族开始有了接触和联系,并运用他们

---

① 据称,孔子有次说过(《论语》,XV:10):"乐则韶舞。放郑声,远佞人。郑声淫,佞人殆。"(由亚瑟·威利翻译)。威利注意到《礼记》中有关两位与孔子同时代之人的一段话:"魏文侯问于子夏曰:'吾端冕而听古乐,则唯恐卧;听郑卫之音,则不知倦。敢问:古乐之如彼何也?新乐之如此何也?'"(中文原文见《礼记·乐记》。——译注)

② 犍陀罗,又作健驮逻,位于今印度喀布尔河下游,五河流域之北。——译注

③ 指东汉的刘熙和应劭。刘熙在《释名·释乐器》中第一次提出"枇杷本出胡中,马上所鼓也"的说法,稍晚于刘熙的东汉名士应劭在《风俗通义》里记载着:"枇杷,谨按此近世乐家所作,不知谁也。"——译注

自己的聪明才智解决新问题。一位学者①注意到在农业方面汉代开始引进和采用了以下新的物种及技术：抗旱水稻、中耕、早晚两季、作物与豆的轮植②；利用斜坡种植竹子、果树、蔬菜、林木和燃料物；至少部分出于生产力之故，开沟挖渠以开垦荒地。公元前87年，汉武帝任命的一位军需官（commissary official）③特别积极活跃，他曾将"县令、乡长官、三老、力田以及有经验的老农"召集起来，进行了一次实践尝试。他将犁地、种植栽培、锄地时所需的工具分发给农民，并教授农民使用这些工具的最佳方法。④中国人在役畜时使用的是挽具轭具，它的发展对农业、手工业和战争来说都至关重要。在这一时期的著作中，没有一部提到过它，但它却明白无误地出现在公元前2世纪的浮雕上。诸如此类的情况有很多。在西方，直到10世纪后才开始给动物套挽具。

司马迁的《史记》有一段专门列举了一贸易中心每年消费的物品（韦慕廷也曾翻译过⑤），这为了解那个时代（前100）的物品提供了线索："通邑大都，酤一岁千酿，醯酱千瓨，浆千甔，屠牛羊彘千皮，贩谷粜千锺，薪稾千车，船长千丈，木千章，竹竿万个，其轺车百乘，牛车千两，木器髹者千枚，铜器千钧，素木铁器若卮茜千石，马蹄躈千，牛千足，羊彘千双，僮手指千，筋角丹沙千斤，其

---

① 李秉华（Mabel Ping-hua Lee），《中国经济史》（*Economic History of China*），第149－151页。

② 人们可能很早就已知道著名的大豆，尽管一直到公元前2世纪它才被明确提到。

③ 指汉武帝后期任命的搜粟都尉赵过。——译注

④ 参见韦慕廷（C. Martin Wilbur）的《西汉时期的奴隶》，第343页。

⑤ 同上，第336页。

帛絮细布千钧,文采千匹,榻布皮革千石,漆千斗,糵麹盐豉千荅,鲐鮆千斤,鲰千石,鲍千钧,枣栗千石者三之,狐貂裘千皮,羔羊裘千石,旃席千具,佗果菜千锺……"①

有关汉代娱乐活动方面的资料,主要来自于文学及陶器和砖石上的画像。猎鹰的技术可能源自于北方的游牧民族,多种马背上的杂技也同样如此。像马戏团一样,表演者在一根带有横木的竿子上进行表演——一位表演者跨着坐,另外两位表演者在音乐的伴奏下行走于横木的两端——这种表演被认为是中原人的,如同在一辆战车上用哑剧的形式表演一样。早在公元前300年,杂耍球即已被提及。公元前110年,安息国王②曾将来自犁靬的眩人③(当时,埃及的亚历山大即因这种娱乐形式而闻名)献于汉朝皇帝。哲学家王充提到过高跷;用于使士兵保持战斗状态的蹴鞠,曾在公元前的著作中提到过,并被描绘于公元2世纪的一块厚石板上。对于男女来说,跳舞已很常见。通常,舞者穿着带有长袖的长外套。当他们迈着轻快的步伐进入由长笛、手摇风琴、古筝、琵琶和锣鼓奏出的音乐中时,便挥舞着他们的长袖。斗牛、斗鸡和拔河比赛,可能起源于南方。射箭、赛狗、钓鱼和打猎,这些有着古老血统的运动项目仍有众多爱好者。中原许多不爱运

---

① 中文原文见《史记·货殖列传》。英文对司马迁原文中的"千"理解有误。——译注

② 帕提亚帝国(前247—224),又名安息帝国,是亚洲西部的伊朗高原地区古典时期的奴隶制王国。建于公元前247年,开国君主为阿尔撒息。公元226年被波斯萨珊王朝代替。——译注

③ 眩人即表演杂技、变戏法的人。——译注

动之人,喜欢的是围棋和需在方板上玩的跳棋这类游戏以及投壶和骰子等各种各样的赌具。无论是皮影戏还是木偶剧,都被认为是起源于这个时代。在漫长的历史中,他们对中世纪的戏剧有着相当大的影响。

# 第三章

## 政治分裂时期

The Period of Political Disunion

## 第一节 三国与西晋(220—317)

中国人过着相对安定的生活已有三百年。尽管存在动乱,尤其是在帝国皇权衰微时,但总体上统治集团还是能平安度过,并保持着显著连续性。然而,到2世纪末,日益增长的不满情绪变得不可控制,最终汉朝被推翻。

紧随汉朝灭亡而来的是,存在于三个主要经济和政治区域的政权为争夺王权进行了长达半个世纪之久的战争。这三个政权分别是:定都于洛阳,控制着北方及西北的魏(220—265);都城由吴郡迁到南京,控制着东南及南方的吴国(222—280);定都于成都,控制着西部及西南的蜀国(221—264,蜀亡于263年。——译注)。每个政权都力图恢复昔日帝国,最终魏国成功了。魏国的成功很大程度上是因为它精明地运用了具有"军事—农业殖民"性质的军屯制度,扩建了水利灌溉设施,以及对敌人采取"饥饿围困法"使其屈服。264年(应为263年——译注),魏的一位将军征服了蜀;265年,他篡夺了魏国皇室的王权,并于公元280年灭了吴(篡位及平吴的是司马昭的儿子司马炎——译注)。他所建立的新王朝晋,因为侥幸而一直延续到420年。

伴随着军事征战,中原人进入了南方和西部,这使得这一地区出现重要变化。长期的毁灭性战争,给许多地区带来饥荒,穷苦百姓被迫落草为寇或寻求大户家族的庇护。包括贵族在内的

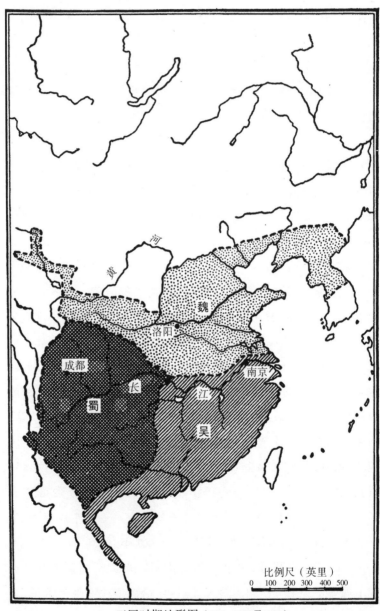

三国时期地形图（220—265 及 280）

成千上万的人迫于无奈离开黄河故地,前往待开垦之地。封建制度重新出现,地方大族采用堡垒和城墙作为防御手段。中央集权的瓦解,意味着地方自治和官吏获益。中原人与非中原人日益融合,其直接影响便是地方主义更为突出。许多非中原人或迁徙或作为盟友进入到北方,而不少中原人则同南方和西南地区那些仍未被同化的非中原民族通婚。另外,民众有时亦被迫从一地迁徙到另外一地。例如,225年,一位中原指挥官在对西南进行了一次闻名遐迩的远征后,便将一原住民部落的"上万户家庭"从云南迁到四川西部。由于缺乏货币,易货贸易再次变得常见。这是一个从稳定转向混乱无序、从有坚实基础的生活转向完全没有安全感的时代。

对各阶层民众来说,这样的环境意味着艰难;但对新思想、新制度、新习俗以及新物产的引入而言,没有任何其他环境会比这种环境更适宜。所有这些新影响中,佛教传入的影响最为持久。在今天东亚所有外来宗教中,它是扎根最深的外来宗教。没有人确切知道佛教于何时传入,可能是在公元前4世纪的亚历山大征战中,它开始传入巴克特里亚和帕米尔西部的其他地方;印度的阿育王帝国则不仅将佛教传入到西北,还使其在锡兰传播开来。毫无疑问,公元前128年至公元6年期间,前往阿富汗或冒险进入印度洋的中国使节已对这种宗教有所了解,并可能在他们回国时带回有关这种宗教的信息。同样,外国使臣来到位于长安或洛阳的中原朝廷时,可能会向中国皇帝或大臣讲述有关佛教的情况。事实上,有一份早期文献讲述了公元前2世纪月氏国(他们的领土后来成为贵霜帝国的一部分)的一位使臣向一位中国官员口头讲授佛经,尽管这份文献晦涩不清。公元65年,在今江苏北部长江口附近有一个佛教僧侣及其信徒们的群落(他们中是否有外国人,也许永远无人知晓),他们受到在位皇帝弟弟的保护。这位皇帝颁发的法令中,有佛陀、沙门和居士这些词语的音译。在随后的几个世纪语言的借用明显增多。

148—170年,中国人称之为安世高的安息国王子①,自愿放弃王位加入佛门。他在中国的弘法活动,从首都一直延伸到沿海。他发现在洛阳已有佛教中心,这一佛教中心在他到来后一定有很大发展。他不仅讲经,还组织学者将大量佛经译成汉文。要将外来思想转换成另外一种语言,而且这种外来思想还须用并不为人所熟悉的术语进行表述,这是一个非常棘手的问题。安世高和他的合作者们致力解决这一问题的方法富有启发性:在由一位不懂中文的印度僧侣、一位既能说梵语又能说中文的安息国僧侣和四五位中国学者组成的译经团队中,印度僧侣诵读佛经并对其进行口头解释,安息国僧侣尽可能将印度僧侣的口头解释译成中文,中国学者则将安息国僧侣的译文记录下来。正如预期的那样,这样的翻译当然不会是最佳,尽管有许多佛经经历过两三遍这样的翻译。安世高弘法活动的影响并不局限于学者,还对皇家宫廷产生影响。皇帝虽没有皈依佛教,却采取了审慎做法。166年,他不仅在宫中为老子和佛陀建庙宇并祭拜,而且还为传说中的黄帝建造了一座带有花卉图案的祭坛华盖(a flowered canopy)。他的虚伪显而易见,因为一位官员曾大胆地告诫他,宫中的虐待与佛教和道教的教义学说并不相一致,并要

---

① 该王子系安息王嫡子,安息即帕提亚国,此据汤用彤:《汉魏两晋南北朝佛教史》上册。——译注

他"尊重生命,鄙视杀戮,限制欲望,摒弃奢华,尊崇不干预"。①

除了前面已提及的,佛教在首都这座遭到破坏的城市中的发展不仅没有停止,还传播到了其他地方。在山东南部一幅雕刻于公元76年至83年的浅浮雕上,考古专家发现有六头长牙大象,这通常是印度早期的艺术主题和图案。170年,在今山东省会济南附近的一座墓冢旁放置有佛塔或神龛;几年以后,在今江苏北部徐州的一寺院里还有一座几层楼高的佛塔,佛塔里则有一镀金的佛陀像。这尊佛陀雕塑浴佛时,佛塔的捐赠者向众人分发食物(寺院可容纳3000人),同时还布席于道达方圆四五里(一方相当于每边半英里长)②。官方可能会定期拨款以维护和修缮这些佛像,一本220年的古籍对此有记载。中国第一个和尚的名字告诉我们,他来自今安徽省,同一位来自安息国的佛教弘法者一道工作。四川麻浩③的一座后汉时期的石窟浮雕最近重见天日,其中内有一尊佛像,这也表明佛教已出现在中国西南地区。④

---

① 魏鲁男(Ware)译,见《通报》(*T'oung Pao*),XXX:121,1933。

② 此段英文疑似来自《三国志·吴书四·刘繇太史慈士燮传第四》,可供参考:"笮融者,丹杨人,初聚众数百,往依徐州牧陶谦。谦使督广陵、彭城运漕,遂放纵擅杀,坐断三郡委输以自入。乃大起浮图祠,以铜为人,黄金涂身,衣以锦采,垂铜盘九重,下为重楼阁道,可容三千余人,悉课读佛经,令界内及旁郡人有好佛者听受道,复其他役以招致之,由此远近前后至者五千余人户。每浴佛,多设酒饭,布席於路,经数十里,民人来观及就食且万人,费以巨亿计。"——译注

③ 麻浩崖墓,位于四川省乐山市郊,即凌云、乌龙两山之间的溢洪河道东岸。——译注

④ 参见赖肖尔(R. Edwards),《亚洲艺术》(*Artibus Asiae*),XVII:103,1954。

3 世纪见证了佛教在中国南北的活跃，部分民众对佛教的兴趣日益浓厚，这一点也不令人惊讶。印度、粟特、于阗、锡兰以及新佛教中心周边的虔诚而有智识之人，一定意识到中国值得他们前来弘法。中国内部不同地区间的战争使中国人正遭受着被撕裂的痛苦，也可能是出于对官员道德堕落的深深厌恶，于是他们对这种在深负重压时能够提供安慰并能回应所有需求的新信仰表示欢迎。艾香德(Reichelt)如是写道："儒教从未成功地满足中国人的深层次宗教需求；对于'存在'这一抽象而深奥的问题，儒教没有提供任何答案；它既没为中国人的生存之战提供力量，也没有在中国人死亡时提供安慰。"Clenell 这样描述佛教的特性，"作为黎民万众的一种信仰，作为虔诚生活的一种规则，作为一种安慰，它对于文化人来说并不仅仅只是一种哲学"。佛教支持了中国人的部分宗教观念，并部分地为其提供补充。然而，它最为重要的吸引力在于引入因果报应和灵魂轮回的观念，取代了中国人的宿命论和善恶报应的古老观念。这使中国人迎来了以黏土和石头作为象征的观念崇拜，对于一个迄今其宗教中既不含天堂也不含地狱的民族，佛教所提供的便是宗教观念，慈悲即是其中之一。总之，佛教为中国人提供了一条通过成为阿罗汉或佛从而在死后可永生不朽的道路。佛教带给中国的影响是由印度及其邻近地区所给予的，其中有好的也有坏的。例如，世界是虚幻的、生活是痛苦空虚的、性爱是肮脏的、家庭是获取精神成就的障碍、独身和行乞是佛教徒所必须的、施舍是功德的最高形式、爱应扩展到所有众生、素食主义、严格的禁欲主义、言辞和法术有着神秘的力量等①即是例证。

许多佛教弘法者以出身和教养为其显著特征,他们来自于各个佛教地区。出身于塞西亚家族的一位翻译者即是其中之一,他从223年至253年一直在南京工作。2世纪的最后25年,这位译者的家族扎根于中原。250年,一位印度人率先翻译了250条佛教清规(这非常重要,因为它意味着中国部分佛教寺院对此的需求不断增长)。252年,一位来自于阿姆河地区的弘法者在洛阳工作时,修订了安世高的阿弥陀佛经。另外一位弘法者,从247年(也可能是241年)到280年(或许是276年)去世时一直都活跃于南京,他出身于有着粟特渊源的家族,这个家族基于在南海和印度的贸易利益而在交趾落脚扎根。正是这位佛教弘法者,成功使吴王皈依并说服他建造一座佛塔。259年,中亚龟兹的一位王子以弘法者的身份在洛阳传教。佛教弘法者有着不同的背景以及他们所引入的是不同形式的佛教,对此我们还可引证其他例子。② 无

---

① 出自胡适的《制度思想与艺术的独立和会与借用》(*Independence, Convergence, and Borrowing, in Institutions, Thought and Art*, p. 225)。人们也许会问,印度佛教徒是否将性爱看作是肮脏的。实际上,像所有印度人一样,他们认为对自然过程的描述没有任何危害。在儒家传统中成长的中国人,花了几个世纪才理解这一点。

② 根据最近出版的一份2世纪到11世纪期间曾在中国并帮助翻译佛经的人员名单,这些人中有76位来自印度、克什米尔和锡兰(今斯里兰卡),30位来自安息、粟特、犍陀罗和西亚其他地区,16位来自中亚的和田、喀什、库车和吐鲁番,三位来自爪哇和柬埔寨。这当然仅仅只是整个佛教传道者中的一小部分。伯希和教授认为,最初的译者几乎都是伊朗人而不是印度人,见《高地亚洲》(*La haute Asie*),第10页。

论是小乘佛教还是大乘佛教,此时都在中国广泛传播,印度和伊朗的其他形式崇拜及思想也同样如此。佛教弘法者之所以能够取得引人注目的成功,原因之一可能在于他们是通过不诉诸任何武力的方式来俘获中国人的思想和心灵。

同样,印度人的影响也扩散到其他领域。它不仅使医学得到极大丰富,对建筑亦有着显而易见的影响。点缀于中国山水画中的佛塔,很可能是仿照菩提伽耶的摩诃菩提寺或白沙瓦附近的迦腻色迦佛塔,也可能是其他类似的建筑物。实际上,最早佛塔的遗迹现在早已不存在。然而,一位法国探险家发现的一根年代约为209年的台柱,毋庸置疑是仿照伊朗—印度模型。根据6世纪的一位学者所说,到2世纪末仅洛阳一地就有42座佛塔。这些建筑物中的许多陈设,一定有着外国血统或是仿照外国模型。

作为译经的结果之一,中国文学出现了新的写作形式。佛本生经的故事,即给中国民间传说增添了新素材。250年左右,一位居住在南京的来自粟特的佛教徒僧慧将两部关于佛本生经的故事集译成了中文。① 第一部中文佛教文献目录,出现于260年。梵语对中文产生了立竿见影的影响效果。艾特尔(Eitel)认为梵语的引入使汉语增加了6000个新术语,荻原(Ogihara)则认为使汉语增加了7000个新术语。除了引入新思想观念和术语外,它还激发了设计一套方法以便转录这种陌生语言的需求。印度圣歌开始使中国音乐大为丰富。即便不是更早,到3世纪末燃香仪式可能已开始引入南方。在汉代,沙门需剃光头、穿红色衣服;到

---

① 沙畹甚至认为,一组汉浮雕即是描绘一个佛本生故事。参见《北中国考古图录》(*Mission archeologique dans la Chine septentrionale*),I:152 −153,1913。

220年后，他们接受了穿着各色衣服的习惯。印度思想观念能够在中国传播开来，最为重要的原因之一在于，佛教允许大量最为虔诚的朝圣者前往佛教圣地朝圣。据记载，第一个朝圣者是一位中国僧人，他于259年前往于阗，并一直待在那里，直到半个世纪后去世。无疑，他是已知的186位朝圣者的先驱。根据最近一位中国学者的考证，这些朝圣者朝圣的时间为259年至790年。他们回到中原后所讲述的故事，为中国知识库尤其是地理方面增添了新知识。

在佛教被接受之同时，本土的一个重要思想流派慢慢发展成宗教。它有时以传说中的黄帝和《道德经》的作者老子命名，有时奉老庄为先驱，但是，它最为人熟知的名字是道教。汉代初期，这个民族中有许多人为建立这种官方宗教之外的宗教提供了帮助。Granet 以及德效骞（Homer H. Dubs）注意到，这一宗教兴起于公元前3年的山东，它是由一场干旱所引发。人们又唱又跳地从一个地方挪到另一个地方，抚慰神秘的西母王后以使其息怒，后来这位西母王后成了道教中最为人们喜爱的众神之一。① 从吴王到篡位者王莽，这种已为人们所知的神秘宗教一直受到上层的青睐，两汉时期的文学包含有它越来越受欢迎的线索。

传统观点认为，道教实际上是由2世纪生活于四川地区的张姓家族中的一位成员所创建。据说，此人可以"利用有关道的粗制滥造文献来欺骗公众"，他靠从每位弟子那里收取五斗米来养活自己。其实，公元后刚开始的两个世纪，在山东沿海地区和甘肃北部存在着一个同样强大但与之不同的道教中心。德效骞对

---

① 黑死病之后，大众歇斯底里在欧洲发展起来。

此提出了一个有趣的观点看法,西部的道教很可能深受伊朗袄教（拜火教）的影响。到5世纪,西部道教有可能是在寇谦之的领导下最终失去了其独特味道。在5世纪末期的动乱岁月里,随着官方力量的衰弱,这种新宗教取得了进展,其凝聚力有了很大增强。这一家族的另一位成员张鲁,于190年在陕西省成功建立了一个小型独立王国。这里的庙宇道观采用了常见的形式,"在带有等级之同时兼具精神和世俗权力:忠实的信徒自称为妖兵;负责解释圣书并管理一个部门的称为祭神者①;在他们的上面,是更大的祭神者;最后,张鲁自称为'天师'。"②215年,当曹操横扫整个中原时,"天师"被保护性地监禁起来,并被送到首都。在这里,"天师"致力于研究炼丹术,直至220年左右去世。在帝国虚弱和崩溃时,被设法保存下来的道教通常都处于蓬勃发展中。据称,从他们后来在江西省龙虎山建立道教中心起,张氏家族的后裔秉承张鲁的传统已有17个世纪。直到748年,这种自封的"天师"称号才为官方承认③,但它时常拥有巨大权力。1927年,"中华民国"正式废弃了这一称号（"天师"被正式废弃应为1912年——译注）。

道教这一新的宗教信仰,是三大宗教中的第三种,它并不仅仅只是遵循《老子》和《庄子》的学说,尽管这些著述以及包括《易

---

① 一个令人颇感奇怪的事实是,佛教僧侣起初被称为道士（道士这一术语后来被用于道教）,然而祭神者这个词则源自于文官政府使用的一种官职头衔。

② 马伯乐（Maspero）,《亚洲神话》（Asiatic Mythology）,第258页。

③ 当时的"天师"这一称号为唐政府册封,并非自称。——译注

经》在内的其他早期著述已成为这种宗教的一部分。由于这些著述太过于艰涩深奥,不易为人理解,唯有具备良好阅读能力且有悟性之人方能理解其教义。现在,道教已将最初的信仰和惯例有机融合为统一整体。这些最初的信仰和惯例以自然崇拜为中心,大自然被认为是有生命的。在这一过程中,一些戒律清规被抛弃,但许多新戒律不断被吸收融合进来。"道"是人们要实现幸福、富贵和长生这三种终极目标所必须经由的道路。聪慧的智者之所以能够成功做到,在于冥想思考大师的著述、遵循他们的道德伦理教义以及通过研究炼金术和遵循一定的身体要求以有意识的寻求长生不老,比如有选择性的饮食、吐纳、导引及房中术等。普通人相信存在鬼怪和神奇的魔力,他们背诵慢慢累积起来的经文,并被教导应忏悔自己的罪恶,假使要使自己的罪恶得到赦免应多做善事,如修百丈路等。假如能够理解掌握,他们愿意遵照这些智者所规定的做法。这一宗教信仰经常显现出拥有能够治病的神奇威力。在道教盛行的地方,道家经常进行施舍,常在某些地方为路人留有米饭;他们常用鬼怪附身,使不信之人变成信徒并用此惩罚某些犯罪。

像佛教和道教这两种平行发展并拥有广泛信众的宗教不可避免地存在许多共同点,并在官方宗教声名狼藉时丰富彼此。无比丰富的佛教,无疑是最大的给予者。除佛教的独身要求之外,印度僧侣逐渐成为道家的榜样,因为独身与道教的一种流行做法相违背。灵魂轮回和存在对应的因果报应学说被中国人广为接受;印度的三十三天神和十八层地狱亦被接受,并给他们取了中文名字,还为中国人指定了其最主要的神灵;人们创作出无数的经文;印度宇宙术语中的"**劫**"被用于时间体系的分类,其他术语和专有名词也被毫无保留地接受和采用。无论是佛陀还是老子的学说,都有隐居生活的观念。然而,佛教中的禁欲主义和禁止饮酒这两条教义对中国人来说非常陌生。城市神祇崇拜于230年首次被提及,这反映了那个时代的中庸主义,因为其中一些特征使人想起中国古老的土地神和谷神,而其他特征则使人想起佛教的炼狱。佛教后来分成众多门派,吸取了大量道教教义和实际做法的禅宗即是其中之一,它也许是印度文化在中国土地上开出的最美花朵。

刚开始时,佛教徒和道教徒都向对方展现宽容,但从3世纪开始,彼此间的宽容演变成了敌意。① 有关这方面的模糊证据是247年发生在南京的一场争论。这场争论发生在为粟特佛教徒僧慧修建寺庙的建造者与附近一"非法宗教"的信徒之间。519年,一位佛教徒史家将与他们产生争论的这一宗教称为"非法宗教"。2世纪的一件纪念物和3世纪的两部著作(其中一部佛教,一部道教)提供了更为令人信服的证据,它们透露了这场最终导致危险平衡的争论。流行的观点认为,老子离开中国后,来到了西部胡人中并成为佛陀。一位佛教徒决心撰著《中亚记录》,以戳穿这个传说。他在书中坚称,老子来到克什米尔并拜谒了佛祖像。拒绝认同这一假设的一位道教徒,在300年左右以完全不同的标题《化胡经》重写了这部书。按照这本书的说法,老子去了印度,并成为释迦牟尼的老师。佛教徒以佛祖比老子早两个多世纪来回应这种断言。争吵一直在持续并不断扩大,最终变得如此激烈,

---

① 7世纪时的一种佛教传统,确定了它们之间第一次争斗的日期是在公元71年,但这可能被忽略了。

以致《化胡经》一书一再被禁,甚至到1281年后亦被禁。佛教和道教都向人们呈现这样有争议的画面,老子在胡人中的场景常用于道观的装饰和佛教寺院的墙壁。

这两种宗教之间的根本区别在于,他们对待性的不同态度。佛教宣扬禁欲主义并禁止僧侣结婚,道教却认为节制是违背人性。在寻求长寿秘诀之时,道教意识到必须实行某种形式的节制。为此,他们颁布了一套规定,不遵守这些规定之人将减寿一年,但显然需要更多类似规定。中国人与生俱来的道德、来自其他宗教及皇家宫廷的控诉,迫使道教在7世纪左右不得不对自身一些做法进行斟酌和慎重考虑;但是,他们一直到12世纪仍在秘密地继续这些做法。在为帝国禁止的16世纪的道教经典巨著中,有关此类的讨论大为减少。

人们无须深思熟虑即可将道教活动完全排除在科学领域之外。炼丹术的研究至少可追溯至2世纪,其目的并不是要创造物质财富,而是要找到一种能够长生不老的灵丹妙药。尽管在公元前144年方士们面临着被公开处决的危险,他们仍继续着炼丹的工作。2世纪上半叶,魏伯阳撰著了一部描述配制长生不老药丸过程的书籍。这一过程与罗吉尔·培根(Roger Bacon)的《炼金术之镜》(Speculum Alchemiae)中制作哲人之石的过程如此相像,以致让人们怀疑欧洲的炼丹术可能是源自于中国。[①] 炼丹的装置成为医学和工业方面重要发现的跳板,这或许是偶然。6世纪的

---

[①] 关于这一争议,参见戴伟士(J. R. Davis)和霍布金斯(R. H. Hopkins)发表在《美国科学史学会会刊》(Isis)上的论文,具体见该刊1938年2月期和5月期。德效骞的结论,见该刊1947年11月期。

一部官方史册言道,"存在着成千上万的有效食谱和神奇配方"①。毫无疑问,这显然是对其功效不切实际的夸大。直到最近,中国人才理解了人体的解剖结构。欧洲人到来之前,官方史册仅记录了两例解剖:一个是公元16年,另外一个是在1106年。然而不可否认的是,他们发现了许多名贵药材,并尝试用硫、砷、汞同锌、铅、铜和铁进行化合实验。他们在冶金、染料色泽的亮丽、颜料的多样性、火药和烟火的早期认识、窒息和麻醉等方面的技能,充分证明他们"在涉及应用化学的许多领域拥有值得称道的能力"②。劳费尔(Berthold Laufer)和其他学者指出,方士对汉代精致的细釉和3世纪时的瓷器生产可能都有助益。留传下来的第一部《本草》,是由一位生活于3世纪上半叶的道士所著。它除了列出当时所使用的药物外,还向人们提供了如何将药物制成药丸、粉剂及膏药的制作说明。

佛教的渗入、道教的日益系统化及2世纪末官方权威的恶化,所有这些使官方宗教遭受严重侵蚀,显得黯淡无光。3世纪时无政府状态日益加剧,这使思想自由、学校和宗教遭受到广泛破坏,人们因此很少有机会接受文学、历史、法制及宗教仪式方面的训练。文官考试作为儒家善政的支柱已部分地坍塌了,魏王因此于237—239年(在今河南)要求重新制定文官考试。他零星地在个别地方举行了考试,但都受到与权力有着紧密联系之人的控

---

① 魏鲁男(James R. Ware),《美国东方学会杂志》(*Journal of the American Oriental Society*),LIII:223-224,1933年9月。

② 约翰森(Obed. S. Johnson),《中国炼丹术考》(*A Study of Chinese Alchemy*),第103-104页。

制。许多官员之所以被选中不是因为成功通过考试,更多的是由于其他原因。时势不允许以憧憬的眼光看待过去,它反对道德与礼俗,"在这种情形之下,中国士大夫们纵情于饮酒,不哀悼其父母,不考虑丧葬,漠视礼仪,并裸裎而行,这表明中国道德结构的崩溃"①。依赖于书香传统、有闲阶级、稳定的时代环境和普遍繁荣的儒家,是因为一些奇迹而得以幸存下来。221 年,一位拥有侯爵身份之人给孔氏家族一成员授予荣誉,此人是孔子的嫡系。无论是官方史书还是当地古迹都证明,这位大师的圣陵被修缮,尽管到那时为止它一直都不幸地被忽视。魏王前往这个圣陵之地献祭,并要求为孔子的弟子修建陵墓。然而,在 220 年之后的四个世纪里,仅有 3 个人因为影响巨大而被供奉于孔庙。与之相对照的是,在此前的四个世纪,汉代有 11 个人被供于孔庙之中。②

240 年至 248 年间,三部儒家经典被刻于石头上,并被竖立在洛阳附近的那些 65 年前即已被官府审定认可的儒家经典旁边。有意思的是,《尚书》《春秋》和新列入的《左传》,都是历史类典籍。由于这些儒家经典是以三种古典的形式篆刻,过去半个世纪所发现的 28 块石头碎片因此非常宝贵。结合最近在中亚沙漠的几个考古发现,这些被篆刻于石头上的儒家经典不仅保存了当时的文本(许多改动和篡改是 248 年之后所为,尤其是《尚书》),而且还保留了当时的书写形式,其中有两种甚至是如此古老。在石

---

① 萧洛克(J. K. Shryock),《人类能力的研究》(*A Study of Human Abilities*),第 16 页。

② 萧洛克,《国家崇拜孔子的起源与发展》(*The Origin and Development of the State Cult of Confucius*),第 265 – 266 页。

头上保存部分经典的尝试有着重大意义,因为它表明儒学在北方都城的不断壮大。王肃(195—256),作为魏国的一位学者和官员,此时正在从事经典校注。他通过对后汉经学家们教条的批判,编撰了《孔子家语》和《尚书》的新版本。王肃不仅拒绝接受孔子是至圣先师(无冕之王)的观点,还重新确立孔子虽很伟大但毕竟是人而不是神的看法。魏国的其他学者则致力于《孝经》和《易经》的校注。这一时期的学术中心在荆州(在今天的湖北),据说一度有约300位学者在此从事儒家经典修订版的编撰。甚至在其他遥远的地方,学术也幸存下来了。索靖(239—303)出生于被誉为西部绿洲的敦煌,他不仅是一位军事将领,也是那个时代最优秀的书法家。索靖致力于研究《尚书》中所描述的自然界五行学说,他的研究成果虽已遗失,但保存下来的书法作品副本依然让这种艺术的崇拜者感到吃惊。①

人们对老子和归因于他的著述感兴趣,表明中庸主义在这一时期正处于成长之中,因为此时《论语》也同样为人们关注。对于这些保存下来的著述,王弼(226—249)提出了一些非常精彩的诠释,尽管他只活了23岁,并且据说他在文学方面同样有天赋。他认为,孔子和老子的学说体系有着共同的基础;尽管后者的思想与他自己的思想相谐,但他还是认为孔子是理想而完美之人。他

---

① 据说,欧阳修曾看见过一块有索靖手书的碑匾,这在当时也是非常古老的。"他骑在马上看了很长一段时间,然后策马而去。百步之后,他又折回来,一直凝视着这块碑匾,直到筋疲力尽。然后,他坐在一个毯状物上继续凝视了整整三天,困了就睡在碑匾底部。"叶女士(E. D. Edwards),《中国的诗歌文学》(*Chinese Prose Literature*),第一卷,第89页。

虽不宣扬保守主义,但认为人的行为必须正直。另一位独立的思想家郭象(卒于312年),他关于《庄子》的注释被公认为是优秀之作。他猛烈抨击那个时代的制度与道德,认为它们因过时而显得造作虚假。洛阳一群自称"竹林七贤"的朝臣和官员,向众多追随者称颂酒和无为的好处及美德,与皇室联姻的嵇康就是他们其中的一位。高罗佩(R. H. van Gulik)认为,嵇康最引人注目的特征是"一位最优秀的最具真实意义的艺术家",他在琵琶上留下了诗一般的散文。另外一位叫刘伶,是一位军官,写下了关于酒的美德①。马古礼(G. Margoulies)对他的文章这样说道:"它绝对自由,完全独立,蔑视世界上所有最基本的法则,而这都是酒带给它的。"②这个时代并不适宜《论语》中刻板的道德主义,但与此时开始出现的轻松活泼的纯文学、民间文学和诗歌相一致。③

在已保存下来的3世纪文献中,没有一部文献关注到佛教的

---

① 即《酒德颂》。——译注

②《中国古文》(Le Kou-wen Chinois, p. iix)。

③ 这一时期,文学上与儒家密切相关的一两个发展所产生的影响一直延续到我们今天。220年,魏王从其令人敬畏的父亲曹操那里继承权力,开始统治北方时,他便命令大臣们编制一幅帝国测量图,这将有助于他开创出一个同汉朝一样伟大的帝国。尽管早期的统治者如开朝皇帝一样,力图囊括所有现存知识,但曹操的儿子意识到自己完全不可能做到。于是,第一份总纲或者称之为主题概要便应运而生。它有着众多的接替者,既为皇家使用,也为私人所用。魏朝进行的这项调查早已遗失,但据说其字数超过了800万。

另外一件重要的事件发生在281年,当时一位诸侯和其他一些早在六个世纪之前即已去世的官员的墓穴被打开,在其中发现了超过10万片写有文字

(转下页注文)

传入。然而,此时的中国士人们也许在交谈中或者在带有大量讽刺挖苦的流亡性著述中表露了对佛教传入的感受。外来宗教"令人疑虑的术语、混乱的文本、太过华丽的风格、过于微妙的形而上学、天真幼稚的传说、对事物实践的不理解、对人类道德和日常生活经验的无知、对社会习俗的蔑视、僧侣的放肆越轨行为、对其他人表面上的无私"①,他们对此都以轻蔑的态度视之。197 年左右,一位年轻的中国皈依者撰著了一部强烈捍卫佛教的著述②,这可能是表明他们态度的一份令人信服的证据。为了躲避正吞噬中国的动乱,这位年轻人和母亲从今广西梧州的家乡逃到东京③,25 岁时返回家乡。返乡成家后,他便潜心于对官方伦理道德、初露头角的道教和佛教进行比较研究,这使他转而皈依外来

---

的竹简。据说,在墓葬中还发现了 15 种著作和其他著作的断片,其中即有《易经》和《穆天子传》的抄本以及在公元前 299 年被灭亡的梁国、魏国和秦国的王室编年史,而且传说时代开始记述。这一发现非常重要,因为这些著述逃过了公元前 213 年的大焚书和经院学者或抄写者的篡改。那个时代的学者立刻将现存文本同原始编年史进行比较。他们从事此项工作的一个成果是得出了这样一个结论:《左传》要恢复的是其在汉代所遗失的地方;另外一项成果是,按照梁国编年史所确定的古代事件年表,要比迄今为止被认可的任何一个年表都更为可靠;一个完全意想不到的结果是,对这些竹简进行分类编目产生了自此以后一直为中国图书馆员所使用的编排分类系统。

①鄂卢梭(Aurousseau),《法国远东学院公报》(*Bulletin de l'ecole francaise d'extreme-orient*),XXII:277,1922。

②此人为牟子,著《理惑论》。——译注

③应为交趾。据汤用彤佛教史引文。——译注

宗教信仰，并为捍卫它而写作了这部流传下来的著作。当然，儒学是不可能赢的，它甚至也没有根据任何孤立反驳的论据进行调整修改。许多世纪以来，儒学试图通过一切办法封堵来自半岛和中亚的那股不可阻挡之潮流。直到11、12世纪，儒学才停止其阻碍与破坏，此时双方媾和并建立起一种新的官方信仰。

中国对世界的认识以及在宗教之外其他领域同外来民族的联系交往都有了稳步上升。公元前214年、公元前111年和公元42年中原对交趾的一系列征战，以及大批来自南海海域的争相前往长安进贡的使团，我们对此可能还能回想得起来。在公元后的最初6年，一个中国使团被派往印度洋，他们很可能跨越了印度洋。120年，缅甸国王遣使者向汉朝皇帝进献乐队和魔术艺人，他们都是地处地中海东岸的大秦本地人；132年，爪哇国王进贡；166年，来自马可·奥勒留·安东尼的特使经交趾到达汉朝朝廷。中国的佛教记述告诉我们，粟特商人于世纪之交时出现在交趾。226年，一位来自大秦的商人秦论到达交趾，被交趾太守遣送到居住在南京的吴王那里。

对于坐落于南方的吴国来说，由于其通往北方和西部的道路分别为魏国和蜀国所阻塞，吴王向南方扩展自己的权力就再自然不过了。广东和南京的统治者已开始派遣官员前往南方地区征战，实际上在231年前的一段时间即已采取了这样的政策。根据官方史册，其结果是"吴王越出了其疆界，到达扶南（柬埔寨南部和交趾支那）、林邑（占城）和T'ang-ming（柬埔寨北部），并要求每个地方派出使臣前来进贡"。15或20年后，这位吴王派出了两位特使，其使命是对几乎整个印度洋进行侦察。两位特使要实地到访并报告已确认的"一百几十个国家"仍有困难，但他们一定到访并报告过锡兰、印度以及西亚。根据留传到我们手中的史料片断,他们的报告中包含有大量有价值的记述,或许最为突出的是记录下了定期的贸易路线、有关季风的知识、大帆船的类型以及南海诸多地区已普遍的印度教化。来自中亚粟特的特使报告说,他在柬埔寨时,印度国王的一位特使向扶南王赠送了四匹塞西亚马。这时的帆船悬挂有七帆,每次在海上的停留时间长达数周。同时代的一份报告断言称,它们能运载六百多人或超过千吨的货物。这些数字可能有些夸大,但有关这些船只的信息及使臣和佛教僧侣乘坐外国船只旅行的事实表明,作为一个航海民族而言,中国人落后于其南部和西部的邻国。3世纪后,有证据表明他们开始有规律地冒险前往遥远的地方。

除了对南方和西南方的岛屿及岛上国家和民众开始有了解外,中原人还获取了有关中亚、蒙古、满洲、朝鲜及日本的新知识。北方的魏国及其后继者晋朝同罗布泊(Lob-nor)、龟兹甚至费尔干纳(Ferghana)保持着官方关系,同鄂尔多斯和阿拉善的匈奴以及蒙古的鲜卑也保持着官方关系。他们在东北南部和朝鲜北部依然有中原人定居点,并在238年及240年同日本的倭女王互换使节团。陈寿在关于魏国的记载中有关日本的描述是对早期日本最为可靠的描述,尽管至少还有三种比他更早的记载。

所有这些活动都离不开地理学家。到目前我们所知的是,没有任何一幅地图包括了所有这些地区,虽然它们可与由马林·提尔(Marin of Tyre)于110年绘制并在170年经托勒密校正的地图相媲美。然而,这时一定有供地方官员使用的中原统治疆域图、帝国军队用于演示战役的军事地图,甚至有可能出现了专为商队贸易而绘制的地图。例如,公元前199年李陵向皇帝进呈了一幅地图,这幅地图标示有进军到匈奴境内的线路,并显示了沿途所经过的高山、河道以及地形构造。更为有趣的还是由赫尔曼①所做的推论:标示有中国在西域的商队驿站及驿站距离的地图一定存在,马林正是根据这幅地图以确定其距离。他所确定的距离数字,其单位不适合用帕拉桑(parasangs)②,但用中国的里来计算时却是精确的。这些早期的地图毫无疑问是粗糙的,但它们为3世纪出现的更为科学的地图铺平了道路。

在晋朝第一位皇帝统治时,于267年出任司空的裴秀(224—271)是这一时代最重要的制图者。他对所有现存的全国性和地方性的地图都不满意,这是因为它们缺乏直线的分界线、准确的定位方向以及完整的山川河流图。于是,基于自己绘制的中国地图,他在其著作(仅有前言保存下来)的前言中为制图者确定了制图六体。如果我们可以相信他本人所说的话,这幅地图标示了"山脉、海洋、河道、高地、低地、山坡及沼泽,并标示了古之九州和今之十六州及其省、州、县和镇的边界,他连同古代国家签订条约或举行集会的古老地名、各种不同水路和陆路的路线也一同标示出来。"③裴秀的地图由18个部分组成,按照500里(大约125

---

① 《丝绸之国与传统光芒下的西藏》(*Das Land der Seide und Tibet im Lichte der Antike*),莱比锡,1938。

② 帕拉桑(parasangs),古波斯的长度单位,约等于3.5英里。——译注

③ 苏慧廉(William. Edward. Soothill)译,见《地理学杂志》(*Geographical Journal*),LXIX:541,1927年6月。(此段引文出自《晋书·裴秀传》,原文为"今上考禹贡山海、川流、原隰、陂泽、古之九州及今之十六州、郡国、县邑疆界,乡陬及古国盟会旧名,水陆径路,为地图十八篇,制图之体有六焉"。——译注)

米)比1寸的比例绘制①。最为引人注目的创新是,他在绘制地图时运用了"计里画方"之法或方格坐标网。当然,这种方法也许可以追溯至更早的时期,但它是否为中国人的独立发明却是一个有争议的问题。

随着关于长江以南②广袤亚热带地区的知识不断增加,由此产生了一种全新形式的文献,即有关植物学方面的著述。《南方草木状》是这一领域的第一部著作,由曾一度担任广东地方官的嵇含(264—307)所著。他将植物分为草本植物、林木、果树和竹子四类,所探讨物种共约80个,其他提及的植物有24种,并列出了那些外国作为礼物进贡给晋朝的植物名单。这部著作尽管存有许多令人遗憾的篡改,但对研究植物栽培的历史学家来说,它可称得上一个丰富的知识信息宝库。

茶的发现,可谓是占领南方地区最为仁慈的结果之一。在3世纪之前的很长时间里,饮茶可能已是常见之事,但在此之前却没有人提及。一位出生于四川并于273年去世的官员的传记首次明确提及了茶:"他们用茶叶代替酒作为礼物送给他。"③作为替代品的这一说法,取代了原著中广为流传的古老传说。然而,茶并没有立刻受到青睐;数百年后,它才为南方和中原地区的人们接受。据说,逃离到山西北部拓跋部的王肃(464—501),这位

---

① 裴秀的比例尺是"一分为十里,一寸为百里",约180万分之一,原文500里疑有误。——译注

② 关于这一地区的其他著述,还有由广东本地人杨孚于2世纪末撰著的《异物志》和由江苏人顾徽撰著的《广州志》,这两部书仅部分涉及植被。

③ 伯希和(Pelliot),《通报》(*T'oung Pao*),XXI:436,1922年12月。

土生土长的山东人"因酷爱马奶酒而闻名;为此,他告诉皇帝茶只配作马奶酒的奴隶"①。直到 8 至 10 世纪期间,茶才开始在北方地区成为日常所用;大约在这一时期,茶来到西藏;1200 年之后,一位佛教僧侣使茶在日本开始流行起来。现在已是最能饮茶者之一的蒙古人,在 13 至 14 世纪的占领期间里显然忽视了它;所有来到中国的中世纪欧洲旅行者也同样如此,至少在他们的期刊日志中是如此。阿拉伯商人则要警觉敏感得多,早在 851 年他们中便有人记述了茶及沏茶的方式。在欧洲,这种草本植物直到 17 世纪才被广为欣赏。

任何一部东亚史都一定会提到茶,因为它对中国人及其邻国民众的生活和习惯有着广泛影响。很显然,茶树从来没有以大型种植的方式栽种;相反,每家每户都是各自栽种采集以供自己所需,由此生产出各种各样的茶叶,其中有一些因非常稀少而价格昂贵。780 年,《茶经》的作者写道:"茶有千万状,卤莽而言,如胡人靴者蹙缩然,犎牛臆者廉檐然,浮云出山者轮囷然,轻飚拂水者涵澹然。有如陶家之子罗,膏土以水澄泚之。"②很大程度上,瓷器业的发展应归功于中国人所喜爱的酒、食品及典礼仪式。毫无疑问,它亦同样在很大程度上应归功于茶叶。瓷器业与茶的种植开始于大致相同的时间、两者的中心都在相同地方(江西和浙江),并且只有少数上等人能够既买得起最好的茶叶又买得起最精致

---

① 见翟理斯(Herbert Allen Giles)的《人物传略辞典》(*Biographical Dictionary*),第 2228 条。

② 威廉·乌克斯(W. H. Ukers),《茶叶全书》(*All About Tea*),第 3 页。(原文见陆羽,《茶经·三之造》。——译注)

的茶壶和茶杯,这一点并非没有意义。《茶经》第一个提及的是在浙江绍兴附近制造并获高度评价的越瓷,作者建议茶应该用类冰、类玉的越瓷饮用,"越瓷青,而茶色绿,青则益茶"。中国人早就认识到茶的食疗价值。某些说法可能有些夸大,但确切无疑的是浓茶用于烧伤是有效的,用茶代替生水使人们得以免去无数的肠道疾病①,在所有可想象到的情况下茶可舒缓人类紧张的神经。

就这一时期的物质文化而言,所增添的其他重要物品还有独轮车和水磨,它们的应用使中国农民摆脱了碾磨谷物和灌溉的重负。尽管中国人自认为在公元1世纪时即发明了水驱磨坊机(water-driven mills)和车轮,但这是没有理由的,正如劳费尔所指出的②,为什么它们就不可能是来自于中国与罗马帝国之间的某些地区?在公元前1世纪,它们就已为某些地区的人们所知。③

独轮车是另外一种使用广泛的发明设计,它的过去鲜为人知。独轮车被认为是由诸葛亮发明,在欧洲一直到10世纪以后才出现。④ 正如有人所说,它通过用轮子代替手推车前端的人,使

---

① 参见斯图尔特(Stuart),《中华本草》(Chinese Materia Medica),第81—87页。

② 参见《汉代陶器》(Chinese Pottery of the Han Dynasty),第33—35页。也可参见杨联陞(L. S. Yang)发表在《哈佛亚洲研究学报》(Harvard Journal of Asiatic Studies, IX:118,1946)的论文。

③ 参见布洛克(Marc Bloch),"Avenement et conquetes du moulin a eau,"《经济社会史年鉴》(Annales d' histoire economique et sociale), VII:538—563,1935。

④ 林恩·怀特(Lynn White),《镜》(Speculum), XV:2,147,1940年4月。前引杨联陞的论文同样认为存在两个种类。或许,诸葛亮是模仿自225年他在西南战斗中所遭遇之人。杨联陞,前引论文,第118,155页。

运送小型负载物所需的劳动力得以减半。它在中国狭窄的田间小路上特别有用,常用于运载猪、人及普通货运。顺风时,在中国部分地区它还能借助于帆。

3世纪时,中国人还对织机和粗制播种机这两种古老的机械进行了改进,它们的起源可追溯至汉初时代。织机使得在丝绸上进行复杂的设计成为可能,现在其踏板已由50—60个减少至12个,这样可简化操作。从265年起,播种机已在所有农耕区广为流传。①

## 第二节　东晋与突厥—匈奴—蒙古族人王朝(317—420)

正如我们前面所说,除了265年至280年建国之后的几十年,晋朝的生存一直到420年都面临着危险。它的困境始于3世纪至4世纪的世纪之交,当时西部的一场起义使其在302年至347年间失去了富裕的四川省。这当然是严重的,但同其在北方的损失相比较而言还算是小的。多年以来,来自突厥族、蒙古族和通古斯族等各个民族之人都群集于北方。在整个3世纪期间,各民族首领中没有任何人可从西部获得足够的支持以挑战身居洛阳的中原皇帝之权威。相反,他们彼此之间进行着激烈的战争。中原统治者先是支持一边,然后是转而支持另外一方,它力求以这种方式使他们保持分裂。假如朝廷没有变得如此腐败,假如负有声誉的统治者没有陷入淫逸之中,假如国家没有遭遇盗匪、干旱、洪

---

① 杨联陞,前引论文,第118,155页。

灾、瘟疫、饥荒的困扰,假如其军队在与有着快速打击能力的匈奴、羌族和拓跋族的骑兵相比较中不是如此虚弱无力,这种状况原本可以持续相当长一段时间。此时,使节们甚至待在洛阳的各部落首领(单于)都无法抑制要利用这种状况进行各种图谋。

当刘渊还是一个孩童时,即作为朝廷的人质,由此他熟悉中原的管理模式、了解中原的历史及当地状况。304年,他在山西太原建立了匈奴汉国。由于他的母亲出身于早前的汉室,因此他精明地宣称其国号为汉这一荣耀而伟大的名称,借此使世人皆知他是汉室后裔。他完全按照标准的中原方法重建了部落组织结构;四年以后,他在五万军队的支持下于太原称帝。当刘渊于310年去世时,其子继续这一雄心勃勃的计划。311年,他的儿子入侵洛阳并于次年进犯长安。此次进犯长安,使中原皇帝晋怀帝的王位被废黜,并在随后被处决。实际上,此时整个中国北方几乎都已落入匈奴人之手。随着怀帝的继任者被俘以及随后被处决,到316年为数不多且时断时续的中原人反抗已销声匿迹了。在随后的两个半世纪时间内,中原帝国完全失去了北方。尽管此时的北方是由众多游牧民族出身的王朝所统治,但它们在农业、语言、习俗和宗教方面基本上已汉化。每一个已将其根基迁到长城以南且世代都生活于此的王室和部落,都倾向于采用汉人的方式:像汉人一样进行统治,不断改变他们自己的习惯,采用汉人的宗教信仰,用正统的汉人姓氏替换他们多音节的氏族名称。伟大的汉人海洋"使流入其中的每一条河流都咸化"。

改穿游牧骑兵所穿服装这种非汉化做法,此时在中原正变得普遍起来。早在公元前307年,赵武灵王的骑兵官及士兵正是因为穿着像胡人一样的衣服,所以他们能够更好抵御快速骑行的敌人。然而,长期以来中原朝廷官员和其他许多人继续穿着驾车民族之人所穿的宽松上衣、长衫和低帮鞋。生来就在马背上的游牧民族所穿的束带上衣、裤子及靴子,要到4世纪和5世纪时才在中原变得越来越常见;到唐代时(即7—9世纪时),它们的使用才被牢牢确立起来。贵族们也接受了游牧民族所戴的大帽子,他们的帽子前端常装饰有金蝉或银蝉,一侧或两侧用紫貂尾巴装饰,在帽子的顶部则有两根长长的雉鸡羽毛。古代中国人的腰带为皮带所取代,其皮带常装饰有多达13个铜质或铁质的环或贴花,有时镶嵌有金、银或绿宝石,并用一金属扣来固定,环上则悬挂有各种不同的东西。

就这一时期中国北方高度混乱的政治图景而言,用下页的这张图表来概括可能会更为方便些。

在整个5世纪及6世纪上半叶(大约是403—552年),蒙古族的一分支——阿瓦尔人又被称为柔然或蠕蠕。他们维持着一个大帝国,这个帝国将长城以北的疆界从朝鲜一直扩展到巴尔喀什湖;通古斯人统治着满洲的东部和北部;吐谷浑控制着青海。对于突厥、匈奴、蒙古人和通古斯人来说,毫无疑问这是一个伟大时代。在这期间,他们使汉人帝国和罗马帝国几乎在同一时间败于其脚下。匈奴王阿提拉的早前和后来的同伴控制着东亚,匈奴的首领则统治着东欧和中欧。

当这些民族正在争夺长江以北的至高无上霸权时,一位从长安逃离出来的王子在南京建立汉人帝国东晋。最初,东晋维持着在长江以南区域的脆弱统治,后来越来越强大。有时,其帝国的北疆几乎扩展到了黄河,其南疆则远至交趾。347年后,东晋帝国进入四川。如果统治者具有任何一点真正的领导能力的话,社会

| 统治集团 | 民族 | 疆域 | 结果 | 统治时间 |
|---|---|---|---|---|
| 赵 | | | | |
| 前赵或北汉 | 匈奴 | 山西 | 为后赵的建立者所灭 | 304—329 |
| 后赵 | 匈奴 | 河北 | 为前秦所吞并 | 319—352 |
| 凉 | | | | |
| 前凉 | 汉 | 甘肃;远至吐鲁番的中亚 | 为前秦所灭 | 313—376 |
| 后凉 | 突厥或蒙古人 | 甘肃 | 为晋所征服 | 386—403 |
| 南凉 | 鲜卑或突厥 | 甘肃 | 为西秦所吞并 | 397—404 |
| | | | | 408—414 |
| 北凉 | 匈奴 | 甘肃西部;远至高昌的中亚 | 为魏所击败 | 397—439 |
| 西凉 | 汉族(?) | 甘肃西部 | 为北凉所灭 | 401/5—421 |
| 燕 | | | | |
| 前燕 | 鲜卑或蒙古 | 河北、河南 | 为前秦所吞并 | 349—370 |
| 后燕 | 鲜卑 | 河北 | 为北燕所灭 | 384—408 |
| 西燕 | 鲜卑 | 山西 | 为魏所吞并 | 384—396 |
| 南燕 | 鲜卑 | 山东 | 投降汉室刘宋的建立者 | 398—410 |
| 北燕 | 汉族 | 河北北部和满洲南部 | 为魏所吞并 | 409—436 |
| 秦 | | | | |
| 前秦 | 蒙古 | 陕西;一度进入中亚 | 为西秦所吞并 | 351—394 |
| 后秦 | 蒙古或藏族人 | 陕西 | 被晋所征服 | 384—417 |
| 西秦 | 突厥或蒙古 | 甘肃 | 为夏所灭 | 385—390 |
| | | | | 409—431 |
| 魏 | | | | |
| 北魏 | 突厥 | 山西;494年后是洛阳 | 为东魏所征服 | 386—535 |
| 夏 | | | | |
| 夏 | 匈奴 | 陕西 | 为吐谷浑所征服 | 407—431 |

条件和朝臣的计谋就可以阻止其出现错误。4 世纪期间,王权由 11 位皇帝把持,其中绝大多数皇帝在二三十岁时即去世。在他们的统治下,中原难民的人数大为上升。据李济①估计,280—464 年间从黄河流域逃离的人口增加了五倍。按照一位官方史家所说:"晋自中原丧乱,元帝寓居江左,百姓之自拔南奔者,并谓之侨人。皆取旧壤之名,侨立郡县,往往散居,无有土著。"②

东晋皇帝同样继续汉化境内的非中原人、侵占异族领地以及南部和西部大片未开垦的土地、向当地首领强制收取贡品,他在这方面已经相当成熟。据报告称,长江以南的多山地区中有中国史家称之为"黑矮人"的小黑人(Negritos);然而,3 世纪之后中国文献中就再也没有提到过他们。他们中的一部分人移居国外,但其他人则留下来并被占主导地位的南方蒙古人种后裔所同化。在今天的中国南方,有部分人还明显有着引人注意的卷曲头发和黝黑皮肤,这即是证据。现在统治暹罗的泰国人即是其最著名的代表,他们因与汉人相混合而成为另外一个民族。

部分对宗族发展有所意识的黄河流域原住民后裔,他们试图阻止外来民族的血统被注入自己宗族之中。出于对自己宗族发自内心的骄傲自豪,他们开始编撰族谱,将他们的祖先追溯至传说中的黄帝。在隋朝的皇家图书目录中(约在 629—636 年完成),有四部这样的族谱。其中最长的一部出现于 3—4 世纪期间,有 690 卷之长。毫无疑问,被保存下来的族谱中一定还有许

---

① 《中华民族的形成》(Formation of the Chinese People),第 233 页。
② 魏徵等,《隋书》第 24 卷《食货志》,第 3 页。由冀朝鼎译,见《中国历史上的基本经济区》(Key Economic Areas in Chinese History),第 109 页。

多其他未被记载的。但是,这种保存血统纯正性的努力是徒劳无用的,因为作为开拓新领地先驱的汉人从来没有反对过通婚。为所有人反对的纳妾习俗,注定会使贵族血统因含有来自农民、原住民或外国血统的新血液而具有多样性。

对于官方宗教来说,这又是一个完全不适宜的时代。但是,儒教并没有消亡,最糟糕的状况也只不过是处于休眠状态。对于知识分子和准统治阶级来说,儒家经典仍然具有吸引力。例如,409年,当年仅18岁的拓跋嗣在今大同继承其父王位时,他要求崔浩给他讲述汉文献。崔浩这位正冉冉升起的年轻学者,后来以笃信道教,反对佛教著称。这一教授过程持续了三年之久,所讲授的文献包括汉代词汇以及《急就章》《孝经》《论语》《诗》《尚书》《春秋》《礼记》和《周易》等书籍。这样一份书单是富有启示作用的,因为它显示甚至粗鲁的北方王朝都认为应从中国古人那里提取统治集团所必须具备的智慧。

尽管如此,佛教和道教在普通百姓及汉族和异族统治者中的支持者都有明显增加。事实上,300年后佛教已很受欢迎,并且比道教更能激励人心。佛图澄(死于349年),是使佛教得以传开的主要人物之一。作为来自中亚且有着印度血统的佛教弘法者,他不仅博学多识而且游历广泛。310年,他来到洛阳。他是否同他之前的其他人一样,是因为国家一直处于和平从而定居下来并毕生从事译经和宗教教育?恰恰相反,正是目睹了中原权威的崩溃和周边地区正经受未开化游牧部落的篡夺,他才将自己与准备建立后赵的王室紧紧联在一起。整整37年,他精明地运用其关系和才华,建立起一座无论对其捐助者还是大众都有吸引力的寺庙。他说服了石虎皇帝(统治时期为334—348年),使他不仅颁布了一道容许修道生活的法令,还在政府资助下建造了众多寺庙,并培养信徒。其中,有几位门徒有着非凡的才华和影响力;当然,他也与在朝中生活的僧侣们保持着密切联系。在此后的一段时期,有文化之人专门致力于培育南方佛教与北方佛教的融合,我们所看到的正如芮沃寿(Arthur Wright)所提出的那样,"佛教中国化已完全成熟"①。

4世纪下半叶,佛教弘法者被派到朝鲜(当时的朝鲜被分裂成三个王朝,百济是其中之一。它于374年采用了汉字书写。在随后一个半世纪过程中,各种中国思想和观念正是从这里流入到日本)。无论是在长江流域还是在黄河流域,佛图澄的弟子道安(314—385)都是一位重要的高僧。374年,他编撰了第一份佛教目录《总理众经目录》,这份目录包括了他获取的所有幸存下来的佛教文献。他笃信弥勒净土,相信通过讲道、与博学之人的辩论、虔诚坦然地面对辛劳与苦难能够使佛陀的故事及教诲在民众中传播开来。他将其弟子派往各个方向,其中一个弟子来到四川省。他的最重要弟子慧远(334—416),曾是一位道教徒;皈依佛教后,他仍继续将道教人物运用于其演说中。佛教最为重要的宗派之一净土宗,即认为是由他所开创。学者们已指出,净土宗存有许多非印度的影响,它身上有着尼泊尔和伊朗的影响痕迹;尽管如此,它在某种程度上融合了中国人的思想。因此,它是今天唯一仍继续存在于普通民众之中的佛教宗派。它之所以具有价值,是因为它教导人们依靠信念而非行动。但是,它夸张性地强调不断念佛的福报;在敦促人们带着信念不断乞求念诵阿弥陀佛

---

① 《哈佛亚洲学报》(*Harvard Journal of Asian Studies*),XI:326,1948。

的名字时，承诺如果人们能够始终如一地这样做，其回报是死后能重生在净土世界。对于其追随者，它并不要求其足够的道德努力，但其所给予的安慰却是不可估量的。

禅宗，是这一时代所出现的另一伟大佛教宗派。对于具有智慧和献身精神之人，这个冥想的宗派有着深深吸引力。当然，它的教义与奥义书中某些段落很相像，但它与道教有着太过于完美的协调和融洽。这一宗派很可能是由竺道生（397—434）所创，这位受到鸠摩罗什（350—409？）影响的中国人，从401年起即在长安开始了其不平凡的弘法生涯。正如有人所说，这一宗派所教诲的，"第一，唯一真实的是佛自在每个人心中；第二，所有人所需做的就是将目光转向内心，去领会他自己心中的佛；第三，最终目标是一种突然间到来的直觉，它无须教诲或学习，唯一能教的只是为其做准备"。竺道生所鼓吹宣扬的这种突然顿悟的教义学说，至少到12世纪都产生着深远影响。宋代甚至后来的一些绘画大师，都将他们的灵感归功于它，并留下证明其影响力的不朽画作。

鸠摩罗什的名声，很可能仅是由于他作为一位译者所具有的技巧。他的父亲是印度人，母亲是龟兹公主。7岁时，他即随母出家；352—354年，他在克什米尔学习小乘佛教；354年之后，在喀什和龟兹学习大乘佛教。童年时代，他即在一座号称有1万名僧侣的城市中扬名。他游历甚广，并在语言方面接受过很好的训练，专习"四韦陀、五明、外道经书及天文学"。然而，必须承认的是，对其教派所反对的性放纵禁令，他是以违反而非遵守的方式表示尊重。① 382年或383年，后来成为后凉皇帝的吕光领导了

---

① 莱维（S. Levi），《亚细亚学报》（*Journal Asiatique*），II：337，1913。

一次对中亚的劫掠远征。正是在这次远征中,鸠摩罗什被俘。起先,他被带到甘肃的凉州,后来被带到长安。他所具备的语言知识,使他比其前辈更胜任翻译。其结果是,他同众多助手一道翻译了98部著作(共计421卷或425卷),其中有52部(302册)被保存在目前的《大藏经》中。虽非完全不可能,但鸠摩罗什意识到其任务的艰巨性,这一点从确认由其所写的陈述中即可知①:"改梵为秦,失其藻蔚,虽得大意,殊隔文体,有似嚼饭与人,非徒失味,乃令人呕哕也。"②尽管如此,从这一时起佛教能够吸引一些中国学者的原因之一,就在于他和其部分接班人的优美翻译。

来自北方陕西省的法显,是又一位值得注意的译者,但他是以在亚洲的旅行记录而更为人所知。在剃度为僧后,他决心对佛教进行彻底研究。399年,为寻找并不完备的材料,他决心同其他几个人一道前往佛教圣地以获取所有梵文经文。这些朝圣者经敦煌、焉耆、于阗和犍陀罗穿过中亚,在经259天的长途跋涉后,于405年到达摩揭陀。法显在印度的行程,遍及除德干以外的所有地区。为搜集和抄录各种不同佛教教派所散落的经文,他在华氏城居住了大约三年时间。411年,他乘坐一艘外国船只由海路经锡兰和爪哇回国,最终在山东沿海登岸。这是因为一场可怕的风暴,他的船只被带到了数百英里之外的地方。根据一份材料的描述,他在水上度过了330天。不知什么缘故,他能够在414年带

---

① 全增嘏译,《天下月刊》(*T'ien Hsia Monthly*), VII:5, 456, 1938年12月。

② 中文见鸠摩罗什:《为僧睿论西方辞体》,载于罗新璋编《翻译论集》,北京:商务印书馆,1984,第32页。——译注

着几乎完好无损的书籍和佛教遗物回到长安。他在这里（416年时在南京）从事艰苦的翻译任务，并撰写其回忆录。这部难忘的游记①，生动描述了他所到访过的地方、经历的艰难困苦、听闻到的传说。除佛经外，它是关于印度的其他中文著作之先驱。这些中文著作是无价的，因为它包含有关于印度的准确信息。令人颇感奇怪的是，以对精确历史资料缺乏兴趣而闻名的印度人，并未将这一品质传递给前来携取佛陀经文的中国人；另一方面，由本土信仰和文化所滋养的道教，却和印度人一样对历史不感兴趣。

这一时期佛教徒在医学领域似乎已日渐活跃，这或许是由于他们与道教徒之间日益增长的裂痕分歧所致。道教徒中有部分人在寻找长生不老之药时，发现了许多对中国药典有用的东西。或许是佛教徒发现，对僧侣来说治愈病痛的能力是一项重要成就，甚至受过良好教育之人都极易轻信能够治愈他们疾痛的人，或许医疗工作本身就是佛教弘法者工作中密不可分的一部分。据说，早在2世纪，安世高已翻译了一部能治疗404种疾病的佛教文献。一个世纪以后，一位名叫竺法护的印度—西徐亚人佛教弘法者，列出了有助于治疗眼部、耳部、足部疾病以及魔鬼附身等方面的药物和配方，他还撰著了一部关于热水浴的短篇佛经。在这部佛经中，他认为热水浴能够治愈因凉风、潮湿、寒冷及暖气所致的疾病。据说，300年时一位耆婆完成了许多神奇的治愈，一位朝廷官员因中风导致双脚弯曲即是其中一例。从310年至349年，一直在洛阳服务的苦禅僧侣是耆婆在4世纪最著名的继任者。

---

① 参见由雷慕沙（Remusat），萨缪·比尔（Samuel Beal），翟理斯（H. A. Giles）和理雅各（Legge）翻译的法文和英文本（指《佛国记》。——译注）。

因阻止了一场疫情,加之其他神奇的事迹,他受到后赵皇帝宠幸;他的一位印度弟子,甚至有女性患者。另外一位可能是中国人的佛教徒于法开,因偏爱采用针灸和把脉这方法而知名。他的名声如此之大,以致361年时晋皇帝将他召至南京为其诊断治病。于法开诊断其病是不治之症,于是按照同古希腊一样的印度法则,拒绝为晋皇帝治疗。那时的一位学者宣称,于法开运用其作为医生的天才为佛教传播做了相当多的工作。①

在这一时期,道教的活跃程度并不逊于佛教。他们渗透进北方和南方的强大王室内部,并充分意识到这些联系所能带来的政治优势。他们继续寻找长生不老之药,并通过炼丹以激起中原统治者和胡人统治者的兴趣。但更为有趣的或许是,道教对于文化各领域尤其是文学方面的影响。道教徒葛洪撰著了一部关于自然哲学的重要著作;陶渊明像来自有良好文化修养阶层的其他许多人一样,是一名官员且在道德面前是儒家,但在个人生活及精神生活方面却遵循道教戒律。作为官宦世家的后裔,他出生在今江西省鄱阳湖附近。在晋朝短暂做官一段时间后,他便告老还乡过起了归隐的生活,享受飞鸟、家畜和栽种植物这种自然世界所带来的乐趣。他是如此热爱这种生活,并全身心投入写作。他对中国古老的传统美德保持着深深敬意,并认为常同他一起劳作的农民和他所深爱的书籍是最令他满意的邻居和伴侣。他不仅被认为是那个时代最伟大的诗人,还以当时非常新颖的体裁形式写作短篇小说。《桃花源》这部讽刺现实的小说描述了他对其所处时代状况的沮丧。这部小说描绘了一个只存在于理想世界的乌

---

① 引自《法宝义林》(*Hobogirin*),第3分册,第244页。

托邦,而这个乌托邦由一群为躲避政治剥削和军事动荡的家族所建。

作为这一时期较早的一位大自然爱好者,王羲之(321—379)在精神上也是道家。他不仅是中国最伟大的书法家,也是一位杰出的官员和学者。他的真迹作品,即使是副本在今天也非常宝贵。他的真迹曾被这样描绘道:

> 飘若游云,矫若惊蛇。①

由这样一种时代所孕育出来的书法艺术,对于今天的我们来说有点陌生。然而,对于古登堡时代以前的欧洲僧侣来说,这种书法艺术并不陌生。一直到最近,穆斯林人对于书法艺术同样不感到陌生。对唐代孙过庭所写的这段散发光彩的段落,他们一定会表示赞赏:

> 余志学之年,留心翰墨,昧钟张之馀烈,挹羲献之前规,极虑专精,时逾二纪。有乖入木之术,无间临池之志。观夫悬针垂露之异,奔雷坠石之奇,鸿飞兽骇之资,鸾舞蛇惊之态,绝岸颓峰之势,临危据槁之形;或重若崩云,或轻如蝉翼;导之则泉注,顿之则山安;纤纤乎似初月之出天涯,落落乎犹众星之列河汉;同自然之妙,有非力运之能成;信可谓智巧兼优,心手双畅,翰不虚动,下

---

① 翟理斯(H. A. Giles),《人物传略辞典》(*Biographical Dictionary*),第2174条。

必有由。一画之间,变起伏于锋杪;一点之内,殊衄挫于毫芒。①

王羲之的书法艺术由卫铄(272—349)所教,卫铄夫人是2—3世纪时几位著名杰出书法家的继承人。尽管王羲之所接受的训练是被卫铄称为"现代"艺术的古典风格,但他打破传统,和其子王献之(344—388)建立了到目前为止持续1500年之久的风格。

与书法相关的艺术是绘画,因为两者都要用到毛笔。绘画大师顾恺之(344—406),曾为官近40年之久,但内心中他其实是一位道教徒。现收藏在大英博物馆的《女史箴图》,即是他的伟大卷轴画。这幅《女史箴图》原应有12段关于宫廷生活的场景,现仅存9段,它有可能是唐代摹本。任职于大英博物馆的劳伦斯·比尼恩(Laurence Binyon),曾对其做过很长一段时间的严谨研究。他这样评价道:它的"不可思议处在于其微妙的差异",在于"将高大修长人物的优雅以及画中人物所呼吸的那种成熟而精致的文化气息完美展现出来";他进一步补充道,"其画作远不是早期的艺术家作品,其人物素描似乎属于一个传统的结束而不是其开始;我们可推测画作背后是汉人粗鲁、阳刚的风格日渐精细化,并向优雅和富有魅力的方向转变"②。在风景描述方面,这幅因人物而如此闻名的画作是真正初始性的。几个世纪后,山水画才开始兴起,正如最近在朝鲜、南满及其他地方发现的绘画作品所显示

---

① 孙过庭:《书谱》,孙大俞(Sun Ta-yu)译,《天下月刊》(T'ien Hsia Monthly),I:2,194–195,1935年9月。

② 《大英百科全书》(Encyclopaedia Britannica,14th ed),《中国绘画》分册。

的那样。这幅画作的一个显著特征是,它没有任何印度影响的痕迹。然而,中亚雕塑和绘画受印度影响的痕迹已越来越明显,并且中国北方很快便为印度影响所淹没。

尽管晋统治区域的文化没有处于低潮,但中国北方并没有出现像上述三位这样活跃的艺术家,因为4世纪时中国北方为敌对和怨恨所吞没。由长江三角洲所形成的肥沃流域,不仅拥有着宜人气候,还拥有亚热带植被及山丘和湖泊,从而使这里的生活可能比中国北方更为轻松宽裕。人为开发是这一流域宜居的部分秘密所在。至少早在公元前5世纪,这里已引入了灌溉,并为后来定居者所继续。321年,东晋统治者建造了两座大型水库,今江苏靖江附近的一条湖被加深;稍晚一点,长江便通过两条运河与另外一条流域淮河连接起来了。这样的条件,使长江流域在几个世纪里成为学术和艺术的家园。对于上天所慷慨赠予的物质和学问知识,长江流域的中国人为这样的礼物欣喜不已。在353年春天的一个美好早晨,王羲之的42位朋友就曾为此和他一道在绍兴附近的一条河边庆祝歌颂。

347年,西部的成都或蜀国(在今四川省)被杰出的晋朝指挥官桓温(312—373)所征服。在这个遥远的西部王国内,出现了一种新的记载类型即地方志。对于今天的历史学家来说,这种地方志非常宝贵。最早的一部地方志仅有12卷长,所记载的地区包含了今陕西南部和四川北部。这部地方志涉及这样一些有价值的专题:310年时首都成都的建筑、当地著名人士的传记、当地风俗、名胜古迹、野生和家养的动物、鸟类、鱼类以及铜、铁、盐、蜂蜜、药物、水果、谷物、竹木、细布、茶、香粉等之类的物品。后来一部年代约为750年的地方志是伯希和藏于敦煌一座古老佛教寺庙之图书馆墙壁里的手稿中找到的,它涵盖的区域为长城西端敦煌周边的边境地区,所记载的有水利控制、堤坝、驿站、学校和寺庙、令人好奇之事,甚至689年流行的歌曲。几个世纪以来,编撰的地方志一部接着一部。地方志有时是由该地区已退闲且有此热心的士绅编撰,有时是按照官方明令要求而编。这主要是便于为当地政府提供所有必要的信息,因为当地政府中有许多来自外地的人。十几个世纪以来,外界对这些地方志并不重视;只是到了最近三个世纪,人们才充分意识到它们的重要性。只有当我们对所有地方志都做了详细研究和解读后,才能全面了解中国历史各阶段的政治、社会、经济、传记和文化。包括省、州县和地区的地方志在内,现在已知的方志数量超过了7500部,美国的国会图书馆是收藏中国地方志最大的机构之一。

这一时期新增的物质文化具有一定的重要性。出现于3世纪的六面骰子可能是由西南地区传入。它们从中国扩散到了日本,今天日本依然保存有8世纪的骰子、骰子盒及游戏布景。3—4世纪期间,在山东广泛开采的云母开始用于灯笼窗、扇子、屏风、瞭望台的窗子,并用作车辆和船只的装饰品。① 轿子直到最近才在中国许多地方成为一种熟悉的交通工具,关于它的最早记载出现在伟大书法家王羲之和佛图澄的传记中。尽管当时它们是作为特权的一种标志,但正如恒慕义所认为的那样,刚开始它们有可能是用于运载老人和病人。

这一时期已开始使用煤,这比骰子、云母和轿子更为重要。

---

① 参见谢爱华(E. H. Schafer),《通报》(T'oung Pao), XLII:265 – 286, 1955。

一些学者认为,几个世纪以前的周朝或汉初时,煤炭便被用于炼铁。实际上,当时所提及的是焦炭。4世纪前,已为大家所知的文献中没有任何一部明确提到它。① 煤的使用范围在不断扩大,13世纪马可·波罗的如是描述令其朋友和读者大为惊讶,"有一种黑石,采自山中,如同脉络,燃烧与薪无异。其火候较薪为优……其质优良,致使全境不燃他物。所产木材固多,然不燃烧。"②也许在不知不觉中,煤的使用为中国节省了大量木材。10个世纪甚或更多世纪以后,欧洲才如此。中国人如此早便发现这种燃料,或许与山西这一长期定居地的煤和铁矿石以及繁忙官道附近裸露的岩层有密切关系;但更可能是因为中国黄土地带木材稀缺,这就使得寻找一种替代物变得势在必行。

## 第三节 北方的北魏与
## 南方的宋、齐、梁、陈(420—589)

中国南方的东晋于420年灭亡,北方最后一个具有竞争力的王室则于439年被北魏推翻。此后的一个半世纪,中国实质上继续分裂成两部分,南方由汉人统治,北方则由突厥人统治。柔然

---

① 里德(T. T. Read):《最早的工业用煤》(*The Earliest Industrial Use of Coal*),《纽科门研究会学报》(*Transactions of the New-comen Society*),XX:119 - 130,1939—1940。特别参见陆云写给其兄陆机的一封信,他们都在303年被处决。

② 慕阿德(Rev. A. C. Moule)和伯希和(Paul Pelliot)译,《马可·波罗》(*Marco Polo*),Ⅰ,第249页。(中文原文见冯承钧译本《马可·波罗行纪》,上海:上海书店出版社,2001,第255页。——译注)

在长城以外的西北地区,吐谷浑在西部边境地区,辽河以外的东北地区由百济、新罗和高句丽这三个朝鲜王国把持,南方的安南除541—547年间的短暂独立外仍是帝国的一部分。尽管中国南方在政治方面似乎相当不稳定,(刘)宋(420—479)、齐(479—502)、梁(502—557)、陈(557—589)一个紧接着一个的政权在南京进行着更迭,但政府行政管理模式在整个时期都是相同的,社会和文化模式显然也都没有受到严重干扰。

统治北方黄河流域的王室,绝大多数都非汉族人。535年,当魏分裂成东魏和西魏后,接替他们的分别是北齐(550—577)、北周(557—581)和西梁(555—587)。然而,这些民族本质上都是汉族,中原文明继续繁荣,并没有任何显著变化。早在2世纪,拓跋族统治下的魏就已迁入山西,因而对中原非常熟悉。他们有意在除军事问题以外的名字、风俗、服饰及机构制度方面力推汉化,但并非只是将外来语言或生活方式强加于本民族人身上。尽管从他们这样或那样的居住地找到了许多幸存下来的早期书面文献,但关于他们的文字却没有任何发现。最近,路易·巴赞(Louis Bazin)考察了在《魏书》中发现的160个用汉字书写的拓跋字,他认为前突厥语占据着绝对优势,但前蒙古语亦为数不少,另有两个是前通古斯语,一个基本上是印度—伊朗语。第一份突厥语和蒙古语的文本,其已知年代分别是7—8世纪和13世纪。① 他们及其继任者的统治似乎都普遍安宁祥和;他们的敌人达头可汗,突厥人至高无上的可汗,在给罗马皇帝莫里斯的一则文书中这样说道:"这个国家奉行偶像崇拜,但他们有公正法律,他们的生活

---

① 《通报》(*T'oung Pao*),39:228 -329,1950。

充满了适度节制的智慧。"

和他们所有的游牧邻居一样,拓跋在战争中富有攻击性,然而他们在生活方式上却力推汉化。他们成功消灭了中国北方所有的竞争者,这本身就是一项伟大成就,但他们走得更远。402年,他们穿越戈壁驱逐了对他们边境构成新威胁的柔然。柔然随后进行了反击,但被成功击退。北魏的另外一位皇帝拓跋焘(生于408年,统治时期为424—452年),先后于425年、429年、443年和449年越过戈壁深入敌方领土进行攻击。423—440年,为防御北部边境遭受报复性袭击,北魏修复了长城,并在今张家口北部修建了一条保护带;445年和448年,他的部队推进到中亚的龟兹,这是最适宜骑兵行军作战的地方。他和部分继承者的这类行动,给中亚邻邦留下深刻印象,以致在魏已垮台后的数十年里,中国北方仍因某些拓跋名称而为突厥人、阿拉伯人和拜占庭人所知。

骑兵部队的重要性在于,它能够在泥泞之地骑行并具快速打击能力,汉人和游牧民族对此早已有所认识。早在公元前5—4世纪时,驾车的中原贵族们发现自己只能任由西北骑兵弓箭手的摆布。快速的骑兵部队,可部分解释秦的成功。汉武帝特别重视养马,因而能够击败那个时代的边疆民族。4世纪,中原统治者失去了汉武帝所开拓的肥沃牧场。没有了这些牧场,他们便不可能奢望能够打败他们的敌人,因为长江流域以南的气候和草料并不适合饲养草原上的马匹。他们所能做的就是不计一切代价保卫长江流域,因为长江以南的地形不适合骑兵行动。383年12月,他们成功地做到了这一点,当时谢石和谢玄两位将军在今安徽淝水岸边击退了北方苻坚所率领的前秦部队。

5—6世纪期间,难以确定政府到底需要多少马匹。研究这一问题的 T. C. Lin 博士估计,拓跋部需要 200 万匹,这些马匹放养于鄂尔多斯地区。439 年后,他们还可能使用了甘肃喂养区,这一喂养区在汉武帝时代之前即已很有名。当唐代建立 8 个中心以负责管理其 30 万匹马时,甘肃再次被用作牧场。一千多年后,满族统治时期(1662—1722),热河和察哈尔因喂养马匹这一目的被分开。喂养是个巨大问题,许多人被驱赶离开故土,以便马匹有充足的牧草。中原人已经意识到,每匹马所需的牧场平均约为 50 亩(约 7 英亩)。

5—6 世纪所使用的马具,仅在一个方面不同于秦汉时期。至少到目前为止,人们可确定的是秦汉时期的马具包括马嚼、马鞍和缰绳,但无马镫。① 骑兵要在疾驰中射弩,马镫是一种极为有用的辅助工具。有一位出生于河南的官员,他在 477 年时正飞黄腾达,他的传记中首次提及马镫。② 已出土的马镫中,没有任何一个被确证是在这之前的;最近重见天日的东晋时期(265—420)陶俑,所表现的就是它们。我们因此可断定,到 5 世纪甚至可能更早前,汉人和朝鲜人一定已从匈奴人那里学会使用马镫;后来,草原上的游牧民族(可能是阿瓦尔人)以某种相类似的方式将马镫传给了生活在多瑙河和巴尔干半岛的人们。马镫使中原人可以

---

① 有关古代世界所出现马镫的精彩讨论,可参见怀特(Lynn White, Jr.)的《中世纪的技术与社会变迁》(*Medieval Technology and Social Change*, Oxford, 1962),第 14−28 页。

② 指张敬地。据《南齐书·张敬地传》记载:"……及苍梧废,敬儿疑攸之当因此其兵,密以问攘兵,攘兵无所言,寄敬儿马镫一只,敬儿乃为之备。升明元年(477)冬,攸之反……"——译注

更好地同他们的传统敌人战斗,因为像中国人和朝鲜人这样属于农耕文明的民族,天生就不是好骑手。

拓跋未能保持其军事优势。494年,他们的居住地很快便从山西北部的山区地带迁至今河南的洛河山谷。为了征服中国南方,他们在507年春天进行了最后的但并不成功的努力。534年后不久,他们的王朝便宣告结束,分裂为东魏和西魏两个王室。与此同时,他们重要的敌人柔然正处于衰退之中。551年,柔然人被他们自己的一群农奴所征服。558年,据说许多柔然人被驱离。他们中有些人越过乌拉尔,大约在七年后到达了多瑙河,其他人则前往已为北齐所吞并的中原地区。

这些昔日的农奴,专长是从事铸造工作。中原人称其为突厥,柔然则称其为土耳其(Türküt)。在历史上,这是他们第一次以这一名称出现。在接下来的15年,他们仿照柔然建造了一个帝国。这个帝国横跨整个北亚,包括蒙古、中国突厥斯坦和俄罗斯土耳其斯坦的一部分以及阿富汗北部。与此同时,他们还与拜占庭、波斯和中原王朝互派大使。由于这个帝国的疆土过于庞大,它在582年便垮台了,分裂成两部分。其中的东突厥继续维持了很长一段时间的统治(直到745年),它的统治疆域从满洲边境一直延伸到哈密,并在长城一带同中原人相接触。在鄂尔浑河的大本营,他们常根据令人尴尬的所谓平等互利原则与中原天子交往。这一事实有助于解释世界上所有的文献中,为什么只有中文资料会有关于早期突厥人的全面而详细的记载。

420—589年,政治动荡为社会动荡所加剧。社会动荡的主要原因在于土地和课税。自然灾害或政治动荡往往迫使小土地所有者以较低价格将其拥有的土地出售给地方豪强。为了躲避不可避免的课税，后者一般将其土地置于佛教寺院或道观保护之下，或者安排一名家庭成员加入寺观。一些被剥夺土地之人在绝望中亦加入寺庙道观以逃避兵役和劳役。魏收（506—572）这位带有同情心的历史学家在报告554年北方的情况时写道："正光已后，天下多虞，工役尤甚，于是所在编民，相与入道，假慕沙门，实避调役，猥滥之极，自中国之有佛法，未之有也。略而计之，僧尼大众二百万矣，其寺三万有余。流弊不归，一至于此，识者所以叹息也。"①

佛教与道教存在尖锐冲突，尤其在438—446年的北方；与此同时，佛教还与儒家学者存在冲突，特别是在574年的西北。尽管存在着各种抑制，佛教依然繁荣兴盛，这一时期甚至可以称为佛教的黄金时代。对于佛教的各个教派来说，这一时期具备了适宜其快速发展所需的几乎一切条件。357年后，女人获准进入寺庙，加入佛教的人数随之越来越多。佛经和教义的其他部分被热情地翻译和重译。北魏皇帝拓跋濬的儿子拓跋弘在471年退位后即专心阅读有关佛教的书籍。尽管遭受柄臣的几次尖锐抗议，在南方的每次政权更替中佛教都扮演着幕后之手的角色。500—515年，据说在魏都洛阳受庇护的外来僧侣达3000名；刘宋统治时期，建立了数千座佛塔、佛寺和佛像；南齐时期，僧侣在政府机构中可谓是至高无上的。梁朝的第一位皇帝尽管年轻时是一位道教徒，但却成为佛教的推动者和保护者。他对佛教的推动和保

---

① 由魏鲁男（James R. Ware）翻译，《通报》（T'oung Pao），XXX：178 - 179，1933；恒慕义（Arthur W. Hummel），《国会图书馆1933—1934年报告》（Report of the Librarian of Congress, 1933—1934），第5 - 6页。（中文原文见魏收，《魏书·释老志》。——译注）

护达到无以复加的程度,以致被称为中国的阿育王。在陈朝统治时期,毁于547年叛乱中的700座佛教古迹被重新建造,两位皇帝和一位继承者显然都已持戒。

因佛教传入及其他为中国人主动接受而产生的影响中,现今最明显的莫过于艺术。尽管当代中国有足够证据表明,绘画丝毫不落后于雕塑,但除了墓葬中或像敦煌这样的佛教石窟中偶尔存有的壁画外,几乎没有几张画作幸存下来。在山西、河北、山东、河南、陕西和甘肃,依然留有醉心于这种艺术的无声证据。世界上任何一座重要的文化博物馆,几乎都收藏有来自这些地方的且年代为这一时期的几件精美物品。北魏皇帝拓跋濬及其继任者们,在推动雕塑和建筑方面卓然有效,以致尽管存在人为破坏和风雨的侵蚀,其中部分作品依然屹立不倒。414—520年,拓跋氏在北魏第一座都城即今山西大同附近的石灰岩洞中开凿石窟,并用在天然岩石中雕凿出的雕像和其他装饰品来装饰。拓跋氏和其后来的统治者,还在其他许多地方开凿石窟,值得注意的有山西的天龙山、山东的历城、洛阳附近的龙门、甘肃的敦煌和麦积山。尽管这些石窟有着与中世纪欧洲教堂基督教艺术相类似的主题,但这些石窟中的雕塑各不相同。这些石窟雕塑明显在逐渐改进,并受到来自外界的许多影响,特别是来自塔克西拉、白沙瓦、马图拉和其他西亚中心的影响。开凿这些石窟所雇佣的工匠中,一部分可能来自中国境外。① 尽管所有一切都有来自印度、伊

---

① 《魏书》告诉我们,439年敦煌地区处于拓跋氏统治之下,约有3万户家庭被迁至首都大同,"此时,僧人和佛教用品全都来到东部"。参见魏鲁男,《通报》(*T'oung Pao*),XXX:135,1933。

朗、中亚的外来影响，甚至存有塞尔维亚和希腊的细微痕迹，但对建筑和雕塑做出最大贡献的依然是中国人。正如法国学者勒内·格鲁塞(Rene Grousset)所指出的那样，大同和洛阳附近的这些佛教石窟，就相当于法国的沙特尔和兰斯大教堂。伟大的外来宗教正变得越来越中国化。

音乐尤其是圣诗梵乐，部分被用于寺院道观。在印度，原始的佛教梵乐是用弦乐器和管乐器来伴奏，但在中国一般只有声乐，现在也基本上依然如此。显然，我们在一定程度上可从6世纪开始即被描绘在石头和其他表面上的小型管弦乐队中推测到其乐器。它显示有下列乐器：瑟、笙、四弦和五弦的琵琶、唢呐以及洞箫、竖琴、钹、锣、笛管、檀板和鼓。唢呐和竖琴明显是从西亚引进的，甚至名称都可能是波斯语的音译：**唢呐**，源自于 *zourna* 或 *surna*（the clarinet）；**箜篌**，源自于 *čank*（the harp）。从400年左右开始，北方朝廷也保护亚洲其他民族的音乐。①

早期的僧人很快就发现，要让他们的圣诗梵乐适应中国人的发音习惯并不是一件容易的事，中原人中甚至没有人能用单音节的汉语背诵出多音节的梵语语调。在很大程度上，这需要一种全新的表达方式。中国本土的佛教僧侣同外来佛教僧侣一道，共同致力于创造这种全新的表达方式。据说魏国的太子曹植（192—232）创作了多达42首圣诗，其中有6首在7世纪时依然留存于世。来自于龟兹和粟特的僧侣，创作了其他圣诗梵乐。他们创作

---

① 参见增田清秀：《支那学研究》（*Shina-gaku kenkyu*），XIII：43－53，1955年9月；萨克斯（Curt Sachs）：《音乐乐器史》（*The History of Musical Instruments*），第10章，1940年。

的这些作品,应归功于5世纪末南齐的一位皇帝和一位太子。他们短暂的王朝史枯燥地记载道,487年太子邀请几位僧侣到其宫殿讨论佛教,并"精心制作用于唱诵经文的新旋律"①。我们从这份材料和其他史料可推断,圣诗梵乐这种艺术在此时非常繁荣。三个世纪后,当日本朝圣者参访中原的大佛寺时,仍然非常活跃的圣诗梵乐给他们留下了深刻印象。

5—6世纪时的建筑、佛像雕塑和寺院遗迹及中国佛教徒的著述,清晰地描绘出佛教处于极盛时期的情景。其中,最引人注目的是一本名为《高僧传》的著作,它由本身即是佛教僧侣一员的慧皎于519年编撰。《高僧传》收录了从汉朝一直到梁朝时期近500位中外僧侣的传记。在这些僧侣中,既有我们已经提到过的佛经圣典的翻译者和阐释者,也有像佛图澄这样神奇的能工巧匠。来自中亚的佛图澄能够将荷花养在仅装水的花瓶中,这让蒙昧的后赵皇帝极为惊讶。值得注意的是,这部传记也将七位自焚的僧侣收录在内。这表明,佛教到来之前,关于身体的这种思想观念对中国人来说完全是陌生的。《妙法莲华经》第23卷告诉我们,身体的牺牲远高于其他一切牺牲——作为一种牺牲,甚至燃烧自己的手指都要胜于拯救一个国家的民众。正如胡适博士所指出,这一卷的英雄药王菩萨"为使全身充满芳香味而将香油涂抹全身,所有衣服都在油中浸泡过,最后以自焚作为对佛的一种牺牲"。这部佛经似乎已非常流行,一些僧侣为获得解脱而紧随其后。他们通常在公开场所向公众上演这种牺牲,并因此

---

① 参见《法宝义林》(*Hobogirin*, *fasc*),第1分册第93页到第2分册第97页。

获得人群喝彩。例如,463年,僧侣惠益爬进南京宫殿前的一口大锅中,将油浇在头上,点燃油,最后在对着药王菩萨的念诵中死去。①

这一时期,僧侣们仍继续到国外朝圣。511年,梁武帝以盛大仪式欢迎从印度西部回国的中国使团。派出这个使团的目的是为了迎取按照印度国王特殊要求而制作的一尊檀香木佛像。最为引人注目的朝圣是516年由本身即是热忱佛教徒的魏太后胡氏派出的。俗人宋云和几位同伴随僧侣慧生一道,于518年离开,经中亚前往犍陀罗。522年,他们带着170部大乘佛教的佛经圣典返回洛阳。借由一份年代约为547年的史籍,有关此次朝圣的两份报告得以保存。对参访过的地方,这两份报告提供了非常有价值的描述,尤其是乌地亚那和犍陀罗。在印度—西徐亚人公主的统治下,这两地在此时非常繁荣活跃。

这一时期的佛教宗派中,天台宗最重要。创建于575年的这一宗派是以浙江东北部一群小山命名的。智𫖮(538—597)是两位创建者之一,他努力为这一宗派打下坚实基础。出生于湖南衡山的高僧慧思,他曾为使中国佛教文献免遭毁灭而不畏艰辛地工作(慧思有时被认为是这一宗派的奠基者)。作为慧思大师的一位弟子②,智𫖮自己本身是一位颇具文学才华、有着巨大影响力且

---

① 参见胡适,《中国社会与政治科学评论》(Chinese Social and Political Science Review),IX:148-149,1925年1月;全增嘏(T. K. Chuan),《天下月刊》(T'ie Hsia Monthly),VII:5,1938年12月,第464-467页。

② 智𫖮大师乃是慧思大师的弟子。天台宗初祖三人依序为慧文、慧思、智𫖮。——译注

精力充沛之人。据说,他曾口述了很多有关佛教的评注和经文,募集到了完整转录15部佛经圣典副本所需的资金,成功使4000人皈依佛教,并修建了35座佛教寺院。正因为如此,他一生中获得了帝国授予的许多荣誉。

与强调带着信仰虔诚念佛的净土宗和相信通过顿悟即可实现成佛的禅宗形成鲜明对比的是,这一新宗派强调研读佛经的重要性。天台宗认为,佛性存在于众生之中,但教导势在必行,因为一个人只有意识到它,才能够将其付诸修行。可想而知,这样一种学说对知识阶层有着强烈的吸引力。然而,天台宗并没有完全倾向于一边,它也赞成诸如狂喜、仪轨和持戒等不同教义。由此,从6世纪开始,在组成佛教世界的众多社会群体之间产生了一种良好的宽容精神。天台宗虽变得如此学术,以致同禅宗相比显得黯然失色,但它仍存在着。

曾为这一伟大外来宗教所激励并得到极大丰富的道教,在446年时成功地使北魏禁佛,但几年后禁佛令便被解除。佛教也不得不面对儒者的批评,这些儒者痛惜建造佛塔所耗费的巨额代价、在仪式上所浪费的时间以及许多以至上名义所进行的众多谎言和欺诈。但是,那时的人们在分属宗教派别时并没有像我们今天这样有严格的分界线。此时,中国人的这两种宗教都为最具代表性的著名人物所拥抱;与此同时,这些人也伸开双手去拥抱外来的宗教,就如同汉朝皇帝在166年时所做的那样。张融(444—497)曾是出使到安南的一位特使,也是南齐朝廷的一位宠臣。临死时,他要求将《孝经》和《道德经》放在左手边,而将一部佛经放在右手边。与之相类似的还有以宗教融合而广为人知的傅翕(497—569),作为据说是旋转书架的发明者,他通常被描述为戴

第三章 政治分裂时期 117

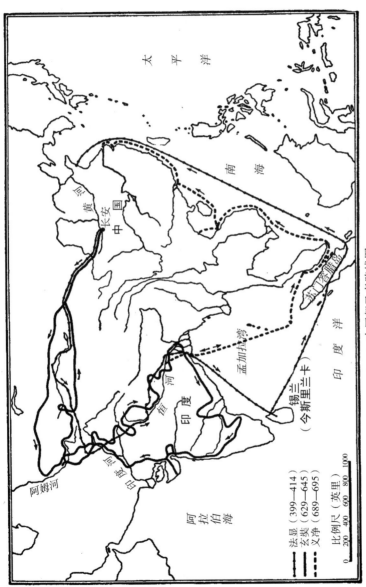

中国朝圣者路线图

着一顶道士帽、穿着一双儒家鞋、披着一件斜肩的佛教徒袈裟。

佛教这种新的哲学思想观念,往往与古老中国的基本信仰有巨大的不同。惊恐于这种新哲学思想,一些人在宣传小册子和纪念碑上攻击佛教。宿命论是已深深扎根于中国人脑海中的一种信条,包括孔子和庄子这些大师在内的早期儒家和道家都相信命运并听从于命运的安排。对于中国人而言,佛教讲授的业力原则因此是一种革命性的教义学说。佛教僧人说,虔诚的信仰和善良的行为会使人获得解脱,今生没有,那么到来世就会有。由此推断得出,人有着坚不可摧的灵魂。因此,他们所信仰的是:依照其应得的赏罚,受奖赏之人可进入天堂,受惩罚之人则被打入一层或多层地狱。总的来说,由于这样的观念可能会给大众和部分知识分子带来安慰,这些教义学说便成为博学之人辩论的合适主题。胡适①博士讲述过梁朝的高级官员范缜曾写过一篇名为《神灭论》的文章。在这篇文章中,他试图通过朴素的比喻来削弱佛教的教义学说,随即有包括皇帝的高级侍从和皇帝本人在内的70位中国信徒站出来为佛教辩护。持续了长达数个世纪之久的冗长辩驳,其结果是暂无定论。迟至11世纪,对双方所有理由论据都已了解熟悉的伟大史家司马光(1019—1086),选择站在儒家同道范缜一边。实际上,在这数百年间中国人对印度宗教所进行的巨大改革创新,仅仅只是试图找到他们能够理解和接受的部分。

这一时期的学者并没有完全忙于宗教纷争,恰恰相反,他们的兴趣和之前一样多种多样。像沈怀远的《南越志》这类著作,使

---

① 见《中国社会与政治科学评论》(*Chinese Social and Political Science Review*),IX:146-147,1925年1月。

中国人的地理知识有了提高。内容涵盖了东亚相当一部分地区的《水经注》,由郦道元所著,这位关右大使于527年去世。547年,杨衒之出版了一部描述洛阳的著作①,当时的洛阳是宗教、社会、政治中心。由山东的贾思勰所著的一部农业著述②是如此受欢迎,以致在印刷术发明后出现二十多个版本。周兴嗣的《千字文》,从那时起到1912年一直是数百万学童的必读书目。这部著作共有250句,每四个不同的字一句,其内容涉及自然、皇帝、杰出人物、大臣、农业、国内政府、教育等各个方面。后来,在朝鲜、日本、蒙古、满洲及女真都出现有此书的不同版本。第一个对圆周率π(355除以113的值等于3.14159……)做出近似正确计算的是祖冲之(429—500),他还发明了包含有一种罗盘的自动装置。中国最早的一部综合文学评论著作③,由刘勰于480年左右完成。在这部著作中,他讨论了大约35种不同的文学体裁。梁朝太子萧统(501—531)编撰了第一部纯文学作品汇编即《文选》。这部《文选》收录了不包括经典作品在内的36种不同类型的文学作品,就其对后世的影响而言,它仅逊色于道家和儒家经典。记述名士贵族之奇闻轶事的杂史④,由刘义庆(403—444)所编。这部著作有着极高的古学研究价值(antiquarian interest),因为他们中的绝大多数人都为当时的官方记载所忽略。孙畅之撰著了第

---

① 指《洛阳伽蓝记》。——译注
② 指《齐民要术》。——译注
③ 指《文心雕龙》。——译注
④ 指《世说新语》。——译注

一部专门记述画家和画作的著作①;谢赫则第一次清晰地阐述了绘画的总规则②。这是一个易于轻信的时代,但一些作者表现出非凡而有益的怀疑主义。例如,道教徒韦文秀对长生不老之药和炼丹就相当怀疑。

这种探究的精神,被延伸到了关于语言的词源学研究。正如我们所看到的,中国人不仅深知存在着其他语言,亦深知他们自己的语言存在众多变异。官方史家称,早在公元前3世纪,朝廷中负责语言的官员"每隔七年便在一起会面,以进行语言比较并协调说话方式"。在汉代,无论是受皇帝派遣出使到国外的使臣,还是作为皇帝代表的特使,都会配备翻译。2世纪之后,由于有众多来自梵文的译本以及来自北部和西部的入侵者成为统治者,权威的发音知识比以往任何时候都变得更为重要。第一个将语调分为四声之人虽已无从知晓,但显而易见的是,到5世纪末部分学者已注意到四声的问题。更为重要的是汉字的"拼写",这一问题可能是由一位印度人,但更可能是由一位中国人加以解决。他用第二个汉字符来表示腭音化、第三个汉字符表示尾音(包括元音在内)、唇音和任何特定词的声调。对这一体系,沈约在543年出版的著述中做了最好的说明。然而,已有证据表明,学者孙炎在3世纪即已运用到它,甚至有可能更早。近来,西方学者已出色地利用这些著述和其他史料确定了6世纪时汉语的标准发音。

就这一时期的小型工艺品发展来说,首屈一指的应算是陶俑。这种始于汉代并在随后几个世纪稳步发展的艺术,起源于古

---

① 指《述画记》。——译注
② 指《古画品录》。——译注

人痛恨把动物和人当成富人的陪葬物。一开始,陪葬物包括死者使用过的房子、农具和家畜等在内几乎所有物品的模具;在北魏和南方的梁朝统治时期,则有一整套的船只、夜壶、瓶子、舞女、乐人、勇士、仆人和动物。这些陶俑非常具有考古价值,但奇怪的是,它们几乎不为人所知,更不用说被重视。直到世纪之交,当铁路穿过古老的墓地时,人们才无意中发现它们。中国陶器方面的权威学者英国人 R. L. Hobson 曾表示,一些按照某一风格制作的早期彩陶俑,并非与帛画不相配。除了尽可能不杀生这一佛教最为重要的原则外,它们与佛教没有任何联系。更有可能的是,它们被那些有能力购买的非佛教徒们所使用。几乎每一座墓冢中都发现有象征神话传说的动物和怪兽陶俑,这些陶俑的蕴意到现在还没有令人满意的解释。或许,他们是学者们所没有记载到的民间信仰的一部分。制作这些陶俑的工匠在第一个千年的下半叶即已达到了最佳状态,虽然已发现了一些后来的丧葬俑(如多伦多的皇家安大略博物馆有一套明代的丧葬陶俑)。1000 年后,陶俑与死者一同埋葬的做法,开始为在葬礼上焚烧象征金元宝的黄纸这种做法所代替。在 11 世纪左右已变得常见的火化,可能在这方面也曾发挥了部分作用。

虽然几乎没有什么文献证据,但其他各种形式的证据表明,建造海船这一行业在这一时期发展迅速。中国史家谈及梁朝(502—557)时期有来自地中海东岸的大秦商人前往印度支那;科斯马斯(Cosmas)在他的《基督教世界风土志》(*Christian Topography*)一书中说道,中国的商品被运到锡兰,然后进入其他市场。据考证,中国和越南北部的船队曾于 348 年、359 年、407 年和 431 年出现在占城海岸边。走水路之所以危险,不仅是因为风暴和其他自然危险,也因为有海盗出没于东南亚沿海。法显在 413 年的记载中提到了他们。446 年,汉人向安南派出了一支惩罚性的远征军,这些海盗至少在一段时间遭到他们的追剿。

在 5—6 世纪,尽管存在运输困难,中原与外部世界间仍继续进行着商品、文化和民间故事的交换,其中有些东西在中国已落地生根。引进的植物有石榴、红花、芝麻、亚麻、香菜、韭黄、洋葱、葱、豌豆、蚕豆;黄瓜也可能在这一时期被引进,当然也许更早一点。现在,中国人的游戏中已有五子棋和象棋,后者显然起源于印度,并大概在同一时间由印度传播至东方和西方。在西方,《卡尔纳马克》(*Karnamak*)中一份年代应为 590—628 年间的巴列维文本首次提到了象棋;隋朝的书目内有关于象棋方面的书籍,一部 10 世纪的百科全书在 568 年这一条目下提到了象棋。风筝既是一种有着实用性的物品,也是一项体育运动,它大概起源于这一时期的中国。首次且能被确证的提及风筝用处的是 549 年围攻台庆。当时的梁朝皇帝将一只风筝放飞至空中,以将其处境告知城外的盟友们,敌人注意到后,便命他们最好的射手将其射落。据劳费尔所说,这是历史上第一次防空作战。① 7 世纪,风筝的使用流传至穆斯林地区,1589 年传至意大利,几十年后则传至英国。

来自外国的民间传说继续丰富着中国小说,一个源自于西方的传说即是例证。它讲述了在一个人迹罕至的山谷,地面上散落着宝石。为了获得这些宝石,垂涎之人在高高的悬崖上将肉扔到

---

① 劳费尔(Berthold Laufer):《史前的飞行术》(*Prehistory of Aviation*),第 34 −37 页。

山谷,这些肉连同其粘连的宝石一起被秃鹫拾起并被带到高原。在波斯语、阿拉伯语和其他文献中,都有这个著名的传说故事,只不过在形式上略有不同。520年,这个故事首次出现在中国。当时,四川的一位高级官员向梁朝皇帝讲述了这一故事。在西方,埃皮法尼乌斯(Epiphanius)的著作首次提到这一故事,他是塞浦路斯康斯坦莎(Constantia)的主教,于403年去世。①

---

① 劳费尔:《钻石》(The Diamond),第6-9页。

# 第四章

# 中国重新统一:隋唐(590—906)

A Reunited China:The Sui and the T'ang(590—906)

## 第一节 隋(590—618)

统一中国的荣誉应归于杨坚(541—604),他是北周的一位将军,同时也是隋朝的开国者。581年,他废黜了年幼的皇帝。据说,他杀害了这位皇帝和59位王子。几年以后(即587年),他又废黜了西梁的最后一位皇帝,并于589年灭了陈。当时,他将帝国的疆域从长城一直扩展到澎湖列岛,而澎湖列岛是位于福建省最南端正东方向的小岛屿。自541年以来一直处于叛乱之中的安南于603年臣服于隋。605年,隋朝军队占领了占婆国的都城,这使隋的统治疆域扩展到更为遥远的南方。这个新王朝虽短暂,却恢复了个人专制并有许多创新之处。隋朝的这些成就,为其后更为伟大的唐王朝所继承。正因为如此,这两个王朝常被放在一起讨论。

最初,杨坚在其帝国疆域周边的征战都取得了胜利,他的儿子即继任者杨广(生于569年,统治时期是605—618年)也同样如此。早在582年,杨坚在征服中原之前,已开始插手中亚的事情。当东突厥人因汗国问题在国内遭遇麻烦时,杨坚借此转而反对东突厥,并鼓动他们曾经的属国西突厥起来叛乱。西突厥的首领达头可汗是一个极端暴力之人。他如此轻易地打败了东突厥,以致杨坚于585年中断了与他的联盟,为的是在其边境维持力量的均衡。一直到东突厥可汗去世,而达头可汗陷入困境之时,杨坚才向他提供帮助。后来,达头可汗征服了东突厥,成为整个突厥的霸主。601年,他威胁长安,并在鄂尔多斯攻击了东突厥的一个分支。对中原来说颇为幸运的是,西突厥发生了内乱,达头可汗于603年垮台,他的帝国陷入分裂。精明的汉人代理人裴矩(548—627)巧妙地支持西突厥将都城建在塔什干的西部分支。裴矩后来向朝廷提交了一份附有插图的西部地区报告,并加强了中原与西部其他国家之间的商业关系。西突厥的另一分支建都于伊犁,其首领放弃了成为另一个达头可汗的雄心,开始臣服于中原。东突厥的首领也寻求中原保护,并于608年允许中原人重新控制哈密这一具有战略意义的绿洲。同年,裴矩率领中原军队将以蒙古语为母语的吐谷浑从甘肃驱赶到西藏。

607—610年,隋朝重新开始在东南地区的领土扩张。至少从公元前1世纪开始,琉球(台湾也可能是)就为中国人所知。到230年时,他们已进入这一地区;610年,来自广东的一支军队成功入侵琉球,虏男女数千而归。607年,杨广派遣使团到东印度群岛,名义上是为了建立商业关系,但却由一位特使陪同,他们于610年回到中原。北方的领土扩张,相对来说并不那么成功。高句丽,由现在三分之二的朝鲜以及南满的大部分所组成。598—614年期间,隋曾四次征伐高句丽,但每次远征都不幸遭遇失败。隋朝军事实力的声誉和威望是基于其他战役,许多来自遥远国度的使者陆续前往隋朝即说明了这一点。日本于600年、607年和610年派遣使臣前往隋朝;609年,来自亚洲其他国家的使臣亦前往隋朝。中国的使臣则依次前往印度和土耳其。当他们回来时,我们已知他们带回了狮皮、玛瑙酒杯、石棉、舞女及佛经。在汉隋间的四个世纪,中华帝国几乎消失,现在它显然又重新出现在世界舞台中央。

无论是隋的开创者还是其儿子,他们的宝座都不太稳定(他们都死于非命),但他们在国内推行的政策措施却使这个短命王朝颇为引人注目。隋朝在国内管理方面已有了很大改进:在西都长安附近设立四个国家粮仓,同时亦在东都洛阳附近设立了两个,并耗费大量人力沿长城一侧加固其北部边境。① 自 574 年以来,在北方一直受迫害的佛教,现在又开始得到官方支持。如同在汉代一样,隋朝选任官员时显然没有使用考试的方式,而是通过举荐。一直到 618 年之后的一段时间,隋朝才开始用考试的方式选任官员。隋朝皇帝热衷于宏伟与壮观,不仅在黄河附近建造了两座带有花园与宫殿的都城,还在坐落于长江口的内陆港口扬州建造了第三座都城。隋朝通过延伸中国东部的运河系统,得以在其都城之间以及在帝国中心与西北(政治控制的主要区域)和长江流域(最为重要的食物供应来源地)之间建立交通联系。为此,两位统治者可谓是不计后果地投入了大量人力,尤其是杨广。毫无疑问,这些活动中有部分是出于虚荣和其他动机。然而,如果想把整个帝国都纳入皇帝一人统治之下,如果想把军事防御问题主要集中于西北,如果想为众多军事冒险家找到一些营生(早期即被征服国家的军队残部及其追随者对于新王朝来说一度是

---

① 宾板桥(Bingham, Woodbridge)的报告说,在 607 年夏季期间有 100 万人连续工作了 10 天,他们中有一半人死去。见《隋的衰落与唐的崛起》(The Fall of Sui and the Rise of T'ang),第 20 页。人们不禁要问,如果许多人只是远离了监工者的视线,也应该算是失踪而非死亡。

非常严重的威胁),就需要将运河延伸至陕西附近,这同样是不可否认的事实。1600年时,一位中原管理者曾对隋朝第二位皇帝这样公正地言道:"为其国促数年之祚,而为后世开万世之利,可谓不仁而有功者矣"。①

运河于584年开始修建,一直到8世纪仍没有结束。然而,到618年时,北方海河与南方杭州之间以及东都长安与西都扬州之间的交通联系已经建立。对这一时期,一位宋代史家有如下这样一段描述:"自山阳至于扬子入江,水面阔四十步。两岸为大道,种榆柳。自东都洛阳至江都二千余里,树荫相交。每两驿置一宫。自京师至江都,离宫四十余所。"②在保存下来的一份记述中,有一部分是关于运河的建造,其中提到15岁到50岁的每个人都应服役劳作,对逃避之人的惩罚是斩首。通过这种措施,隋朝征发了360万劳工。为协助这些劳工并向其提供饮食,邻近地区的每户家庭都需贡献一个孩童、一位老人或一位妇女。包括主管人员在内,最后的总人数达543万人之多。他们用鞭笞和枷锁驱赶懈怠落伍者前行。

隋朝几乎没有机会从这一巨大工程中获益,受益良多的是唐朝。为了维护和改善运河,为了建造粮仓,为了管理不断增加的贸易,唐朝涌现出了一个又一个有才华的管理者。尽管统计的数

---

① 冀朝鼎翻译,《中国历史上的基本经济区》(*Key Economic Areas in Chinese History*),第122页。(引自傅泽洪:《行水金鉴》,第92卷,第16页。——译注)

② 同上,第117-118页。(引自刘义庆:《大业杂记》,第1页。——译注)

据不够完备,但在735年左右的三年内,通过运河运送的谷物达700万吨。到8世纪末,政府的主要开支来源于长江下游的民众,据说国家岁入的十分之九都是由他们承担的。西北边陲地区依赖于富饶的长江三角洲,这充分证明了人们巨大的生活开支和货币支出。

民众对残暴行径及统治者愚蠢挥霍的不满已经积累了一段时间,现在正因军事冒险及公共工程的耗费而接近于引爆点。东突厥的可汗乘隋朝皇帝在朝鲜失利之机,向其发起攻击。这不仅使得一大片地区荒废,杨广自己也于615年被困西北雁门。国内的叛乱立刻爆发。李氏家族通过联姻,不仅同隋朝王室建立关系,而且同突厥也有联系。李氏这样的显赫家族起义,为隋朝招致厄运。617年,长安落入李渊之手。然而,他花了很长一段时间才平息了其他所有的叛乱者,甚至宫廷之中也存在竞争性对抗行为。626年,李渊的儿子李世民(不是继承人)不得不暗杀了两个兄弟,以确保其父退位时他能继承王位。

## 第二节 唐(618—906)

随着杨广被暗杀于扬州的美丽宫殿,由李渊和李世民所开创的唐朝于618年4月11日正式开启,它存在的三个世纪被中国人认为是中国历史上最为辉煌的时代。唐朝继承并扩展了隋朝在国内和国外的事业。在平定全国后,帝国先是被划分为10个道,后在733年被划分为15道。刚开始时,其行政管理的特点表现为高度集权,但在705年尤其是756年之后,这种高度集权让位于日益增加的独立性。在唐代,教育受到鼓励,政府开始在更大范围内实行科举考试制度。内乱期间被抛荒的土地,又被重新分配,这既可在很大程度上确保源源不断的税收,又可令农民满意并使其稳定。政府通过在每个部门及行政区建造孔庙的方式,培育官方宗教,但宗教宽容仍盛行。根据小烟薰良(S. Obata)①的说法,首都长安"不仅成为宗教传播的中心,而且是一座伟大国际都市,这里生活有叙利亚人、阿拉伯人、波斯人、鞑靼人、藏人、朝鲜人、日本人以及其他各种各样不同种族和宗教信仰之人,这与此时欧洲正在进行着残忍的宗教和种族争斗呈现出鲜明对照"。运河系统得到扩展和改善,隋朝严苛的法律被重新编纂。② 据信唐代的法典于653年颁布,其修订版颁行于737年,这部法典对安南和古代日本的立法者产生了深远影响。

唐朝建立的第一年,突厥人试图进犯。在成功抵挡入侵的外敌后,唐朝最终于630年打回突厥人的土地。通过与突厥敌人的联盟以及一场强有力的战役,唐朝成功征服了东突厥。直到682年,这个危险的敌人都对长安保持着恭顺。中原皇帝李世民被临近部落称为伟大的可汗,他知道该如何既是皇帝又是可汗。1889年,在距土耳其首都约30英里远的鄂尔浑河东岸遗址内,发现了一段732年的突厥铭文,部分内容如下:"尊贵之人的子孙,成为中原人的奴隶,他们纯洁的儿女们成为了农奴。突厥贵族们放弃了突厥头衔,屈从于中原可汗,接受其赐封的官爵头衔。五十年来,他们一直为其效力。前进,向着初升的太阳,他们曾战至强大

---

① 小烟薰良,日本翻译家,最早英译唐代诗人专集。——译注
② 参见白乐日(Etienne Balazs)的《〈隋书〉"刑法志"》(*Le Traite Juridique du" Souei-chou"*),第25—26页。

可汗的疆域;向后(如在西面),他们曾远征至铁之门。对于中原可汗,他们只能将其帝国和机构拱手相让。"①

641—648年期间,李世民从鄂尔浑河转向征服西突厥和其他更小的国家,这为建立同伊朗和印度的直接联系扫清了道路。一直到607年都未能完成统一的吐蕃,其第一位王松赞干布(在位时间630—650年)请求李世民将一位中原公主许嫁给他。他的第一次请求遭到拒绝,但李世民在641年击退了吐蕃的一次入侵后,将年轻的文成公主嫁给了松赞干布。此后,文成公主的名字同佛教和中原文明在荒凉之地的传播不朽地联系在一起。然而,一些前期工作毫无疑问已经开展。例如,吐蕃王的尼泊尔妃子即曾帮助教化藏民。647年,皇帝派使臣前往阿萨姆②以推进外交关系。当使臣抵达时,一位篡位者正试图夺取王位。事变中,这位使臣失去其护送者。通过请求吐蕃王和尼泊尔王的援助以及身先士卒,最终于648年俘获了这位篡位者,并将其带回长安。

在对高句丽的征战中,李世民遭遇到其仅有的失败。645年,当他的军队在朝鲜平壤附近彻底战败后,他被迫停止收复朝鲜,并在北平建立悯忠寺以示标记③,悯忠寺于是成为北平最古老的古迹之一。然而,中原军队是不可抗拒的。660年,李世民的后继

---

① 由汤姆森(Vilh Thomsen)译成法文,《鄂尔浑碑文的解读》(*Inscriptions de L'orkhon Dechiffrees*),《芬兰—乌戈尔学报》(*Societe Finno Ougrienne*),V:99,1896。

② 阿萨姆是位于印度最东部的一个邦,同中国、不丹、孟加拉国、缅甸等国相邻。——译注

③ 清代改名为法源寺。——译注

者利用朝鲜日益滋长的分裂,在三个朝鲜政权中选择支持其中一个。在随后的 8 年时间里,唐朝不仅确立了对朝鲜大部的宗主权(新罗保持半独立),而且确立了对东北高句丽的宗主权。唐统治者开始时在平壤建立了一个次都;后来,朝鲜则处于辽东都护将军的统治之下,但其他所有重要的官职皆由朝鲜人担任。669 年,38000 位叛乱者被押往中原。这种受保护国的状态持续了 90 年(直到 758 年),这使贸易和文化关系得以繁荣发展。

李世民在其他地方的军事征战均取得了成功。663 年征服百济的这位将军,于 657 年打败西突厥,迫使其四下逃散。一部分西突厥人逃往印度,其他人则穿越俄罗斯进入匈牙利。为统治这一地区,唐朝设立了两个受中原保护的领地,分设于天山北部和天山南部。李世民还保持着同帕米尔高原西部政权的外交关系,并在宫廷中为萨珊王朝①的最后一位君主普罗兹和他的儿子提供庇护。

尽管取得了如此多的成功,但从 663 年到 8 世纪中期,唐朝却在吐蕃人、突厥人和其他民族人的手中遭遇到几次挫折。然而即便如此,对于波斯人来说,它仍旧有着极高的威望。713—751 年期间,波斯曾先后 10 次派遣使团(其中两次甚至有王子在内)。这些使团带来了玛瑙床、火红色的羊毛刺绣和一群舞者等礼物。印度河流域的印度帝国皇帝同样承认中国宗主权,来自亚洲其他帝国的众多使臣挤满了长安城。在玄宗时期(712—755),帝国呈现出不祥征兆:满洲的契丹削弱了中原在辽东的影响力;745 年后,回鹘人占领了蒙古,很快即与唐朝平起平坐;在穆斯林领导

---

① 萨珊王朝,是最后一个前伊斯兰时期的波斯帝国,国祚始自 224 年,灭亡于 651 年。——译注

第四章 中国重新统一：隋唐(590—906) 135

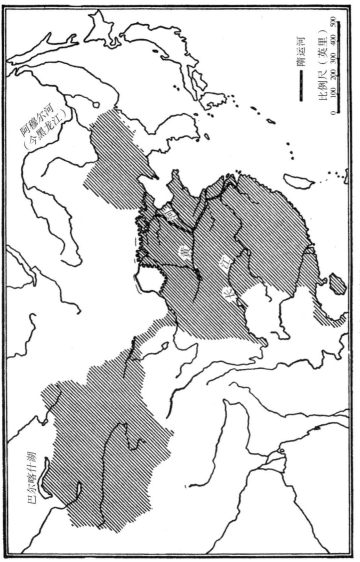

唐帝国疆域图（750年）

下,已复兴的阿拉伯人同中原争夺对西突厥斯坦的统治权;甚至地处西南的泰国这个臣属国,在751—754年期间也曾两次击退中原军队,他们在一个世纪后还曾进犯成都,向中原发起挑战,然而他们是直到730年才完成统一的;吐蕃人通过占据帕米尔高原上至关重要的关口,阻塞中原与伊朗之间的交往。玄宗命令总督高仙芝和一位朝鲜族官员夺回这个关口,经过一场激烈而残酷的战役后,吐蕃才于747年被赶走。

为了取胜以及维护广泛而松散的控制,唐朝一度看上去只是需要坚定他们的信心。在反对塔什干王子的一场不明智的战役中,高仙芝过于自负。为向塔什干王子提供援助,阿拉伯人全速行进。751年7月,高仙芝在塔拉斯河附近的战斗中遭遇到灾难性惨败。这场战斗不仅使突厥人迅速摆脱了中原统治者,而且作为绿洲中心的佛教徒住所也很快被西方宗教尤其是伊斯兰教永久占据了。这场战役虽然不曾为欧洲军事权威学者注意,但它却是历史上一次有着决定意义的战斗。在过去的一个多世纪,唐帝国一直都是世界上最伟大的帝国,现在不得不面对同自己一样自信的阿拉伯人。此时,阿拉伯人统治着从甘肃边界到西班牙和摩洛哥的区域,印度洋航线也为其所霸占。中国没有时间将自身的力量聚集起来,因为此时它的军队被打败了。正如我们上面所看到的,它在北方为契丹人打败,在南方为泰国人打败。帝国的终结似乎发生得非常突然。755年,首都发生了由有着中亚或通古斯血统的冒险家所领导的内部叛乱。① 皇帝随即于756年逃往成都,并将王权传给其子。在来自天山南北两个受保护国以及回

---

① 指安禄山叛乱。——译注

鹘、费尔干纳和阿拉伯军队的帮助下,唐王室于757年收复长安。这场到763年才结束的叛乱,使中原几近瓦解,并使其人口、版图、财富和声望大为削弱。10世纪以后,中国才重新恢复了其在亚洲的地位。此时的中原,正处在异族政权的统治之下,而这只是一个更为短暂的恢复。

在随后的一个半世纪里,我们看到的是中国逐步后撤至其正常的疆界内。新罗吞并了朝鲜半岛上的其他两个王国;契丹和渤海分割了满洲;在与唐平等的基础上,回鹘作为西北通道的监护者一直延续到840年;吐蕃继续威胁着中国西部侧翼①。云南的泰王国②,一度是唐帝国的盟友,但更多的时候是其敌人。836—866年期间,他们曾试图入侵中国西南的重庆。从未受到过良好保护的海岸正遭受着海盗的劫掠和蹂躏。尽管一些中国商人乘坐自己的船航行到日本,并有其他人为日本人修建了几艘船,但诸如商业之类的事情似乎已主要落入北方的朝鲜人和南方的波斯人手中。

整个国家自上而下都统治失当,这导致在875年爆发了一场始于山东并席卷全中国的起义。876—877年间,淮河流域和河南省被掠夺;878年,起义领导者黄巢进入福建。与此同时,帝国的另一端山西也爆发了起义。879年,广州成了荒芜之地。根据阿

---

① 787年,中原人寻求阿拉伯人的帮助以抗击吐蕃;11年后,著名的哈伦·拉希德(Harun al-Raschid,786—809,阿拔斯王朝第五代哈里发)派遣三位特使前往中国,这三位特使对唐朝皇帝卑躬屈膝,并缔结了共同反对吐蕃的同盟条约。

② 指南诏政权。——译注

拉伯人巴奇(Abu Zayd)①这位几乎是同时代人的描述:"当这座城市被攻陷时,其城市居民惨遭杀戮。据了解事实真相之人报告说,除无数中国人之外,他们(即造反起义者)还杀害了12万定居并在此经商的穆斯林人、犹太人、基督教徒以及波斯人。"②随后,黄巢转向北方,洗劫了洛阳和长安。在唐朝皇帝逃至靠近吐蕃边界的四川西部时,黄巢称帝。这场起义于884年被镇压,但却是以整个帝国为代价的:883年,甘肃脱离了帝国;891年,四川脱离;到906年时,首都区域也独立了。互为竞争对手的藩镇间的一系列征战,使唐朝就此走向结束。

## 第三节 隋唐时期的宗教与文化

同汉代之外的任何时期一样,这一时期的宗教丰富而多样。隋唐时期的宗教特点是:佛教和道教已发展成熟,来自西方的几种宗教也已侵入进来;儒家对政府的作用越来越大,但却必须依赖于对其官员们的教育。842—845年期间,中原的宗教宽容因世俗化被中断。尽管这没有消灭佛教,但却终止了其支配地位,并在事实上使其他宗教遭到废止或隐于地下。这些宗教转入地下之后,因与其西亚的教会母所缺乏联系而只能被扼杀。

隋朝时期,无论佛教还是道教都得到官方支持。当唐王朝开

---

① 巴奇(Abu Zayd),10世纪时的波斯地理学家。——译注
② 由法国汉学家费琅(Gabriel Ferrand)翻译,收入《印度支那考察行纪》[*Voyage du Marchand Arabe Sulayman en Inde et en Chine redige en 851 suivi de Remarques par Abu Zayd Hasan (vers 916)*],第76页。

始建立时,佛教似乎又再次被压制。624年,唐朝的第一位皇帝在朝堂上举行过一次大辩论。在这次激烈争论中,备受尊敬的史官傅弈①中肯地评论道:

> 且生死寿夭,由于自然;刑德威福,关之人主。乃谓贫富贵贱,功业所招,而愚僧矫诈,皆云由佛。窃人主之权,擅造化之力,其为害政,良可悲矣!……况天下僧尼,数盈十万,翦刻缯彩,装束泥人,而为厌魅,迷惑万姓者乎!今之僧尼,请令匹配,即成十万余户。产育男女,十年长养,一纪教训,自然益国,可以足兵。②

佛教徒完全震惊了,他们在一部专书中反击了傅弈的攻击。这部只有十卷的专书,现收存于《大藏经》中。两年后,唐朝第二位皇帝颁布的一道法令采纳了傅弈攻击的理由,并列举了对政府来说佛教造成的经济损失:"浮惰之人,苟避徭役。妄为剃度,托号出家,嗜欲无厌,营求不息。出入闾里,周旋阛阓,驱策田产,聚积货物。耕织为生,估贩成业,事同编户,迹等齐人。进违戒律之文,退无礼典之训。"③尽管官方反对佛教的情绪非常高涨,但佛教

---

① 翟理斯(Herbert Allen Giles)在《人物传略辞典》第589条中说,傅弈是"墓志的鼻祖",并这样写他自己:"傅弈热爱青山白云,唉!他死于饮酒。"

② 《旧唐书》,卷79,第6-7页。——译注

③ 这次引证我应归功于魏特夫博士(Dr. K. A. Wittfogel)的《关于中国社会的新发现》(New Light on Chinese Society),第32-33页。(译自《旧唐书》卷1,第14-15页。——译注)

127　仍继续蓬勃发展。就是在这一时期(629年9月),佛教朝圣者玄奘(602—664)离开长安前往印度。645年4月,当他返回中国时,他在首都受到僧侣、官员和普通民众的欢迎,甚至在洛阳受到了皇帝的亲自接见。646年8月,皇帝赏赐他丰厚的礼物并修书一封,这封信现收录于这位朝圣者途经中亚前往印度的不朽旅行记录中。

随后的一个世纪,佛教没有受到任何严重的抑制。官方的态度不时发生变化,最为显著的就是在亲佛的武则天统治期间(685—705)。714年,兵部尚书姚崇(651—721)对佛教进行尖锐抨击后,约12000名僧尼被要求还俗,禁止建造新寺院、安设新佛像和抄录佛教书籍,并严令禁止富户同佛教徒或道教徒有任何接触。然而,当时的文献和考古证实了佛教的力量及其流行,朝圣者们依旧通过陆路和海路大胆前往佛教圣地。玄奘之后,最为著名的或许就是义净了。671—690年间,义净是在印度、犍陀罗和克什米尔度过的。佛教僧侣来到中国,但他们的工作已不那么重要了,因为许多中国学者都已通晓梵文。645年,玄奘从印度回到中原后,全身心投入佛经翻译。他创造了一种翻译梵文佛经的方法,以取代那时正在使用的照本直译法①。689—695年期间,义净或因受启发而编纂了一部包含有1000个字的梵汉词典。来自龟兹的Li-yen(706—789)是一位佛教弘法者的老师,他编纂了一部包含有约1.2万个字的汉梵词典。在皇帝的要求下,Li-yen还

---

① 玄奘以前的译经方法是先照本直译,然后由专人整理润饰。其间难免有所增损,以致违背本意。玄奘一改前人译法,翻译时采用梵本口授汉译,意思独断,出语成章,再由专人随笔写出。同时,对梵文底本采取多本互校的办法,仔细对比,方始落笔。——译注

翻译了一本关于医学和药用植物的梵文著作。众多求学者前来取经,特别是朝鲜和日本,他们在中原名师的指导下研究学习,当然也偶有中国名师为其学生劝说而越过东海定居于国外。中国各地纷纷开始建造神庙、装饰佛殿、翻译抄录经文,其费用则由中国本土的朝圣者和外国的旅行者及商人共同承担①。梵呗已很发达,尤其是净土宗。

受印度老师的启迪,天文和数学同样取得新进展。618年,唐代第一位皇帝编制的一部新历法即是其中之一。一个世纪后,善无畏和金刚智的弟子、中国僧侣一行(683—747),将一个太阳年的时值精确到365.244天,一个太阳月的时值则精确到29.53059天。基于这些计算,他对历法进行改革。729年,官府采用了经他改革后的历法。721—725年,他和另外一位科学家利用从中国一端到另一端的日影长度进行了一项精巧研究。他们在从长城到今天的河内这条距离约3500公里的线路上设置了9个观测站,并在夏至和冬至期间以标准的8英尺日晷同时记录阴影的长度。李约瑟(Joseph Needham)写道:"在中世纪早期任何地方所开展的有组织研究中,它肯定是最为引人注目的。"②医学在佛教传播中发挥着显著的作用,如同今天它在基督教传教活动中的作用一样。佛教寺院通常有药房,有时还将经特别挑选的僧侣送到长安

---

① 日本朝圣者圆仁写道,为了帮助修复寺庙的楼厅,他于839年来到扬州。募捐人说需要1000万贯,大臣和在这座城市的波斯使团各捐1万贯,而来自占城的一个人捐了20万贯;他问道,如果来自日本的人数很少,则应捐5万贯。

② 《中国科技与文明》(Science and Civilization in China),第3卷,1959,第293页。

学习医学。

如此大量的佛教寺庙，势必存有腐败、不明智地运用其政治影响力以及不合适的保护政策等问题。在朝廷中一度拥有强大权势的道教迅速意识到这些问题并向朝廷报告。更为重要的是，皇帝意识到如果佛教这一国中之国不可替代的话，那么这个王国必须臣服于皇权。这种情绪达到如此程度，以致朝廷终于采取行动，下令对所有佛教僧侣及其财产进行调查。845年的第四个月，这项调查开始了。一位官方史家言道："敕祠部检括天下寺及僧尼人数。大凡寺四千六百，兰若四万，僧尼二十六万五百。"①三个月后，根据诏书，中原所有佛教寺院的财产全都被没收充公。然而，"中书门下条疏闻奏：'据令式，诸上州国忌日官吏行香于寺，其上州望各留寺一所，有列圣尊容，便令移于寺内；其下州寺并废。其上都、东都两街请留十寺，寺僧十人。'"②皇帝回复道："敕曰：'上州合留寺，工作精妙者留之；如破落，亦宜废毁。其合行香日，官吏宜于道观。'"③随即，"中书又奏：'天下废寺，铜像、钟磬委盐铁使铸钱，其铁像委本州铸为农器，金、银、鍮石等像销付度支。衣冠士庶之家所有金、银、铜、铁之像，敕出后限一月纳官，如违，委盐铁使依禁铜法处分。其土、木、石等像合留寺内依旧。'"④最后，在第八个月，皇帝颁布法令："其天下所拆寺四千六百余所，还俗僧尼二十六万五百人，收充两税户，拆招提、兰若四

---

① 原文见《旧唐书》卷18，本纪第十八，武宗。——译注
② 出处同上。——译注
③ 出处同上。——译注
④ 出处同上。——译注

万余所,收膏腴上田数千万顷,收奴婢为两税户十五万人。隶僧尼属主客,显明外国之教。勒大秦穆护、袄三千余人还俗,不杂中华之风。"①

政府赢了,这些法令实质上废止了其他外来宗教的活动。已完全中国化的佛教虽没有消亡,但它在精神上永远不会再具有这样的威望。就此而言,作为保持最高世俗权力的一种方式手段,中国从来不曾有过政府如此残暴地对待一个国家的宗教。845年之后,一些寺庙几乎是立刻被重建。第二年,在首都即重建了一座寺庙;857年,在山西五台山这个伟大的佛教朝圣中心也重建了一座寺庙。但是,对邻近国家来说,中国不再是佛教的"东方之光",两个半世纪以来中国一直享有此荣誉。

这一时期进入中国的外来宗教中,中文文献第一个提及的是拜火教。在6世纪初,它通过中亚的贸易线路进入中原;6世纪30年代期间得到了皇家的资助保护;550年左右则已为政府所控制。北齐和北周的几个统治者加入了这一宗教,并参加了其祭祀表演。据说,他们这样做部分是为获得西方民族的青睐(据推测可能是波斯)。621年,唐朝重新设立控制宗教事务的机构。632年的记载为我们提供了这一年一位到中原来布道之人的名字,并已知在长安、洛阳及西北其他三个城市建立了神殿。官府允许在中原生活的外国人尊崇这种宗教,但禁止中国人这样做。很显然,拜火教在传道方面几乎没有什么效果。这一事实有助于解释为什么在中国或中亚没有找到有关他们的任何原始文献。845年的

---

① 出处同上。最近中国学者的研究调查表明,在像四川这样远离首都的地区,佛教寺庙并没有受这道法令的影响。

禁令几乎终结了这种宗教的存在。目前已知的是,它在镇江和开封幸存下来,一直到12世纪。

随后进入中原的可能是基督教的聂斯脱利派这一分支。745年后,中国人将其称为景教。我们已知的是,它的第一位传道者来自叙利亚(或波斯),并于635年定居于首都。① 几年后,朝廷给这一宗教的祝福是:"贞观十有二年秋七月。诏曰:'道无常名,圣无常体。随方设教,密济群生。大秦国大德阿罗本,远将经象来献上京。详其教旨,玄妙无为。观其元宗,生成立要。词无繁说,理有忘筌。济物利人,宜行天下。'所司即于京义宁坊造大秦寺一所,度僧廿一人。"②毫无疑问,这一宗教传播到首都以外的地区,因为在洛阳、成都、广州等其他地方都曾提及它。除了居住在商业中心的叙利亚和波斯商人之外,它是否还为其他任何人所接受却存有疑问。在698—699年期间和713年,它遇到了一些困难;755—762年的叛乱期间,由于来自西亚的资助被切断,其处境毫无疑问异常艰难。尽管如此,781年时,它的一个教堂却非常富有,以致它能够竖立起一座题有叙利亚文和汉文的美丽石碑。值得庆幸的是,这块石碑今天仍旧存在。另外一份具有重要意义的记载是800年的《三威蒙度赞》(hymn to the Holy Trinity)(佐伯好朗讨论了其他七首),它是20世纪初在敦

---

① 然而,日本东方学家佐伯好郎(Peter Yoshiro Saeki)在《中国的景教文献与遗迹》(*The Nestorian Documents and Relics in China*)一书第86页指出,一个景教家族于578年迁移到了甘肃。

② 由慕阿德(A. C. Moule)翻译,见《基督教在中国:1550年以前》(*Christians in China Before the Year 1550*),第65页。

煌附近一座带有围墙的古老藏书馆发现的。845年,景教遭受如此严格的压制,以致没能发现表明它在公元11、12世纪时依旧存在的任何证据。①

第三个是摩尼教,这个崇尚光明的宗教由巴比伦的摩尼(216—277或274年)所创。它似乎是在694年由波斯人和其他人引入中国的,但其生存一直非常艰难,直到回纥可汗成为中原王朝的盟友后才有所改善。763年,即从叛军手中收复洛阳的这一年,回纥可汗宣称摩尼教为其民族的官方宗教。于是,巴比伦的主教派僧侣和修女到蒙古传播教义。由于回纥可汗的支持,使得摩尼教能够传播到唐都长安、洛阳以外的长江流域和其他地方。尤其是在波斯对阿巴斯进行迫害后(785—807),摩尼教的传教工作获得积极进展,不仅僧侣的流失量逐渐减少,还经常与中亚和西亚的教会母所保持着联系。然而,当回纥政权失去了与唐朝的平等地位时,摩尼教的影响力随之萎缩。842年,摩尼教在长江流域的寺院被关闭。当中原军队打败回纥可汗时,摩尼教于843年被禁止。伴随着其被禁止,这种宗教也随之死亡。到17世纪初期,中原地区仍有这种宗教的回声,但主要是作为一种秘密组织。这种宗教最有价值的贡献似乎来自其天文学家僧侣,764年的一条记载证明了这一事实。粟特摩尼教确定了行星为七天一周,它便按照一周七天的顺序用粟特语、波斯语、印度语和汉语

---

① 然而,在辽帝国统治的这段时间还有一些景教徒。参见鸟居龙藏(Ryuzo Torii)的《辽代画像石砖》(*Sculptured Stones of the Liao Dynasty*),第60-61页;也可参见格鲁塞(R. Grousset)的《草原帝国》(*L'empire Mongole*),第490页。

为这七颗行星命名。摩尼教的星期天是主要的斋戒日,它的名称甚至传到日本的藤原。直到最近,福建一些地方性历法中仍有这一令人颇感好奇的遗风。

犹太教和伊斯兰教这两种宗教,在这个时代似乎并不太重要。众所周知的是,879年之前,犹太人一直都是出现于广州。毫无疑问,他们是通过海路经印度而来到这里。8世纪的犹太—波斯语文献也表明了犹太人的迁移,这些文献发现于中亚贸易线路上及其东部终点站敦煌。犹太人并没有在中原活动,这似乎已引起中国历史学家的注意。正如我们所看到的,长期以来阿拉伯人同中国人进行着海上贸易。毫无疑问,伊斯兰教正是通过这些贸易团体进入中原。穆斯林是作为使臣和从军者进入中国西部,而不是作为传教者,这是根据曾到首都拜访过的阿拉伯旅行者们所确定的。然而,直到宋元时期,中原才真正出现能经受住排外敌意或能使王朝屈服的犹太人和穆斯林人团体。关于这两种宗教,中原人已具有一些知识,唐代编年史和阿拉伯日志中的段落已明确表明了这一点。①

当我们在关注这些外来宗教时,不应忘记的是,除佛教外,道教和儒教的受欢迎程度是其他任何宗教所无法相比的。李唐王朝对于道教的支持有情感上的原因,但在长长的统治者队伍中,大多数统治者都明智地尊崇官方宗教,并鼓励对帝国内的大小官员进行教育,目的是使大多数官员都能忠实履行管理职能。在皇

---

① 参见《新唐书》,卷221B;法国汉学家索瓦杰的《公元851年所撰中国印度行纪》(*Relation de la Chine et de l'Inde, redigee en 851*, p. xxxviii) 以及费琅(G. Ferrand),同前,《印度支那考察行纪》,第85-92页。

帝需要求教和帮助时,这些官员是可信赖之人,因为他们没有军事或世袭的权力。他们最大的弊端是其保守主义、对陈腐观念和做法的延续以及同普遍轻视欺压穷人的有产阶级之间存在紧密联系。正如前面所说,绝大多数情况下,唯有经过长期严格的训练,才能保证一个人通过任职所必需的科举考试①,而只有富裕家庭的子弟才能负担得起这种教育所需的时间和费用。在唐代及后来的中国,活跃的文职人员如此众多,以至于那些靠收取租金为生的有闲家族形成了一个阶层。只要其他群体在首都能够获得发言机会,所有一切都好,因为这是在某种意义上存在的一种权力平衡。然而,当一个阶层已压倒一切或变得无所不能时,这个系统便会停止运转。

第二位唐朝皇帝的统治即是制度主义的最佳范例。就个人而言,他倾向于道教,但这位统治者在645年时却慷慨地尊崇佛教,并在恢复重建儒教方面最为活跃。对于那些通过考试之人,他对任职提出了一个先决条件。他在首都建立了图书馆和各类学院,并鼓励州县建立学校。② 630年,他颁布法令要求无论什么地方都应建立孔庙,官员须前往提供祭品。10年后,他自己向这位圣人献祭。647年,他要求将孔子世家中22位最著名贤人的牌

---

① 681年后,唐朝共举办了262次殿试。为选拔进士而进行的殿试包括:五篇时事文章,关于儒家经典及历史的文章,一首原创诗和一首赋,涵盖了数学、法律等论题在内的特殊测试。参见恒慕义(Arthur W. Hummel)的《国会图书馆报告》(*Report of the Libarian of Congress*),1938,第222页。

② 根据唐代的一部百科全书,631年前后长安的国子监有3260名中国学生。后来,它吸引了来自朝鲜、日本及中亚的留学生,其吹嘘说总共有8000名。

位放置于孔庙中纪念。这种做法所褒奖的,并不单单是文化造诣,而是以在名人殿堂中占有一席之地的方式对一种合乎道德的生活进行表彰。这种做法很受欢迎,一直持续到现代。一个世纪后即740年,统治者举行了春秋儒家的祭祀活动,这种祭祀传统一直持续,几乎从未中断过。754年,玄宗皇帝在叛乱暴发前还创建了翰林院。翰林院大大强化了官方信仰,并一直延续到19世纪。翰林院聚集了那个时代最优秀的一批学者,他们负责朝廷的所有文化活动,比如起草诏书诰令和其他政府文件以及撰写祭祀祷文等。10世纪以后,它仍然运转良好,为欧洲更为新式的书院树立了榜样。

这一时期,儒学强化了其在中原的地位,并很自然地进入朝鲜(700年以后)、日本等中华文化圈的其他国家。奈良大学的课程包括《礼》《左传》《诗经》《书经》《易经》《论语》《孝经》,这和当时中国学生所学的课程几乎一样。唯一的区别在于,日本人不认同道家经典。尽管中国人有时将《道德经》和《庄子》列入课程,但道教被排除在十二部经典著作之外。744年,依照皇家命令,十二部经典著作的文本全都被标准化。836—841年间,这些标准化文本被刻于石碑上,竖立于长安的国子监。

朝中一些信奉道教的谋臣非常有权势。这一时期许多大臣都很迷信,尤其是军事将领,他们大多来自胡汉交界。他们鼓励炼丹道士寻找长生不老之药,有几位皇帝甚至因此丧命,这引发了儒家官员的尖锐斥责。实际上,现存的官方文献对道教是如此不友善,以致很难用公正眼光对其进行说明。对于佛教和儒家的指控,道教进行了辩驳。道教的辩驳大部分保存到13世纪,但却因1258年和1281年的取缔而遗失。不可否认的是,有着神秘的不食人间烟火之特征并热爱大自然的道教,曾给予诗人和画家特殊的灵感。① 道教为人们提供了一个能够生活于其中的理想世界,它令人们欢喜,提升人们的精神,甚至为人们的来世承诺。在帝国富足的时期,它最为活跃。道家对于到海外传道并不积极,但道教的话语却传到印度阿萨姆邦王子那里,他曾请求李世民送他一本梵文版的《老子》。令人感到奇怪的是,对于这一请求,李世民竟然要求佛教朝圣者玄奘去完成。

一个扩张的时代通常会对一个民族产生深刻而富有创造性的影响,唐代中国即是如此。中国的对外贸易催生了对奢侈品的旺盛需求,以致在玄宗统治时期这类商品堵塞了从广州、泉州和扬州到西都的帝国道路,它将国内陶器和瓷器的生产提升到从未有过的高度。一位阿拉伯人在851年的一份报告中如此描述道:"中国的陶器有着优异品质,他们制造的碗像玻璃瓶一样薄,人们通过它可以看到水的闪烁,尽管它们由黏土制成。"②更为浪漫的是,陆龟蒙告诉我们,"九秋风露越窑开,夺得千峰翠色来"。中国陶瓷即使在许多遥远的地区也都享有盛名,因为最近在从印度的布拉明那巴德到泰西封、塔尔苏斯、耶路撒冷和开罗的9世纪遗址中,都发现了令人喜爱的高品质唐瓷碎片。这些带有高长石釉的纯瓷,是出口给哈里发的。这一贸易使中国陶瓷衍生出新的样式,因为唐代陶工采用了波斯、印度和希腊

---

① 参见布鲁诺·波尔佩(B. Belpaire):《道教与李太白》(*Le Taoisme et Li T'ai Po*),《中国与佛学期刊》(*Melanges chinois et bouddhiques*),I:1 - 14,1931—1932。

② 由索瓦杰(J. Sauvaget)翻译,参见前书,第16页。

的模型。

　　此时的雕塑艺术达到了新的高峰,一些不朽的雕塑即完成于6世纪末、7世纪初。然而在此之后,随着宗教精神的衰落,它亦逐渐衰退并变得不那么鼓舞人心了。如果基于某些实物和后世学者的评论,我们可以做出这样的判断:中国在绘画尤其是人物画方面已有很高水准,当然山水画还在稳步前进。这一时期最伟大的画家是吴道玄,他的三百多幅佛教徒壁画和许多幅丝画(没有一幅保存下来)对他那个时代的世界产生了深刻的影响。作为一种小型工艺品,木版印花织品也应运而生。现存最早的实物是保存于大英博物馆的一幅年代为9世纪的蓝色印制图画。我们有关这一时期建筑方面的详细知识,大部分应归功于朝鲜人和日本人的临摹。如果撇开创新不论,这种艺术尤其是宗教和宫廷建筑的特点是壮丽和奢华。首都长安被精心规划于一块面积约为30平方公里的区域内,这考虑到了帝国的需求及其巨大的人口数量。据估计,742年长安城的人口多达1960188人,而这一年的全国总人口经测算为5200万。日本人仿照这一模型,建造了他们的新城奈良。河北一座约建于600年的石桥①到今天依然屹立不倒,这表明中国人在桥梁建造方面具有的技术水平已经相当高:"它是由建筑大师李春建造,他基于一种非常符合现代方法的原理,修改了具有多功能的罗马渡槽,在桥的两边各有一根跨度为37.47米长的弓形拱支撑……两个小拱,这样一种组合所起的作用是使稍稍凸起的桥路更为

---

　　① 指赵州桥。——译注

舒适和安全。"①

在文学艺术方面,最为重要的可能是诗歌,因为这是中国诗歌的黄金时代。一位评论家说,"无论什么人都是诗人"②。1705年的一部《诗歌选集》包含有 2200 位诗人的 48900 首诗。③ 白居易是其中之一,他生前如此广受欢迎,以致他的名声传至朝鲜和日本,并成为一部日本能剧中的男主角。他的诗是有史以来第一个被印刷的,这也使他的诗流传更广(根据邓嗣禹的说法,其诗印刷于 800—810 年)。④ 李白(701 或 705—762)、杜甫(712—770)、王维(699—759 或 760)、韦应物(740—830)等人的一些诗歌也被翻译,但在欧洲伟大诗僧的诗尚未有具有代表性的翻译作品。除了他们的文学贡献外,诗中的这些朝臣、士兵、画家、僧侣为我们提供了那个时代的图景,这通常是评论家和史家所没有呈现出来的。更为重要的是,他们中有部分人用近乎白话的语言写作,这就为了解那个时代的语言和思想提供了线索。例如,按照 11 世纪的传统说法,白居易认为一首诗要一位年老村妇都能读懂才能算是大功告成。

在隋唐时期,散文和学术著作达到了相当高的水准。隋朝因

---

① 戴密微(G. Ecke),《华裔学志》(*Monumenta Serica*),第 2 卷第 2 期,1937,第 468 页。

② 引自小薰良(S. Obata)的《李白诗集》(*The Works of Li Po, the Chinese Poet*),第 1 页。

③ 指《全唐诗》。——译注

④ 亚瑟·威利认为是十年后或更晚一点。参见其《白居易的生平与时代》(*The Life and Times of Po Chu-i*),第 160 页。其被印刷的证据无法使人信服。

两部优秀的汉语言著作而著称：一部是由鲜卑的陆兹于601年编辑，另外一部由陆元朗（564—630）所编。对于汉语言学和音韵学的研究来说，现在这两部著作有着极为重要的意义。颜师古（581—645）非常专业地校订了《汉书》，七部正史则是由一大群学者所撰，他们为查找刚刚结束的动荡时代之材料而遍搜皇家宫廷档案。这一时期编纂的两部百科全书，涵盖的主题范围从官府政策到工艺和医学，它们很大程度上是为帮助参加科举考试的学子。对于这一时代受过教育的年轻人来说，这些著作对他们的知识和写作一定有着显著影响。与之相类似的著作还有于801年完成的《通典》，这部著作涵盖的范围甚至更为广泛。作者杜佑在花了36年时间研究各种各样的资料来源之后，才撰著了这部著作。除了有关中原的大量资料外，这部著作还包含有同时代阿拉伯人在阿巴斯王朝第一座首都库法的资料，这显然是由作者的一位亲戚所撰。散文体的标准，是由另外一位著名政治家、文学家韩愈（768—824）创立。韩愈的一生，可谓是动荡的一生。在他的一生中，曾有过几段政治耻辱期和两次流放史。在其幸存下来的作品中，有许多都与他的这些人生经历有着密切的联系。显而易见，所有的艺术感悟都被释放出来了，他对后世的风格产生了巨大影响。像其他主要为中原人所怀念的人一样，韩愈是一位坚定的儒家，他所开创的思想要到12、13世纪才能开花结果。在佛经的翻译者和传道人中，玄奘、义净及其合作者和继任者以无比认真的态度，满怀热情地将数百部梵语文献译成汉文。玄奘漫游漂泊的故事，对浪漫主义者和剧作家的想象有着巨大吸引力，以致有关他的传说故事被无数次讲述和表演。在此之前，出自佛教徒和道教徒之手的这部短篇故事，涉及的只是仙女和魔法巫术，现在则涉及日常生活甚至爱情,它们中有许多是用白话写的。在戏剧领域,由宫廷小丑表演的早期短剧已发展成相当长的戏剧,这一发展可能源自中亚①。直到后来,戏剧才在文学中占有一席之地,但在7—9世纪的有酬娱乐中它占据着绝对主导地位。

隋唐时期民众对印制的文学作品以及日历、词典、佛经道教符咒和儒家经典著述的巨大需求引发了一项对整个世界都有重要意义的发明。有关雕版印刷的早期故事,我们可能永远都无从知晓。700年,某个地方已开始懂得其制作过程。到10世纪时,它逐渐为中国及朝鲜和日本的文人所接受。对于这样一项发明来说,其时机已经成熟。中国人长期使用纸和墨,他们知道如何利用金属、石头或黏土制作印章,而获取青铜器和石器上的珍贵碑刻拓片对他们来说则是再平常不过之事。更为重要的是存在需求,科举考试制度设立后,成千上万的考生需要教科书,佛教和道教在例行祈祷和避邪消灾时则需要符咒、咒语和护身符。在这样的复兴时期,发明一种简单的复制方法已是势在必行。8世纪初,人们使用雕版印刷的证据是零星的;然而,从9世纪开始,在东亚和中亚则有人们使用雕版印刷的大量证据。在保存下来的雕版印刷实物中,来自日本的制作于764年的小型护身符是年代最为久远的实物,尽管朝鲜自夸拥有年代可能更早的实物。世界现存最古老的印刷书籍是在敦煌发现的印制于868年的《金刚经》。尽管印度有充足的机会,但它在这几个世纪都没有使用雕版印刷。

对中国来说,隋唐时代是复兴的时期。长期以来因各地割据

---

① 刻在唐代石柱上的哑剧,很显然起源于印度。

政权的争斗而消散的力量被重新聚集起来,由此中华帝国得以向前迈进。隋唐时期,不仅外国人在中原朝廷有重要影响(9世纪的一个中国人抱怨,最近所有的内阁大臣都是胡人),源源不断的商人、旅行者、僧侣教士和使节也为许多领域带来了无数的发明、新观念、新设施,这在一个并不进取的时代是永远不可能出现的。例如,在音乐方面,早已被遗忘的变调被运用于创建84个音阶。食物方面,这一时期引入了辣椒、甜菜、海枣、生菜、杏仁、无花果、菠菜以及可能的柠檬和橄榄等植物,巴豆油、藏红花和茉莉被用作药物。这一时期,不仅军事营地而且整个宫廷都打马球,一些宫女也参与其中。艺术图案、天文知识、盔甲、服装等之类的东西,也都受到外来的影响。由于需要了解中国广袤的疆域,这一时期制图方面取得了显著的成就。贾耽于801年制作了一幅地图,按照1英寸代表100里的比例绘成。据测定,它大约是30英尺×33英尺,所涵盖的区域面积约为10000英里×11000英里。颇为重要的是这幅地图还包含有从中国到当时已知亚洲世界的七条陆路和海路贸易路线。

藩镇割据的威胁依然存在,并且唐帝国还面临着不得不解决的政府开支。为此,政府尝试了几种方案。尽管皇亲贵族和高级官员只能待在朝廷,没有任何地方权威,但他们占据的土地规模日益增大,这是以牺牲从事耕种的农民为代价的。长期以来,农民担负着主要的税负。766年和780年,政府实施了将部分税负转移给富人的改革。然而,这些措施是由地方政府负责实施的,他们的乱政使不满情绪日益增强,最终导致政府被推翻。无论在朝廷还是地方,宦官牢牢地控制着生杀大权。820年,在朝廷任职的宦官多达4618名,甚至最高级别的大臣也只能通过作为中间人的他们接近皇帝。① 到 9 世纪末,唐朝王室显然已"失去了天命"。只要它能扩张并依靠遥远市场的产品,它就还是一个伟大的帝国。不幸的是,它没有学会如何管理自己的领土,当它被迫回到属于自己的疆界时,这个帝国就轰然崩溃倒塌了。

---

① 尽管历史学家看到了瓦解的迹象,但有意思的是,在 838—847 年一直生活于中国北方的圆仁看来,北方似乎管理得相对良好。见《圆仁日记》,赖肖尔(E. O. Reischauer)翻译。

图1:北京附近的旧石器时代人类遗迹考古挖掘图

第四章 中国重新统一：隋唐(590—906) 157

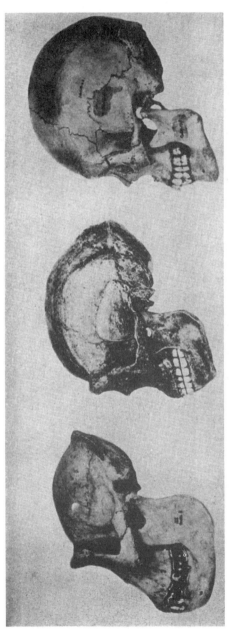

图2：猿人、北京人、现代中国人

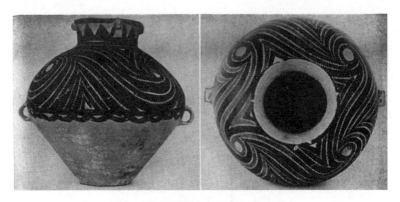

图3、图4:甘肃出土的史前彩陶盆

图5:早期的青铜器
(前1300—前900)

图6:公元前12世纪的白陶器皿

图7:最早的汉字书写形式

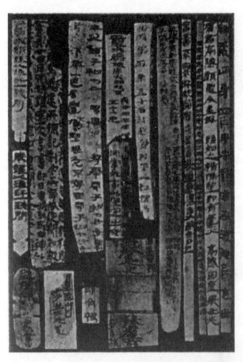

图8:汉代木简牍

图9:日晷(复制品)

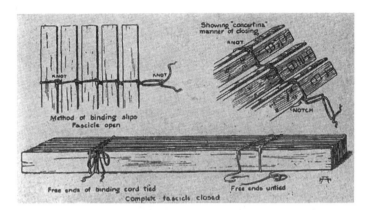

图10：古代汉文书籍的装订方法

图11：带有彩釉的汉代房屋模型

图12:顾恺之(350—400)的绘画作品

图13:北魏(386—535)时的观音像

第四章 中国重新统一:隋唐(590—906) *163*

图14:北魏石窟上的伎乐天局部浮雕像

图15:7世纪的一座佛塔正面

图16:8世纪敦煌的一座菩萨跪像

图17:唐代的铜镜

第四章 中国重新统一:隋唐(590—906) 165

图18:唐代壁画:关于舍利子的争斗

图19:陶俑:唐代贵妇打马球

图20:现存最古老的印刷书《金刚经》之一部分

图21：宋代定窑的瓷碗

图22：宋代画家马远的《远山岸柳图》

图23：中国山景照

图24：乾隆时期的皇家图书馆

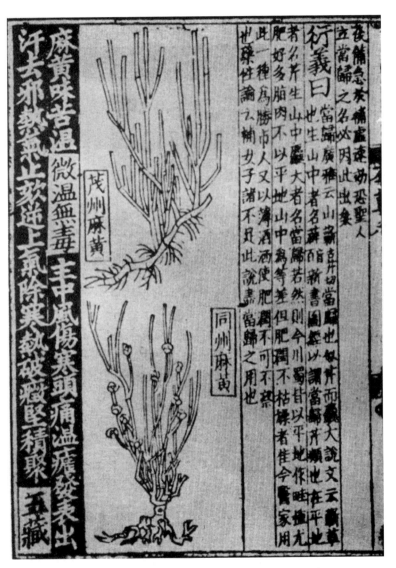

图25：两种麻黄品种（出自1249年印制的一本植物志）

# 第五章

# 分裂,宋与分治的北方及西北

Disunion; the Sung and the Partition of
the North and Northwest

## 第一节 五代与十国时期

唐朝崩溃后,随之而来的是政治混乱,中国各地出现众多割据政权。907—960年,一些有着皇权野心之人相继在中国北方地区登基称帝,其中有三个来自于北方游牧民族(他们属于突厥部落,中原人称之为沙陀)。907—1125年,契丹人越过满洲和蒙古北部,他们以牺牲中原为代价不断扩展其版图。只要瞄一眼历史地图,即可以看出当时分裂的程度。中国史家将这一时期称为五代十国,并将其描述为帝国历史上最黑暗的时期。王伊同言道:"欧阳新史,其纪传论序,辄以呜呼发端,颇深怪之。盖因这个时代的事实之情景和生活状况,会让任何人都心生怜悯和恐惧。军事将领和强大的地方诸侯们,在或大或小的地盘内称自己为'君王''帝王',甚至是'皇帝',并且像荒淫的暴君那样统治。全国流窜的土匪人数达百万,他们抢劫、烧杀,洗劫城市,并沉迷于各种形式的残暴和勒索。"①

富有的地方豪强们过着奢华的生活,正是这种生活方式导致

---

① 《史学年报》,第2卷第3期,1936年11月;M. Hsitien Lin 在《中国研究院院刊》(China Institute Bulletin)第2卷第4期中做了摘录,见第95页,1938年1月。

在 950 年左右开始出现女子缠足这种满足男性感官需求的做法。没有人知道女子缠足究竟如何起源,但据信它始于这个时代非常流行的舞者或类似西方的芭蕾舞女,唐代的女舞者就多达上百万人。或许,10 世纪时鞋的样式适合纤细小脚,舞者解决这一问题的方法迅速为其他女人广泛采用。尽管对缠足的劝诫和嘲弄取笑已存在一个多世纪了,最近几十年政府亦反对这一做法,然而这一做法浸入中国文化是如此之深,以致 1912 年以后它还存在了很长一段时间。值得注意的是,广东的船女、西南的土著民族等部分特定群体以及中原的近邻和曾经的征服者契丹人、蒙古人、满族人并没有采用这种做法。但在中原,无论是富人还是穷人都心甘情愿忍受缠足所带来的痛楚。

作为这一时期伟大进步的显著标志,印刷术比以前更受欢迎。对帝国文人来说,印刷已成为必需品,不再只是偶尔充当抄录的替代品了。无论是实物还是同时代的文献,它们都清晰地表明此时印刷术已进入朝鲜。甘肃的西夏人、北方的契丹人和女真人以及中亚的回鹘人,他们也已经开始使用印刷术。除 868 年的《金刚经》外,这一时期印刷的还有 877 年和 882 年的历法以及 900 年前后的三部书。这三部书中,一部是一本残缺的词典,另外两部是佛经。883 年夏,成都的一位中原官员提及的印刷品有"占卜……以及关于阴阳学方面的各种(其他)专题书籍;还有词典和有关编纂词典的(其他书籍)……"①事实上,四川成都这座中国

---

① 参见卡特(Carter, Thomas Francis)和富路德(Goodrich, L. C.):《中国印刷术的发明及其西传》(*Invention of Printing in China and Its Spread Westward*),第 60 页。

西部城市似乎已成为这时的印刷中心,这得益于一位拥有庞大财力的政治家的资助与保护。① 例如,纸币最初就是在这里印制(995年)的,九部经典著作也是在这里印刷出版的。925年,洛阳的皇室将其影响力扩展到整个四川,并控制这里长达9年。② 因此,他们也熟悉了印刷技术。儒家文本的审定成为帝国的专有特权,于是帝国官员要求以长安的部分石刻本为依据印制一套儒家经典及其注释本。尽管存在政治困难,翰林院还是用21年的时间完成了这一艰巨任务(共130卷)。正如最近几十年的发现所证明的那样,佛经的印刷仍在继续。972—983年期间,在四川印刷了规模达5048卷的《大藏经》,其副本于991年被送至朝鲜,并于985年传到了日本。道教经典也已准备就绪,466箱共4565卷的经典于1019年呈送给皇帝,但这些道教经典直到1116年或1117年才印刷完毕。本来还应提及其他著作,但上面这些足以说明印刷术在其诞生地已经成熟,并开始影响周边文化。

考虑文化进步时,人们应意识到这个时代非常艰难的社会条件。战争和流血已是普遍之事;律令严酷且常被非人道地执行;官员腐败已成普遍之势而非例外;因为兵役和徭役,人力和马匹被广为征用;铸币的权力如此分散,导致物物交换非常普遍;由于

---

① 907年朱温灭唐,建立"后梁"政权,中国历史进入五代时期。王建割据"三川",在成都称帝,国号蜀,史称"前蜀"。王建励精图治,使蜀中经济文化恢复了往日的繁荣。——译注

② 指925年后唐庄宗派郭崇韬伐蜀,前蜀后主王衍投降,前蜀亡。后唐任命孟知祥为西川节度副使,后唐衰败后,934年孟知祥在成都称帝,国号蜀,史称"后蜀"。——译注

缺乏维护和保养,中国北方的道路、运河沟渠及供水系统衰败,随之而来的是洪灾、饥荒以及贸易的枯萎衰竭。当绝大多数约束和控制都已无效或废除,这个国家的许多地方实际上处于无政府状态。

或许是因为佛教具有抗拒专制的部分功能,长期以来它成为各阶层中苦难悲痛之人的避难所。至少在中国北方,佛教现在不得不同针对它的尖锐攻击进行争辩。尽管它没有被完全禁止,但官方史册上记载,955年夏被毁寺庙达30336座,仅2694座寺庙得以幸免于难。即使在这一时期,佛教还有一些坚定的支持者。统治杭州的吴越王①修建了众多寺庙和佛塔,竖立佛像(955年,被拆除的小型青铜佛塔达84000座),将部分佛教教规刻于石头,并支持国内与日本寺庙建立联系。广州的统治者(指南汉王刘岩)同样以慷慨的方式支持佛教。

在中国历史上,这一时期是几个关键点之一。如果国家如同秦汉和隋唐一样没有分裂成一群各自独立的国家,那么就不需要号召为重建国家统一而努力。中国人选择了为此努力,也许是因为他们对统一有种强烈的回忆(对欧洲民族来说,这一思想观念是陌生的),他们将统一与秩序、繁荣及可能的荣耀联系在一起。无知愚昧可能会导致人们忘记汉唐,然而10世纪的恃强凌弱者使他们领悟到保卫帝国以避免其陷入分裂的重要性。

---

① 指吴越国的创立人钱镠。——译注

## 第二节　宋(960—1279)

当周世宗柴荣于959年去世时,他的儿子还没有成年,因此赵匡胤成为摄政者。赵匡胤出身于名门望族,在都城设在洛阳的帝国内,他既是文职官员亦是军事将领。960年,在抗击北方契丹的一场战斗后,他掌握了绝对的权力。在接下来的16年间,他消灭了除浙江的吴越和山西的北汉外所有的割据政权,这两个割据政权分别到978年和979年才被消灭。与此同时,安南于965年脱离帝国;云南的南诏政权成功维持着独立;947年,已建立强大帝国的契丹人越过黄河,威胁着赵的北翼。

赵匡胤所建立的宋朝,除一次几乎是灾难性的中断(1126—1135)外①,它从960年一直延续到1279年。这个王朝不像汉唐一样,它并不是因疆域的扩张而引人关注。它的军队通常战斗英勇,却从未成功突破过契丹(直到1125年)、女真(到1234年)和西北蒙古人在其帝国边界所建造的封锁链;藏人政权②西夏(990—1227)和蒙古人在其西北以及安南、南诏分别在其西南和南方的封锁,宋朝同样未能打破。宋朝之所以失败,原因之一在于他们缺乏充足的马匹繁殖地和牧场,这使他们不可能向其邻国发起进攻。然而,他们的邻国却富有机动灵活性且通常更为强壮。最终,宋朝只能采取欺诈和阴谋的策略③以获取通过武力所

---

① 指的是靖康之变。——译注
② 西夏为党项人所建,并非藏族。——译注
③ 指向辽、金、西夏等国送岁币以求和的外交策略。——译注

无法获得的东西。然而,这导致了极其严重的财政问题,因为这样的政策是一种代价昂贵的政策;更为严重的是,邻国向它索要的贡品越来越沉重。①

1126—1127年,女真人成功突袭宋朝都城,俘获了皇帝、太上皇及大部分朝臣(总计达3000人)。年轻的太子和余下的朝臣逃到长江流域。最后,太子在临安(今杭州)建都,他的臣民乐于将临安称为临时首都。在这里,赵氏皇室后裔的统治疆域更为狭小。在长期围困后,蒙古人于1273年突破了湖北汉江边上的坚固城池;然后他们越过长江,于1276—1277年间占据了从杭州到广州的整个沿海。最终,宋朝被推翻。1279年,支撑最后一位宋皇室成员的舰队在临近澳门的一座岛屿附近被蒙古人击溃。

在艺术方面,宋朝有了新突破:

> 唐朝是一个快速扩张其边界,并扩展与西方国家联系的时代;它是一段富有朝气活力的青年时期,是诗歌和宗教信仰的时代。因不断遭受游牧民族侵扰而将西方拒之于门外的宋朝,已是成熟的壮年期。诗歌让位于词——除希腊曾有过短暂的一段时期外,像这样富有个性且颇具水准地编纂大型历史书籍、科技及政治经济学著述,不管是中国还是西方都曾梦想拥有。宗教信仰让

---

① 1004年,辽深入宋朝首都汴梁(今开封)附近的某个地方,索要的年贡为银10万两,绢20万匹,第一次缴付年贡是1005年。1041—1042年,在帮助宋朝抗击西夏后,辽索要的年贡增加到银20万两和绢30万匹。1043年,宋朝同西夏议和,代价是年贡100万贯钱、10万匹绢以及3万斤茶。

第五章　分裂,宋与分治的北方及西北　179

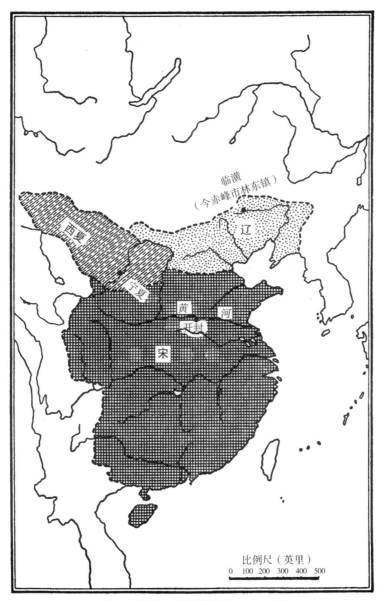

宋、西夏和辽帝国疆域图(1100年)

位于哲学思辨,产生了到今天为止一直在中国占据主导地位的伟大思想体系;艺术方面,早期的伟大传统继续被延续并结出果实,以致目前中国现存的最优秀画作都来自于宋代这一时期;创新发明方面,唐代设计发明的东西,到宋代都已投入实际应用。①

宋朝统治者不仅新建了几座都城,他们还加建了城墙。1100年,拥有100万及以上人口的城市至少有5座。诸如水道、河渠和防洪设施等公共工程有了明显的增加,尤其是在江苏、浙江和福建这些沿海省份。在宋朝时期,此类工程共有496项,与之对照的是在整个唐朝只有91项。修建于910年的海堤工程是一项伟大的壮举,这条海堤从杭州向北绵延了约180公里。宋朝时期的住宅通常都有较高的屋顶和石头地板。唐朝末年,下等阶层之人通常坐在地板上,而上等阶层之人则坐在高台上;到宋朝时期,椅子已普遍使用,轿子被广泛用作交通运输工具。原先仅限于皇家贵族享用的花园,在当时已成为富人们的一种时尚,尤其是在长江以南繁茂的亚热带地区被开发之后。780年和793年的赋税以及1043年西夏索要的贡品表明,茶已是北方和南方的常见饮品。在一些权威学者看来,唐代已将瓷器发展到无法超越的程度。然而,宋瓷也受到广泛青睐,并出口到日本、菲律宾、印度、印度支那以及叙利亚,甚至非洲部分地区,"从基斯马尤到桑给巴尔的整个

---

① 转引自卡特的《中国印刷术的发明》(第1版),已得到哥伦比亚大学出版社的许可。

海岸,到处都是中国瓷器"①,它们中许多都是这一时期的瓷器。988年,宋朝从日本引入了折扇;这一时期出现的纸牌和骨牌显然都是中国人发明的。5—6世纪初期,爪哇人、印度人和马来西亚人曾将棉作为贡品送到中原,但它的价值和用处直到宋代才为人们认识,并成为一种商品。按照皇家命令,11世纪时占城的抗旱水稻和印度的绿扁豆开始被引进。②

海外贸易的扩展,部分原因应归于中国南部沿海人口密度及货币利息的增加。自1127年被金打败以来,中原人首次建立了一支独立的海军力量。1130—1237年间,他们的海军从拥有3000人的11个编队增加到拥有差不多5.2万人的20个编队。在宋代,造船迎来了真正的全盛时期。到宋末,中国人似乎已经从阿拉伯人手中夺取了沿海的航道,并跨洋延伸到印度洋及更为遥远的地方。

1178年,周去非这样描述中原人的船只:"浮南海而南,舟如巨室,帆若垂天之云,柂长数丈,一舟数百人,中积一年粮。"③除了既有布又有衬边的帆和平衡舵外,当时的海船通常都有8—10个桨,每条船至少有4个划桨者,内河船则有桨轮。每条船都有两个用藤绳固定在船头的锚石,通过滑轮升降。船员用深海铅进行探

---

① 施瓦茨(E. H. L. Schwarz),《中国与非洲的联系》(*The Chinese Connections with Africa*),《孟加拉皇家亚洲学会杂志》(*Journal of the Royal Asiatic Society of Bengal*),IV:175 – 193,1938。

② 何炳棣:《经济史评论》(*Economic History Review*),IX:200 – 218,1956。

③ 引自《岭外代答》,夏德(F. Hirth)与柔克义(W. W. Rockhill)英译,《赵汝括:诸蕃志》(*Chau Ju-kua*)。

测,有时则通过钩状物将海底的样本带上来。水手还通过北极星核查他们的航线。11世纪时,长期以来为风水师使用的磁针已用于导航。1119年,朱彧描述了其过程步骤:"舟师识地理,夜则观星,昼则观日,阴晦观指南针。"①

　　海外贸易带来的是外来物品的显著增加,以及与外来民族尤其是阿拉伯人和来自印度及伊朗的犹太人的更为广泛的接触。中原尽管存在着货币的大量流失,但无论对臣民还是对官府来说这可能都意味着更为巨大的财富。《宋书》中有关于999年左右进出口的如下记录:中国的黄金、白银、铜钱、铅以及各种颜色的布匹和瓷器用来交换香、药、犀牛角、象牙、琥珀、玛瑙、珊瑚、水晶、珍珠、兵器、龟甲、海扇壳、乌木、苏木和棉絮。从971年起,官府试图规范这种贸易并从中获利。995年,朝廷颁布了一道禁止官员利用代理人从事对外贸易的法令。很显然,这道法令没起到什么效果。在这一时期,中外都有一些商人变得富有。11世纪的一位波斯商人去世时在广州留下了几百万贯钱的遗产。中原的海盗以及岛上的蛮夷大幅削减了政府从贸易中所获的利润。尽管如此,据说政府从其力图垄断的对外贸易中所获取的收入,还是从10世纪末的50万贯钱增加到了1189年的约6500万贯钱。这一收入对于弥补军事防御开支和北方入侵者索要的贡品来说,无疑非常重要。然而不幸的是,这一时期中原货币大量流失到日本、菲律宾、新加坡、爪哇、印度南部及非洲东部沿海等国外地区。

---

　　① 见《萍洲可谈》,由桑原骘藏(Kuwabara)翻译,引自《东洋文库回忆录》(Memoirs of the Toyo Bunko),第2卷,第68页,1928;还有两个更早的描述,一个是沈括的描述,另外一个是K'ou Tsung-shih 的描述。

按照宋代晚期的一位史家所说,流失到国外的货币数量如此之多,以致国内出现了"钱荒"。为缓解政府的财政窘境,从 1024 年起宋朝开始发行纸币。但政府财政收入的下降,使人们对纸币的信心也随之衰减。为使这种纸币更具吸引力,宋朝甚至使用有芳香味的绢纸混合物作为印制材料,但同样无济于事。紧随而来的通货膨胀和货币贬值,在某种程度上可与"一战"后德国和俄国的状况相媲美。①

这一时期的另外一项主要发展是将炸药运用于战争。几年前,劳费尔写道:"在中国,我们可从粗劣的鞭炮(早在 6 世纪即已知)中追踪到火药的合理发展。最初,火药用于宗教仪式;12 世纪初,火药开始用于在战争中发射飞炬;到 13、14 世纪蒙古人统治时,火器有了全面发展。"②根据一位中国史家所说,1044 年出版的《武经总要》首次详细描述了炸药的制作过程。到这时,中国人对炸药的主要成分硫黄和硝石的认识已有一千年。对于纸、炭、桐油及其他必要成分,中国人同样也已熟悉了解。首次明确提到使用这种混合军事武器的时间,可追溯至 1000 年。当时,宋朝正同辽国进行着一场注定失败的战争。这时使用的可能是用手或投石机甩向敌方的原始炸弹或手炮。在随后的一个世纪,特别是在 1126—1127 年和 1161—1162 年期间,中原人在反抗女真人侵略的战争中,无论是在陆地还是在水上都使用了炸药。女真人立即采用了这一新式武器,并对这些装置进行了改进。当蒙古人开始围攻北方带有坚固城墙

---

① 引自卡特与富路德:《中国印刷术的发明》(*The Invention of Printing in China*),第 106 页。

② 《美国人类学家》(*American Anthropologist*),XIX:74,1917。

的城市时,女真人即使用了这些装置以抗击蒙古人。这时,甚至有可能出现火枪这种原始火器,它有一根长长的竹管,通过触发火药从而使子弹从这根竹管中射出。当中原人在1259年和1272年试图阻止蒙古人入侵时,他们充分利用了这些武器。然而,此时他们的敌人也同样装备了这些武器。1272年年末,为了攻破樊城和襄阳这两座带有坚固城墙的城市(守城者已坚守了四年多时间),攻击者(事实上是由来自亚洲许多地区的士兵和技术人员组成的国际部队)改进了两件新式武器:一件是投石机,使其能够投掷巨石;另外一件是被称为军用射石机的野战炮(中文称回回炮),它由两个回族人根据蒙古人的要求制造。这些武器攻破了城墙,结束了这场围攻。颇具讽刺意味的是,负责回回炮的是一个汉人。在随后的两年,他为蒙古将领成功攻陷宋朝其他城市出力甚多。诸如此类的史料①似乎已清楚表明,无论是谁发明了大炮或更小型的炮,中原人和他们的近邻在其早期发展阶段都发挥了重要作用,但鞭炮和盟军的焰火毫无疑问是由中原人自己独立发明的。②

《水浒传》这样浪漫的传奇小说表明,那个时代乡村和边境地区的知识水准并不高。然而,从洛阳、开封、成都到沿海的扬州、杭州、宁波、泉州和广州等大城市,其居民的文化知识水平却达到了前所未有的高度。从公元前5世纪到公元前3世纪期间,各个

---

① 参见富路德和冯家升的《火器在中国的早期发展》(*The early development of firearms in China*),《美国科学史学会会刊》(*Isis*),36:114 -123,250,1946。

② 王玲(Wang Ling):《火药和火器在中国的发明及其使用》(*Invention and use of gunpowder and firearms in China*),《美国科学史学会会刊》(*Isis*),37:160 -178,1947。

小诸侯国都存在几个引人注目的知识分子群体。唐代是一个热情洋溢、富有阳刚之气并有着多种多样兴趣的时代,它在除雕塑以外所有的艺术领域都播撒下文艺复兴的种子。到了宋代,这些种子已经成熟,并且开花结果。无论是过去的还是同时代的,凡认为值得保存的文学作品,宋朝都以木版和铜版方式刻印下来或通过活字印刷术进行印制。这种活字印刷明显是中国人发明的,它先后由陶、锡、木和铜制作而成。印刷书籍的大量增加,加上更多的闲暇时间和普遍的繁荣,至少在某些时候会导致在气候上相对有利的中部和南部的某些地方,人们会更多地进行阅读学习。

在宋代,无论是寺院、学校还是政府,其总体的教育水准之高是毫无争议的。由唐代创立的竞争性考试制度①有了进一步发展和改进,尤其是在11世纪末、12世纪初的改革期间。杰出的宰相王安石(1021—1086)运用其个人影响力,使科举考试所要求的学术训练更具有实效性。他要求"所谓文吏者,不徒苟尚文辞而已,必也通古今,习礼法,天文人事,政教更张"②。1071年,他在给皇帝的奏折中说道:"若谓此科当多得人,自缘仕进别无他路,其间不容无贤;若谓科举法已善,则未也。今以少壮时,正当购求天下正理,乃闭门学作诗赋,及其入官,世事皆所不习,此科法败坏人才,致不如古。"③为阐明自己的观点,他亲自为进士考试出题。与此同时,他着手改进京城的律制、医学及军务。他要求帝

---

① 指科举考试。——译注
② 由威廉生(H. R. Williamson)翻译,见《王安石》(*Wang An Shih*),第1卷,第330页。
③ 同上,第338页。

国的每个州县都设立公立学校,并从土地收入中至少预留部分用于资助这些学校。

这一时期的私塾书院更为繁荣。佛教、道教以及儒家的学者,他们多通过担任授业者的方式为这些私塾书院提供服务。至少有124所书院是由私人倡议而发展起来的。著名学者被聘为老师,有前途的学生纵然无力支付学费也允许其进入学习。这些书院都坐落于有利于潜心钻研和思索的乡村或山间隐居之地,并配有印刷设备和图书馆。这些书院躲避了政府的干预,从而促进了研究及思想言论的自由。

保存至今的私人书院藏书显示,这一时期的人口中心地区有着众多的文学著述。词与诗歌不仅出自于这些人口中心地区,亦来自于寺庙及京城的朝廷律令。尽管这一时期的文学作品缺乏李白、韩愈及其同辈人作品中所具有的活力和新意,但宋代并非没有值得注意的作家,只不过受习惯和形式的困扰,鲜有诗人能达到他们前辈的文学水准。然而,苏轼(1037—1101)是一个例外。这位文学评论家还是杭州西湖一条堤道(即苏堤——译注)的修建者,他一度是皇家宠爱之人。他撰写描述其家乡的诗词,借以消磨在海南流放的时间,当时的海南是一个不利健康的潮湿之地。

这一时期最为著名的作家无疑出自词(散文)的创作方面。在获取高级官职方面,最优秀的词作家似乎都特别成功。兵部尚书欧阳修(1007—1072)写有《秋声赋》和《醉翁亭记》;苏轼写作的《赤壁赋》为每一位中国学生所熟知;他们的同辈人宰相王安石撰有这一时期最具说服力的政令文。史学方面的代表是司马光(1019—1086),其思想观念的开阔性和深刻性使得他可同唯有与其有着相同姓氏的著名汉代前辈相媲美。为编纂《资治通鉴》，他和三位主要合作者花了整整20年时间。这部巨著涵盖了从公元前403年到公元959年的整个中国历史。在编撰这一巨著时，作者使用了322种史籍。对这些史籍中所提及的史实，作者发表了各种评论。由这些评论组成的附录，其篇幅在总共354卷中占据了30卷。作者对于准确性和全面性的偏好，使这部巨著具有既精练又易于理解的风格特点。在随后的一个世纪中，与之同样重要而全面的史家是郑樵。他是位业余的自然科学家，所撰的《通志》中包含有家谱、文字学、语音学、行政机构、花卉与昆虫、图书编目以及考古等各种各样不同主题的专论。郑樵认为持有传统观点的作者通常都没有就其主题做过第一手的调查，故此他对这些传统观点有所鄙视。可能正因为如此，他的著作长期被忽视。就其著作的内容而言，在今天看来都值得高度评价。

百科全书的编纂者是另外一个重要的知识群体，许多著作正是保存于这些百科全书之中才免于遗失。在这一领域，最为杰出之人当属李昉（925—996）。《太平御览》（1000卷）和《太平广记》（500卷）这两部有关常识和小说的大型摘要性类书籍，即是由他负责编纂。编有《太平寰宇记》的乐史（930—1007）用200卷描述了东方世界的地理志。《文献通考》（348卷）的作者马端临（1250—1319），将杜佑和郑樵的著述所涉年代延伸至1254年。

以古代铜器、铭文、石碑、汉代木简、家用器皿和家具、寝具及建筑等古器物作为研究主题的著作更是丰富多彩，所有这些著作都带有大量插图。至少6世纪初，这些领域已开始出现专业人士，但一直到11世纪收藏才成为时尚。当时，许多墓冢被打开，人们搜寻出土的经典文献，从中发现它们所记载的典礼仪式及器皿物件。1123—1125年左右,王符曾就帝王的收藏做过描述,当时恰好是在女真人入侵劫掠之前。他以加附图片的形式对527件钟、三足鼎、祭祀杯以及45枚印章所做的描述,也许比其他任何东西都更有价值。但是,他缺乏赵明诚(1081—1129)及其诗人妻子李清照(1081—1140)那样的激情,他们曾为2000个碑刻进行编目。胡适曾称,李清照是中国历史上最重要的文学女性。1101年,李清照和赵明诚成婚时即以一种合乎时宜的方式开始了他们的收藏。作为一种业余爱好,收藏伴随着他们的余生。在李清照的丈夫去世三年后,他们所编的目录①于1132年被刊刻。

宋代的其他词作家还对诸如建筑、园艺、旅行和对外贸易等主题进行了探讨。关于中国建筑方面的著作首推李诫的《营造法式》。多年的时间,他积极投身于帝国都城开封的寺庙和官署的建造。他的著作中包含有石头、木、瓦及砖结构等各类建筑物(主要是大型建筑物)的具体营造方法。最后六卷附有丰富的插图,但却没有研究中世纪建筑的现代学者所渴望的细节。所幸河南及附近区域已发掘出土的宋代建筑物,为解决许多疑点提供了线索。关于果树栽培,已知最早的著作是蔡襄(1011—1066)的《荔枝谱》。在所有语言中,浙江知府韩彦直于1178年出版的《橘录》是已知关于柑橘类水果的第一部科学专著。13世纪,陈景沂编纂了一部植物百科全书②,全书58卷中有一半在探讨花卉。1159

---

① 即《金石录》。——译注
② 即《全芳备祖》。——译注

年,四位学者出版了一部带有木刻插图的草药志①,"它比 15、16 世纪时欧洲绝大多数的草药书要好很多"②。宋代的许多使节都对自己的旅行做过描述,1124 年出版的一部关于朝鲜的书即是其中之一。这部书共有 40 卷,讨论了朝鲜的地形地貌、历史、宗教、官府、法制、礼仪、风俗及手工业。尤为令人感兴趣的是有关中国与南亚、西亚甚至非洲的商业贸易记载,这些记载中最为重要的当属周去非和赵汝适所留下的③,他们为我们提供了有关印度尼西亚、锡兰、印度南部、阿拉伯、索马里兰及西西里岛的居民、物产及贸易方面的丰富而精确的信息。小说开始处于优势地位,尤其是朝廷从开封南迁之后。野蛮游牧部落入侵中国北方以及混乱的南迁,为故事提供了丰富的历史背景。讲述者们对故事的文学性并不感兴趣,他们所擅长的只是用英雄人物、情侣、佛教僧侣、魔法巫术及犯罪方面的奇闻轶事来娱乐其听众。历史轶事也很受欢迎,像嘲弄知名政治家和朝臣的俏皮话即是如此。

在宋朝时期,科技取得了显而易见的进步。数学方面,秦九韶第一个运用印度人发明的零。公元前 1 世纪即已知的代数在

---

① 指《绍兴校定经史证类备急本草》,其初稿为唐慎微于 1082 年编著的《经史证类备急本草》,大观二年(1108)经医官文晟等重修之后,被作为官定本而刊行,遂改名为《经史证类大观本草》。至政和六年(1116),又经医官曹孝忠重加校订,再次改名为《政和新修证类备用本草》。绍兴二十九年(1159)又做校订,名为《绍兴校定经史证类备急本草》,其内收载药物 1746 种,其中增加药物 660 种,有药图 294 幅。——译注

② 施永高(Walter T. Swingle):《国会图书馆报告》(*Report of the Librarian of Congress*),1926—1927,第 256 页。

③ 指周去非的《岭外代答》和赵汝适的《诸蕃志》。——译注

12、13世纪取得了一定的进展。医学方面,一个重要的进展是引入了种痘术(接种天花疫苗)。1247年,中国出现了世界上第一部法医学专著。① 973—1116年期间,中国至少出版了三部非常有价值的药典。李约瑟曾对其中的一部写道:"它包含有诸如钢铁冶金或像麻黄素这类药物的使用等珍贵信息。"②这部药典的作者是苏颂(1020—1101),他是一位全能型学者,同时也是一位以在时钟制造方面的杰出贡献而知名的官员。他不仅详细描述和说明了时钟的构造,还渴望在皇宫建造一个巨大的天文钟。③

美术方面,宋代主要是因其画家而为人所知。这一时期既有画昆虫、鸟类、鱼类以及花卉、竹子、别墅与宫殿的画家,也有画人物、罗汉与圣僧的画家,其中最主要的是山水画方面的画家,也许没有任何其他民族的画家曾描绘过这样的风景。这个国家多样的地形地貌,为艺术家提供了一种不可抗拒的创作灵感:在其西部和北部,有高山峭壁及湍急的河流;在东部,有宽阔的河流和薄雾覆盖的群山。无论是佛教(尤其是禅宗的冥想派)还是热爱自然和自由的道教,都有助于唤醒艺术心灵中对隐居于壮美风景之中的喜爱。宾扬(Laurence Binyon)④将其称为一种"宇宙灵感;一种介于人类精神与风、雾、高耸山峰和奔涌急流这些自然力量之间

---

① 指《洗冤录》。——译注

② 指苏颂的《图经本草》。——译注

③ 见《中国科技与文明》(Science and Civilization in China IV, pt. 2, 1965),以及李约瑟、王玲和普莱士(Derek de Solla Price)的《天文钟》(Heavenly Clockwork, Cambridge, 1960)。

④ 在英国很有影响力的一位著名艺术评论家。

的亲近感"。1135年,不幸的徽宗皇帝在囚禁中死去。他曾试图给予艺术家特别的优待,但仅取得一定程度的成功。宫廷画家创作了一些佳作,这是事实,但更多数量的画作出现在宗教场所的墙壁、丝卷以及大小适中但具超然美感的画框之中。

在宗教和哲学方面,宋代值得注意的是佛教与儒家思想的部分融合,以及佛教在中国人生活中所占地位的逐渐下降。在中国人的生活中,佛教曾是最鼓舞人心的宗教,其影响力的下降始于8、9世纪。尽管佛教并没有完全失去其控制,但几件巧合的事件导致其控制力遭遇无可挽回的削弱。首先,伊斯兰教的胜利使印度不再是佛教弘法者的来源,也不再是中国朝圣者的目标。972—1053年期间,大约有31位印度佛教弘法者在辽和宋从事梵文文献的翻译,但除了蒙古时代到达中国的提纳薄陀①(1363年到中国)和班智达(1381年到中国)外,他们是最后一批前往中国的佛教弘法者。在966年之后十年间的朝圣,已成为大规模朝圣的绝响。当时一群来自中原和回鹘的僧侣,经中亚到犍陀罗、摩揭陀和尼泊尔(他们的人数在300人至157人之间不等),但随后的朝圣无论人数还是频率都开始下降,到1050年则完全停止。第二,中国人的祖先原希望佛教传授知识,并且中国人多是因为佛教的精美礼品而拜倒其下。考虑到这一事实,他们开始意识到佛教提供的只不过是情感安慰。因此,他们从佛教和道教中摘取他们愿意接受且是儒家无法提供的东西,其他的则被抛弃。换句话说,他们的伦理道德信仰现在已扩大到包括所有现存的具有普遍性的学说以及其他外来的思想观念。在不知不觉中,所有这些

---

① 元朝来华的印度僧侣,印度本名为提纳薄陀,法号为指空。

融合成了一种新的思想流派,即现代史家所称的新儒家。佛教并没有即刻消亡,但其自身的记载表明其生命力正明显衰退。① 尽管几位杰出禅师的教义仍然非常富有说服力,且教义的印制使其传播范围更广(10世纪的《大藏经》在随后的三个世纪被多次增补重印),但更具吸引力的新哲学使佛教的影响力大为减弱,即便不是诉诸迫害。

新儒家出现于中国历史的时机恰到好处。此时,教育正变得普遍。精力充沛的宰相王安石开启了一个改革时代,它使善于思考之人开始关心财政、法制、军队、政府及教育等公共政策。当他到四川、广东、都城以及其他地方旅行时,他敏锐地洞察到官场的腐败、对平民百姓的歧视以及整个国家处于毫无防备的状态;更为重要的是,他有勇气在上奏于神宗皇帝的奏文中大胆表达自己的看法。其实,他的提议并不新鲜,但对那个时代来说却具有革命性,对朝廷、农村、水运及财政等生活的方方面面都产生了影响。王安石不仅向官员、高利贷者、地主和粮商阐明其提议,还向学者以及正崛起的一代士人介绍其提议。为此,他启动了已经讨论过的教育改革,还印制出版了新修订并注解的《周礼》《书》《诗经》这三部儒家经典②。尽管得到皇帝的支持,他的改革计划仍不

---

① 参见出版于1269—1271年的百科全书《佛祖统纪》。1037年以后的两个半世纪,印度的神圣文本中仅有两部著作(共115卷)被翻译。而982—1011年,在皇家资助下,由三位印度人主持的一家翻译局出版了201部著作共384卷。更重要的是,佛教徒的统计数字表明,僧侣数量在稳步下降,1021年有397615名僧侣和61240名尼姑,到1068年分别下降为220660名僧侣和34030名尼姑。

② 指《三经新义》。——译注

时遭遇失败,部分是因为有来自像史学家司马光、哲学家邵雍、诗人苏轼这些保守派的压力,部分则是因为官僚机器缺乏意愿或是无法执行其措施。不管怎样,在1093—1126年期间他的部分措施被恢复执行,但已不足以拯救已失去帝国北部的中原王朝。尽管如此,改革计划还是产生了一个重要的副产品,即让一部分人从自满中清醒过来,并使他们以务实的态度面对问题。虽然王安石那个时代的史官们尽可能淡化他的名字,使他的名字在史籍中变得灰暗模糊,但已有的研究清晰表明,任何有关中国思想和政治活动的讨论都一定会涉及他。

开始于9世纪的新儒家,在1050—1200年间即已形成体系。其活跃的支持者和信众们都是接受过各种各样的训练并富有实践经验之人,他们中有部分人身居高位且拥有巨大影响力,但都属于司马光的保守派。像政治对手王安石一样,他们将其思想观念渗入到对儒家经典文本的解释之中。基于中世纪的中原王朝对待宗教的态度,他们重述儒学时强调的是有关"天理"的思想。程颐说,唯有"格物致知"方能获得对天理的理解。这种思想点燃了朱熹的热忱,他是他们中最后一位也是最伟大的教育家和学者。年轻时,朱熹即是一名聪颖的学生。在其成长岁月中,他深受佛教和道教学说的影响。1158年之后,朱熹主要致力于在浩繁的著述中发展前人的思想。对于14世纪之后的每个中国读书人来说,这些著述都是必读之物。他写道:"盖人心之灵,莫不有知,而天下之物,莫不有理,惟于理有未穷,故其知有不尽也。是以《大学》始教,必始学者即凡天下之物,莫不因其已知之理而益穷之,以求至乎其极。至于用力之久,而一旦豁然贯通焉,则众物之表里精粗无不到,而吾心之全体大用无不明矣。"①正如胡适博士所指出的,这听起来很像现在的科学。不幸的是,朱熹敦促力劝其追随者的道路,唯有最为认真且严于自律的哲学家方能走得通;更为重要的是,他的哲学必须同禅宗的冥想观念以及陆九渊正大力宣传的顿悟思想相竞争,孟子为陆九渊的学说提供了经典权威。尽管朱熹在思想观念和考订校勘方面做出了杰出的贡献,但他和他的信徒却毫不犹豫地歪曲历史事实以使它们同"道德律"相吻合。这从他们于 1190 年完成的《通鉴纲目》这部有影响力的书中即可看出,这部著作是对司马光史著的浓缩。对早前的哲学来说,新儒家是一种进步,但它是由一位力图通过歪曲事实以制定出一部具有实用性的道德手册之人所开创。这份手册所包含的要素,永远都无法融合在一起。它的影响并没有立刻被感受到,但在 15 世纪它进入黄金时期时,其影响已扩展到朝鲜和日本。

在对这段历史时期做扼要概述时,我们不应忽略这一事实,即 11、12 世纪的中国文明或许已把世界上其他竞争者远远抛在后面。邵雍曾言:"我幸福,因为我是人,而不是动物;是中国人,而不是蛮族人……我幸福,因为我生活在全世界最美好的城市洛阳。"②这一说法当然会为中国人所赞同。然而,这种自我满足的态度带来的

---

① 胡适翻译。见《中国历史上的宗教与哲学》(Religion and Philosophy in Chinese History),载《中国文化专题论文集》(Symposium on Chinese Culture),第 56 页。

② 还有荣启期(为孔子的同时代人)、柏拉图、苏格拉底等也有类似的言论。(此条引文,遍查《邵雍全集》未能查找到。——译注)

却是停滞和失败,此后的中国为此付出了沉重代价。

## 第三节 契丹、西夏与女真

要理解 10—13 世纪的东亚史,至关重要的是应对北部和西部的中原征服者做些考察。相对中原来说,他们的文明水准如此低,以致他们也因与中原民众的接触、交流及通婚而受到根本性影响。尽管如此,他们还是在其征服的领土上留下印迹。他们是如此强势,无论近邻还是远邦都向其进贡并臣服于他们。

契丹是中原征服者中的第一个。如同在 4 世纪中期已遭遇过的鲜卑一样,这一名称是以人们并不熟悉的方式进行拼写的。①作为蒙古族的前身,他们说的是蒙古语。10 世纪初期,契丹人从蒙古东南部蜂拥而出;926 年,他们战胜了辽东的渤海王;此后不久,他们开始在平等的基础上与中原皇帝打交道。后晋的存在,应归功于契丹的支持,但后来它却愚蠢地违抗这个游牧部落。随即,在今开封的后晋都城遭到入侵,整个朝廷连同"晋诸司僚吏、嫔御、宦寺、方技、百工、图籍、历象、石经、铜人、明堂刻漏、太常乐谱、诸宫县、卤簿、法物及铠仗,悉送上京",后晋随之宣告灭亡。②另外一个中原王朝北周,试图击退契丹,派赵匡胤担任指挥官。

---

① 该词由蒙古包(the Mongol Kitat)、阿拉伯基泰(the Arabian Hitai)、俄罗斯契丹(the Russian Kitai)和英文中的契丹(the English Cathay)生发而来,这一说法源自罗伯鲁(William of Rubruck)在 1253 年所写的一份报告。

② 见《辽史》,卷 4。有关契丹的大量信息可参见魏特夫和冯家升的《中国社会史,辽(907—1125)》。

正如我们前面所述,他乘机掌权并建立宋王朝。但是,契丹国辽依然未被征服。986年爆发的这场漫长且代价高昂的战争,直到1005年才结束,当时的宋朝通过付给辽沉重的岁币才得以同辽议和。

早期的契丹是一个游牧民族,主要依赖于牛群、马匹以及渔猎。他们的部落有着复杂的组织结构,其法制和宗教习俗还停留在原始阶段,其文字则并不为人所知。迁徙到华北平原后,他们不得不进行调整。他们允许中原臣民继续从事耕种,最终他们自己亦使用农产品。他们发展出两种书写形式:一种基于回鹘语字母系统,另外一种借用中原汉字的元素。刻于石头上的几则碑文和一些壁画保存有后一种书写类型,但实际上已无法辨认。契丹鼓励《史记》《汉书》等这类标准汉文本的流通,但1064年之后他们又限制私人出版物。佛教和道教取得了一些进展。一些寺院道观变得非常富有,它们的政治影响力要远大于宗教影响力。在为中原臣民选任官员时,契丹继续采用唐代的科举考试制度,但不允许契丹人参与;科举考试所强调的科目是诗歌、经典训诂及法制。

契丹国辽一度非常强大,除了向宋强索岁贡外,还使邻邦渤海、女真、西夏、朝鲜臣服为其附庸国。他们在鄂尔浑河击败了鞑靼人,并与日本和阿拉伯人保持联系。阿拉伯人曾向他们求婚,请求将一位贵妇人嫁给一位阿拉伯王子。在其鼎盛时期,辽帝国的疆域从北直隶湾一直延伸到中亚的天山地区。但是,辽为敌对国家环绕,在其疆域内亦到处都是敌人,契丹帝国的王室内总是争执不断。1102年,一位王子率领一伙盗匪公然挑战最后一位皇帝。更为严重的问题是水灾、旱灾、蝗灾等一系列的自然灾害,在帝国的最后几年,带来很大困扰。在其能够牢牢控制中原的统治阶层,并使从甘肃到山东半岛的所有下层官员都关注公共工程时①,这类问题并非不可克服,因为那时堤坝、道路和运送货物的运河并没有遭到巨大破坏,粮库亦可减轻饥荒的程度。到11世纪末,当其制度失效时,每个可以想象到的诅咒都降临到这个民族身上,匪患、自相残杀以及其他可怕凄惨之情形越来越盛行。

辽帝国最危险的敌人是女真人,他们在契丹侧翼虎视眈眈已一个多世纪。1114 年及 1124—1125 年期间,他们加强了攻击,驱逐了最后一批未被汉化的契丹人,仅耶律大石这位辽太子逃脱了,他是辽帝国开创者的第八代子孙。1124 年,他和一小撮同伴带着庞大的马群向西逃跑。在中亚,他们受到契丹从前的臣属回鹘人的欢迎。他们和回鹘人一道迅速征服了众多突厥语国家,并于 1141 年建立了名为喀拉汗国(也称黑契丹或西辽)的新帝国。这个新帝国的统治疆域已延伸到帕米尔高原两侧。耶律和其继任者自封为"众汗之汗"②,尽管这个帝国事实上是由一个被击败的部落所建。他们将中原的不少文明带到喀什和撒马尔罕,佛教甚至一位基督教主教都受到欢迎,但他们被其西侧的穆斯林普遍

---

① 总理黄河和运河长达 29 年的潘季驯(1521—1595)在 1590 年写道:"然以治河之工,而收治漕之利。漕不可以一岁不通,则河不可以一岁不治。一举两得,乃所以为善也。故元、宋以前,黄河或北或南,曾无宁岁。我朝河不北徙者二百余年。此兼漕之利也。"引潘季驯:《河防全书》,第 3 卷,第 36 页。由冀朝鼎英译,见《中国历史上的基本经济区》(*Key Economic Areas in Chinese History*),第 142 页。

② "众汗之汗"(the khan of khans)即"王中之王"或"大汗"的意思。见志费尼(Ata-Malik Juvaini)的《世界征服者史》。——译注

视为眼中钉、肉中刺。1211年,当成吉思汗开始崛起时,这个帝国突然间即被终结了。

第二个征服中国北方的是西夏。党项人过着半游牧半定居的生活,拉铁摩尔(Owen Lattimore)称他们为"半绿洲"。990年,契丹王朝承认党项人是靠近长城一端的甘肃地区的合法统治者。他们自称为夏,定都城于今宁夏银川。1032年,他们正式将其政权称为帝国。这个帝国成功抗击了中亚的回鹘人、中国北方的契丹人和黄河三角洲的汉人。正如我们所看到的,由于宋朝愿意付出沉重的代价,1043年西夏人被说服与宋朝议和。第二年,他们试图入侵契丹领地。

与幸存下来的为数不多的契丹文献相比,现存的西夏文献达数千册,包括1132年和1190年的词典及两部汉藏语文献。完整的《大藏经》被译成藏语,并被印刷;同时被翻译的还有其他佛教著述、道教文献、儒家著作、军事著述、谚语和名人语录、律典及诗歌。西夏人的文字非常复杂,经由契丹语而源生自汉文。佛教成为了官方宗教,根据一支俄罗斯探险队在喀喇浩特所获得的发现,佛教至少对皇室有着相当大的影响。但是,儒家也占有一定的地位,尤其是在学校。他们仿照中原模式,在各个州县设立学校。1154年他们设立了太学。一位在太学教授蕃、汉文的儒士①将《论语》译成蕃文,并在30卷的译文中附有大量他自己的解义。

生活于西夏的有中原人、藏人、鞑靼人以及其他民族之人,但

---

① 指斡道冲,他8岁即以《尚书》考中童子科,被任命为蕃、汉教授。他通晓《五经》,用西夏文翻译了《论语注》,还自撰《论语解义》20卷,又用西夏文写作了《周易卜筮断》一书,流行于西夏国中。——译注

其人数并不确定。到13世纪初,西夏正行进在成为和宋朝一样的文明国度的路途之上。然而不幸的是,他们的疆域挡住了蒙古人前进的道路。1205—1207年间,成吉思汗开始攻打西夏;1209年,他们再次遭受到进攻。在第二次战斗中,为征服西夏都城,成吉思汗改变了黄河河道。当西夏皇帝承诺效忠并将公主献给征服者时,西夏赢得了短暂的喘息之机。1227年,在成吉思汗攻打遥远的花剌子模的战斗中,由于西夏特使拒绝提供援助,恼羞成怒的成吉思汗转向东方,使西夏大部分领土变成荒芜之地。当征服者成吉思汗自己被杀时,西夏都城几乎要被攻陷。在成吉思汗的葬礼上,许多西夏人被处死,但有少数人因服侍其遗孀而得以幸免于难。在临死前,成吉思汗的一位将军曾向他提议所有人都应被杀,所有土地都应变成马和骆驼的草场。他拒绝了这一提议,而明智地赞成了其契丹顾问所提的征税建议。

第三个征服北方的是女真人,这个通古斯满语族生活在地处遥远北方的黑龙江附近。7世纪时,他们作为敏捷的猎手和骏马的饲养者而为中原人所知,他们能够在近距离内诱捕到鹿。继契丹人之后,他们成为中国北方的霸主。在征服中原的四个世纪以后,在努尔哈赤家族领导下,他们推翻了明朝。与契丹人的不同之处在于,他们生活于多山地区,所熟悉并热爱的是山谷中的森林和河流,而契丹人喜欢的是草原。然而奇怪的是,女真人在向南的冒险中比契丹人走得更远。在其巅峰时,帝国在北方的疆域比契丹人要少。除偶尔侵扰外,契丹人以黄河为其南部疆界,女真人则一直以淮河与长江为其疆界。

女真人能够战胜契丹人,部分是因为契丹人变得越来越颓废和其内部的分崩离析,部分是因为获得了中原汉人的帮助。

从1114年起,这场战役一直持续到1125年。到1234年,女真人的金王朝正式宣告结束。最初几年,他们致力于侵犯宋朝疆土,1130年,他们甚至进犯到远在南方的宁波。女真人摧毁了许多中原城市,包括临都杭州以及长江上由战帆船所组成的整个舰队。1142年,这种不稳定的和平以南宋向金称臣而结束。此后,南宋每年都要向金缴付沉重的岁币,但他们仍继续抵抗来自金朝这一衰败帝国的入侵。1161年,金朝越过长江的企图没有获得成功。当时,由于宋朝防御者使用了爆炸性武器,由六百艘战船组成的金朝舰队全被摧毁。

为保存自己的文明和政权组织结构,女真统治者付出了巨大努力。然而,当女真人接管了中国北方各地的官府后,其政权组织结构在1115—1132年期间不得不加以改造。按照每千人一组,契丹人、渤海国人及汉人散落于其征服区域内。1132年后,中央层面的政权组织结构变得越来越汉化。1120年,皇室的一位成员创造了女真人的文字,他既是一位将军也是一位萨满。1138年,基于契丹语和汉语,女真人的文字由皇帝自己简化而成。大部分的汉文经典被译成了女真语。一直到明朝,翰林院里的翻译者都在学习研究女真语,但到17世纪时它却消亡了。这个民族最初信仰的是萨满教,8世纪初时才开始逐渐对佛教有所了解和认识;同时,他们在北方的都城和几乎所有重要的城镇也都建立了纪念孔子的文庙;甚至基督教的景教在他们中都具有一定的影响。尽管女真人是中庸主义者,但显然他们并不试图打造一种更高形式的宗教。1187年,皇帝要求其子民不得随意按中原方式生活,并禁止他们取汉名、着汉服。但是,他维护其民族文化的努力显然是徒劳无效的,尤其是在中国平原地区,这里的生活已变成标准的汉人模式。金朝开始着手建造堤坝、重建运河,以修复在辽时期遭损毁的水利设施,并使农业生产和商业活动成为可能。戏剧广为流行,据说这一时期在其统治的北方地区有多达 690 种戏剧,文人们的活跃程度由此可见一斑。在数学领域,北方的进展并不逊色于中国南方。按照一位现代学者所说①,北方人李冶分别于 1248 年和 1259 年出版了两部关于数学的著作;同一时期的南方人秦九韶更为多产,其著述远多于其他任何一位中国数学家。1260 年,忽必烈将李冶召到朝廷,并授予其荣誉。这一时期编纂有两部重要的词典,其中一部包含对 53525 个汉字的分析,而对更多汉字的分析则被收入 1716 年编纂的最后一部标准词典②之中。

---

① 见赫师慎(Pere. Louis Van Hee),《通报》(T'oung Pao),XV:182,1914。

② 指《康熙字典》。——译注

# 第六章

# 元朝时期(1260—1368)

The Mongols(The Yuan Dynasty,1260—1368)

## 第六章 元朝时期(1260—1368)

蒙古人类似于契丹人和女真人,但在世界历史上却更为重要。起初,他们过的是田园生活,当他们获得马匹后,便成为游牧民族,其宗教是万物有灵论。分属于众多独立小部落的他们,在能够对周边其他民族部落表示不满前,应该由一位有能力之人实现统一。铁木真是完成这一使命之人,在他30岁前,这些马背上的游牧民族中仅有极少数在他的统治之下;然而,当他去世时,世界的一半都在他的掌控之中。1206年,他正式宣布成为"富有四海"的皇帝——"成吉思汗"(1167—1227)。①

12世纪末时,三个蒙古部落之间为了至高无上的权力残酷地厮杀。1204年,成吉思汗成为蒙古统治者;1206年,他的可汗地位在喀喇昆仑召开的一场伟大宴会上得到正式确认。1205年,他攻打西夏,四年后攻打女真。尽管他获得了所有心怀不满之北方民族的支持,并对满洲和黄河平原进行了几次成功的突袭,但他却未能亲自征服金朝。在他统帅的征战中,他的骑兵没有遇到任何困难。他们越过长城和金朝的南北屏障,甚至粉碎了山东济南这样一个省级中心所组织的防御。但是,他们对几座带有城墙的

---

① 目前对成吉思汗的早年生活所知甚少,甚至出生日期也并不明确。伊朗的史学家认为是在1155—1156年间,中国官方史家认为是1162年,非官方的中国文献认为是1167年。参见伯希和(Pelliot)的《马可·波罗行纪诠释》(Notes on Marco Polo I, Paris, 1959),第1卷,第281-288页。

城市却无能为力。1215年,由于一些女真人的投靠,北平(即燕京)变得衰落无力,最终为其攻陷。以宏伟建筑、财富和文化(它是中原戏剧的中心)而著称的金朝都城被烧毁,金朝的皇帝则逃往开封。

就在此时,发生在突厥斯坦①的事变使成吉思汗大为惊慌,他开始西进,并将一半部队留在中国北方,由一位富有才华的将领②继续指挥,这位将领花费八年时间占领了北方。同过去一样,他对占领区进行掠夺和破坏,但却未能平息当地居民的反抗。与此同时,还有两位蒙古将领进入朝鲜。返回蒙古前,他们③在伊朗和克里米亚进行战斗。1223年之后,东部的战争基本停止。到1227年,成吉思汗返回以解决同西夏间的战争时,在一场战斗中失去了生命。他的继任者窝阔台于1231年重开战争,直接指挥一支精锐部队到达黄河。在一场包围战中,窝阔台的弟弟拖雷率领另一支部队突破了宋朝在四川的防线,然后剑指河南南部。速不台这位蒙古军队中最杰出的军事家,在征战波斯和俄罗斯之后,于1233年开始攻占开封。围攻开封的战斗持续数月之久,在震天雷和其他爆炸性武器的震慑下,由汉人和蒙古人组成的军队最终于1234年战胜金朝,金朝皇帝被迫东逃。

这场战争标志着蒙古人对东亚征战的结束,但忠于宋朝的

---

① 今哈萨克斯坦南部奇姆肯特州城市,位于锡尔河下游右岸平原,是中亚最具价值的古城。——译注

② 指木华黎。——译注

③ 指哲别和速不台。——译注

一些大臣并不这样认为。汉人强烈主张抵抗蒙古人,而不是采取和平的归顺政策。这无疑是政治自杀,而且用了一场惨烈的战争来加以证明。双方的敌对状态持续了四五十年之久,中国东南沿海、中部区域和西南侧翼都卷入其中。确切无疑的是,蒙古人在中原遭遇到比在欧洲和亚洲其他任何地区更为坚决的抵抗和更好的防御。他们需要了解当时已知的所有军事技术,因为他们不得不在不适于马匹的地形作战;并且,部队中许多人在这一地区感染了致命的疾病,他们对乘船也不习惯。之所以最后能够成功,可能是由于他们利用了战俘和拥有特殊技能的盟友的帮助。他们从美索不达米亚带来技术人员,并将其带到东方取代汉人;从高加索带来了阿兰人,到1342年其人数约有3万人,这些阿兰人成为蒙古可汗的卫兵。在成吉思汗之孙旭烈兀发起的西亚战役中(1253—1258),"一千名来自中原的技术人员被迫提供弩炮,并为使弩炮能够投射易燃物质做准备"。在旭烈兀成功击败巴格达哈里发的战斗中,主要将领中有一位即是汉人。①

1227年,蒙古人认识到需要安抚他们所征服地区的臣民,并让他们支付政府管理和军事战役的费用。成吉思汗让其大臣耶律楚材(1190—1244)这位契丹人向西夏征税,这差不多是成吉思汗人生的最后一幕。1230年,耶律将征服的中原区域划分

---

① 参见伯莱茨内德(E. Bretschneider),《中世纪研究》(*Mediaeval Researches from Eastern Asiatic Resources*),第1卷,第113页。袁世凯,后来的民国总统,他自己是一位军人,包括 Kuo K'an 和旭烈兀所列的26位汉人军事英雄都具有这种普遍性。

为 10 个行政区。由于意识到蒙古官员中通晓行政之人寥寥无几,耶律在中国北方设立了几所学校,并组织了一场大规模的考试,4030 名通过考试者为官府所录用。1231 年,蒙古人占领了朝鲜,并使之成为一个由 72 位蒙古人担任监国者的受保护国。1232 年,朝鲜爆发了一场意想不到的起义。在这场起义中,所有蒙古监国者均被杀害,但起义很快被镇压,蒙古人恢复了统治。被征服区的最高统治者当然是蒙古人,但也有汉人、西夏人、波斯人和回鹘人组成的官僚行政机构。由于回鹘人占主体,蒙古语采用了起源于腓尼基人并经亚洲文字系统几次介入的回鹘语字母表。①

连接中原、波斯、俄罗斯的官道非常重要。1219 年,成吉思汗修建了第一条通往西亚的官道。他的继任者继续修建并扩大了这项工作,建立了军事和通信所需的驿站,并沿官道设立了必要的粮仓和牧场。信使、商队和使节络绎不绝,他们中许多人或是在去往喀喇昆仑大营的途中,或是从喀喇昆仑大营返回,这是以前或之后所从未有过的。蜂拥而至的都是来自被征服地区的臣服者,有来自俄罗斯的王子,来自巴黎、大马士革和北平的能工巧匠,来自拉萨、罗马和小亚美尼亚的使节及教会中的达官贵人。为了规范整个亚洲的货币,蒙古人采用了中原的纸币交钞。起初,耶律楚材试图将发行量控制在一万锭这一限额内,但帝国的扩张和为数庞大的战利品及贡品很快即需印制纸币并允许其自由流通。其结果是,到 13 世纪末财政收入出现短缺,并开始出现

---

① 关于蒙古人的起源,已知最古老的文献是一份回鹘文本中的五行蒙语文字,其年代大致是 1220—1225 年。

通货膨胀①。到1356年,元朝所发行的纸币被迫废止,但这种纸币依然在某些地区流通。用罗伯特·布莱克②的话来说,对东亚和西亚有意义的是来自中原的"大量白银流向了西方"。

在某些方面,蒙古政权受益于中原。无论是陆路还是水路交通都进行了重组,并有了改善和提高。基于帝国邮政管理的需要,二十多万马匹被分发给各驿站。1260年,北平被指定为冬都,并在随后的30年由一位回族人负责重建。皇宫错落分布着用于居住、接见、检阅和娱乐的宫殿,有假山、湖泊和山脉,花园里有各种果树,放养的动物来自辽阔的草原,这些用于练习狩猎的动物为蒙古人所喜爱。③ 这座城市成为了大运河的终点站,而这条大运河是在汉人郭守敬④的管理下得以恢复。1260—1294年,忽必烈一直身居可汗之位,郭守敬是少数几个被忽必烈赋予重要职责

---

① 基于嘉德纳(C. S. Gardner)的翻译,罗伯特·布莱克(Robert Blake)指出:1287年发行的纸币按照1∶5的比例取代1260年发行的纸币,1309发行的纸币又按照1∶5的比例取代1287年发行的纸币。具体参见《哈佛亚洲研究》(Harvard Journal of Asiatic Studies, II∶291 - 328, December, 1937)。布莱克没有注意到的是,元朝财政所遵循的政策是由西亚而非中原的顾问制定的。

② 罗伯特·布莱克(Robert Blake),中国学家,从事亚洲和中国经济研究。——译注

③ 除了马可·波罗的记述外,所留存下来的一些外国人对元大都(今北京)的描述同中国人一样。一个委员会在1368年后不久即被派往北平撰写关于北平之报告,其成员之一对北平做出了官方描述。

④ 郭守敬(1231—1316),元朝著名的天文学家、数学家、水利专家和仪器制造专家。——译注

和使命的中原人之一。1264年之后,因无数战争而遭损毁的甘肃水道也被修复。随着官仓的建造,蒙古帝国恢复了11世纪政治家王安石所提倡的救荒政策。帝国的官员每年都要检验收成情况,为的是在丰年买进,在荒年赠济。1260年(这一年忽必烈宣称自己是世界之王)颁布的一道法令规定,应对老学者、孤儿和病弱者进行救济;1271年颁布的一道法令则要求建造医院,让病人得到应有的照顾。"皇帝每天都要亲自接济3万穷苦之人",马可·波罗的这一说法颇具权威性,因为他1275年至1292年一直生活在中国。

此时的蒙古帝国正进行着前所未有的扩张。后来被称为云南省的西南这一重要地区,在唐代时期是泰国国王的驻地。对中国来说,这一重要地区被纳入统治疆域是再正常不过的。忽必烈的将军兀良哈台是杰出的军事将领速不台的儿子,他于1253年或1254年奉命征讨云南。在出征云南前,他曾率军远征俄罗斯和波兰。云南这一新的行政区由蒙古官员统治,泰国国王只是名义上的权威。赛典赤·赡思丁①是蒙古的杰出官员之一,他是一位回民后裔,出生于布哈拉家族。1274—1279年,云南一直由他主政,他以兴修水利工程和修建两座最早的清真寺著称。他的儿子继续着他的统治,并使云南成为中国最重要的伊斯兰中心之一。

1257—1258年,兀良哈台征战安南,使其国王变得有名无实。

---

① 赛典赤·赡思丁(1211—1279),塔吉克人,原为不花剌人,成吉思汗西征时,率数千骑迎降,充任宿卫。赡思丁任云南行省平章政事,是云南设立行省后的第一任行政长官。——译注

第六章 元朝时期(1260—1368) 211

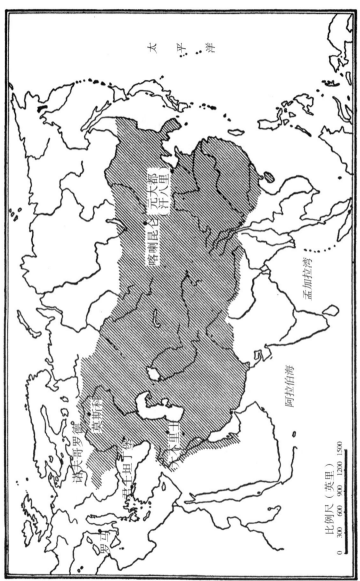

接下来，忽必烈将其注意力转向日本。在两次尝试通过使节说服日本归顺而遭拒绝后，他于1274年派出了一支由150艘船只组成的舰队。这150艘船只搭载的大部分是不情愿出征的朝鲜人和汉人，因此这次征战如同早前的尝试一样以失败告终。在海战方面，蒙古人处于劣势是不可否认的。他们之所以能够在灭宋的海战中取得成功，仅仅是因为获得了投靠他们的汉人的帮助。1279年，忽必烈要求包括扬州和泉州在内的四个造船中心必须在两年内提供600艘船。此项工作的具体细节我们所知甚少，但毫无疑问是繁重而艰巨的。日本学者桑原骘藏认为，这些造船中心无法在规定的期限内建造这批船，从而导致这次远征最终失败。到1281年，蒙古人至少组建了两支舰队，一支在朝鲜港口，另一支在中国的东南沿海。中国舰队晚于预订计划抵达箱崎湾这一会合地点，这一事实连同蒙古役使军的不情愿、日本人的顽强抵抗和天赐台风一道击溃了蒙古军队。蒙古军中有数以万计的士兵被遗弃，任由岛民摆布。

接下来的20年间，蒙古人进入了地处亚洲东南边缘的其他王国，但他们的占领被证明只是暂时性的。疾病、游击队式的袭击以及实际的失利迫使他们不得不从占城、安南和爪哇撤退，但他们在缅甸取得了暂时性的成功。这些国家中有相当一部分承认是蒙古人政权的附庸国，并将贡品送到北平。1288年，忽必烈在南满洲与景教的乃颜①进行的殊死战斗中所使用的四只大

---

① 乃颜(Nayan,？—1287)，成吉思汗幼弟铁木哥斡赤斤的玄孙。乃颜的祖父塔察儿曾以东道诸王之长率先拥戴忽必烈为汗，因而备受尊崇。乃颜继其父阿木鲁为斡赤斤分地之主，信奉基督教。——译注

象即是例证之一。但是，安南和占城国王拒绝向北平进贡——考虑到俄罗斯和西亚地区都顺从蒙古人的意愿，这是他们独立性的一个有趣迹象。1294 年，忽必烈去世后，他的继任者铁木耳宣布大赦，安南国王大胆抱怨蒙古人破坏了他的皇家图书馆，铁木耳随即送来一套他所要求的《大藏经》新副本。

上述事例表明了此时世界的开放程度。中国在政治上不再超然于西亚和欧洲，它只不过是从朝鲜一直延伸到多瑙河的这一伟大统治版图的一部分。当阿拉伯人、威尼斯人和俄罗斯人在中国港口忙于做生意，并进入蒙古政权时——一个来自黑海北部之人在 1321 年的会试中高中状元，并在 1341 年成为浙江的一名高级官员①，中原人与蒙古人也开始逐渐进入波斯和欧洲。例如，西亚最重要的商业中心大不里士②已有一个中国区，诺夫哥罗德和莫斯科同样有中国区。列班·巴·扫马③作为蒙古可汗的特使，于 1225 年出生在北京，是一位景教徒。1287—1288 年，他访问了拜占庭和罗马，在加斯科涅拜见了英格兰国王，参观了巴黎的菲利普交易会，并留下一份访问圣丹尼斯修道院和其他礼拜堂的描述。

如此简短的描述，只是含蓄地暗示了思想文化交流的性质。用于军事目的的火药，它的伟大发展已被提及。欧洲人从使用的

---

① 指泰不华。——译注

② 大不里士，伊朗古城之一，伊朗西北方的门户和商业中心，位于库赫·塞汗特高原之上，中国古称桃里寺，历史上多次成为王朝首都。——译注

③ 列班·巴·扫马，元朝基督教聂思脱里派教士、外交家，是最早访问欧洲各国的中国旅行家。——译注

纸币中已普遍对印刷术有了了解,因为这种印刷的纸币不仅出现在北平,还出现在 1294 年的大不里士。欧洲人也许是从印花织物甚或是从仿制于中国或中亚的一些雕版中知道了印刷术,埃及大概在十字军东征时已仿照中国模板制作雕版。①"白铜"、硝石、瓷器以及扑克牌等,显然是由阿拉伯人引入到地中海。有关把脉的中医著作也被译成了波斯语。中国的肖像法,明显对安布罗吉奥·洛伦泽蒂(Ambrogio Lorenzetti)②的《方济各会在休达的大屠杀》(the massacre of Franciscans at Ceuta,1340 年)产生过影响③。中国对于波斯的小型人物肖像画、建筑、陶瓷和音乐等其他艺术领域的影响更为明显。中国人的古筝闻名于普鲁士,这显见于一幅绘制于 14 世纪的画像,这幅画像是库尔特·萨克斯(Curt Sachs)④在波美拉尼亚的科尔伯格发现的。⑤ 意大利和中欧的主教

---

① 西方关于印刷的第一次清晰描述出现在由拉施德丁(Rashid-Eddin)撰写的《世界历史》中。这部著作在欧洲的图书馆中很常见。保罗·朱维厄斯(Paulus Jovius)是第一个认为欧洲大陆受惠于中国这项发明的欧洲历史学家,他在 1546 年撰写的著述中表明了这一看法。

② 安布罗吉奥·洛伦泽蒂(Ambrogio Lorenzetti,1290—1348),意大利画家,14 世纪中期锡耶纳画派的主要代表人物。——译注

③ 参见戈茨(H. Goetz),《伯灵顿杂志》(Burlington Magazine),1938 年 8 月,第 56 页。

④ 库尔特·萨克斯,著名音乐史家和舞蹈史家,著有《世界舞蹈史》《乐器的历史》。——译注

⑤ 《乐器的历史》(The History of Musical Instruments),第 186 页。

们则对中国的织物情有独钟。①

在元朝时期,高粱这种主要的粮食作物被引入中国。高粱可能原产于阿比西尼亚,13世纪这种作物经由印度传入中国西部,并最终同稷相竞争成为中国北方和满洲干旱地区的特色作物。根据当时有关食物和酒水的中文著述,胡萝卜、阿月浑子和葡萄酒已出现在中原人的餐桌上。汉人最早是在蒙古人统治时期开始尝试蒸馏,并在13世纪晚期从开罗人那里学会了制糖技术。当时最重要的新药物可能是大风油,这种油提取自一种原产于暹罗的树,首次提到它可用于治疗麻风病的是朱震亨(1281—1358)。同样是在蒙古政权时期,一些西方乐器被引入中原或为更多人所知,弯琴和三弦吉他开始受到欢迎。大约在1260年,来自拜占庭或巴格达的使节将一种引人注目的风琴带到北平,这种风琴有单击式的簧片。Farmer②列出了几种由穆斯林或中亚乐队从西亚引入中国的乐器,这些乐器因其显著的突厥、波斯或阿拉伯名称而早已为人所知。

借力于外部世界的创新,中原的科技也更为丰富多彩。1274年,算盘首次在一部中文著述中被明确提及,这是一种今天依旧在中国、日本和俄罗斯的店铺和账房中使用的计算工具。在1345年修筑长城居庸关南口关大门时甚或更早前,中原人已使用了法国的长度计量单位法尺(The Pied du Roy),但此后又被废弃。

---

① 奥托·法尔克(Otto Von Falke),《装饰丝绸》(Decorative Silks),第30页。

② 见《皇家亚洲文会会刊》(Journal of the Royal Asiatic Society),1934年4月,第332页。

1267年，一位波斯天文学家和地理学家将一套新式计时方案、波斯地球仪以及六种天文仪器模型呈送给忽必烈，这套新式计时方案一度取代了金朝的计时系统。所呈送的这些贡品中，六种天文仪器模型可能对著名水利工程师郭守敬产生过影响，他曾在1276—1279年间为忽必烈制造了17种工具。不过，郭守敬其实能够凭借那个时代中国已有的数学知识独立获得绝大部分外国发现。不论是精确度还是铸造工艺，毫无疑问他的仪器设备是当时世界上最完美的。怀利将其中几种归类为发明，这些发明中还有两种幸存下来。最近发现的指时针，相信郭守敬在观测时一定使用过。科学家们也都普遍认为，郭守敬的球面三角学是从沈括（1031—1095）的平面几何演化而来的。

如同中国对西方艺术和建筑产生过影响一样，西藏、蒙古以及遥远的西部国家同样对中原艺术产生过影响，尽管中原艺术的主流依然是在自己的历史长河中流淌。无论造型还是装饰物，波斯对陶瓷和青铜工艺的影响非常明显，这一时期的朝圣瓶、香炉和葫芦即是证明。薄玻璃是一种新奇事物，景泰蓝也同样如此。后者是采用拜占庭工匠们的独特工艺制造的，但这一独特工艺引入中国的时间并不确定。忽必烈在蒙古修建的紫罗兰尖塔（Violet Tower）是代表性建筑，它可能是由在伊朗接受过训练的回民石匠建造的。整个中国，包括甘肃、四川、云南这些西部省份以及西安和东南沿海的泉州、广州这样重要的贸易中心都建有清真寺。像之前的佛教寺院一样，这些清真寺（其最早遗迹的年代是1258年）保留有其起源地的一些特色，例如去往天堂的七层阶梯、取自《古兰经》的阿拉伯语碑文以及一种罕见的尖塔。但是，他们也包含有无可否认的中原特征。翼女像柱（这是波斯的启示）竖立在泉州一座著名佛教圣殿的穹顶之上。西藏喇嘛教堂的出现带来了不可忽视的艺术特色。转经筒即是其中一种无法解释的东西,它可以追溯到这个时期,但至今没有发现一件确属13世纪的样品或相关文献。圆筒这类在西藏和蒙古无处不在的东西经由中国传入了朝鲜和日本。

尽管有许多种宗教信仰,元朝时期的宗教生活并没有在精神发展方面留下印迹。像唐朝一样,所有宗教都可以自由传教。然而,这两个时期有一个重要不同之处。唐代的宫廷里都是中原人,朝中重臣大多数是中原人或是具有强烈中原倾向的外国人。在两个世纪的宽容之后,唐朝开始压制外来教会(与回鹘族有关的摩尼教是例外),这在很大程度上是因为佛教想逃避经济责任或是想获取它所不具有的特权。民众和官方的观点是——他们都是被朝中一小撮人操纵的,因此所有外来宗教都不得不同佛教一道遭受痛苦。元朝都城中,绝大部分都是非汉人或是没有接受过汉文化教育的人,只有耶律楚材、郭守敬和朱思本等少数重要人物是例外。当帝国灭亡时,所有外国机构都随帝国一起消亡了,除了坚不可摧的机构外。无论正确与否,在人们的头脑中总是将宗教同侵略者联系在一起。

元朝时期,伊斯兰教、景教和罗马天主教都已进入中原。①1368年之后,后两者就消失了,部分是因为没有几个信徒,或是同巴格达和罗马资助者间的陆路和海路联系通道被切断。伊斯兰教之

---

① 犹太教在宋朝时期获得了一个立足之处,一直存在于开封的犹太教堂周围,在沿海一带的其他中心明初即被铲除。摩尼教在845年即已转入地下,元朝时它在福建出现过数十年,但后来被明太祖朱元璋严格禁止。

所以能够幸存下来，是因为它在中亚有据点，且地处中国西部边疆。

13世纪前，西藏的喇嘛教（佛教）无论是在蒙古还是中原都没有任何影响。后来，在蒙古统治者的积极支持下，它开始进入蒙古。在中原一些地区，尤其是西部边疆和都城，也修建有喇嘛寺院。一直到近代，这些寺院都是政治活动中心和西藏及蒙古朝圣者的主要目的地。喇嘛教利用宗喀巴（1357—1419）①及其继任者的宗教改革所带来的优势，使其在宗教和政治中的重要性一再被提升，直到明朝末年。

中原人的主要宗教是佛教、儒教和道教，其中的道教在元朝时期遭受到了巨大打击。对于成吉思汗时期蒙古政权统治的研究者来说，这似乎有点出人意料，因为这种简单且为汉人所迷恋的宗教一定对游牧民族的内心有着强烈的吸引力。1219年，成吉思汗将隐居在山东的丘处机召至他在奥克苏斯河的营地，赐封他道士的称号。1224年，当丘处机返回中原时，这位充满智慧且虔诚之人通过牺牲佛教而为道教做了大量事情。他不仅利用自己在古文献方面的广博学识宣扬道教戒律，还说服官府允许道教占用众多在女真人与蒙古人的战争期间遭到荒废的佛教寺庙。此外，他还撰著了两部对佛教进行污蔑中伤的著作。然而，佛教并没有如此轻易地被否定。一些佛教寺庙的主持同正在中原作战的蒙古官员保持着良好的关系。在成吉思汗的孙子忽必烈统治期间，佛教的时代到来了。当时的蒙古统治者已不再轻信和无

---

① 宗喀巴（1357—1419），藏传佛教格鲁派（黄教）的创立者，佛教理论家。——译注

知,他们充分意识到了亚洲和东欧的各种文明之优点。① 1255—1256 年,佛教徒与道教徒之间举行了两场公开的辩论。尽管佛教徒宣布获胜,但他们的对手拒绝放弃。因此,忽必烈下令道教徒必须归还他们在 1227 年之前所侵占的佛教财产。1258 年 8 月,忽必烈接受其兄长的提议,命令查封并焚毁所有道教书籍。在征服中原之后,忽必烈于 1281 年又颁布了一道类似的命令,只有《道德经》、医学和药学等类型的著述得以幸免。三年后,他要求翰林院的九位学者将一篇纪念佛教胜利的文章刻在石头上。焚毁道教著述,对文化而言是一次沉重打击,这意味着此前十多个世纪的所有文献都损毁殆尽。史学是幸运的,一些史学著述被偷偷地保存下来。最近几十年,在日本还发现了其他残存的史学著述。道教本身并没有被扼杀,它以地下活动的方式存活着。在蒙元王朝衰落之时,这种地下活动一直困扰着蒙古统治者。最终,道教与其他类似宗教共同推翻了蒙元王朝。

佛教不再是一种精神力量,但它仍具有强大的政治权力。如同它曾对北魏时期的鞑靼人和后来的北方侵略者具有吸引力一样,它也引起了第三代蒙古统治者忽必烈的关注。直到蒙古王朝崩溃,佛教一直都为帝国统治者所青睐。有一次,忽必烈隆重接待了锡兰王公的使节,因为这位使节为其带来了佛陀舍利子。忽必烈的一个孙

---

① 蒙哥(Mangu or Mongka)的母亲是一位景教徒。据说,蒙哥在公元 1254 年曾对在十字军东征时担任法国国王路易九世特使的威廉鲁布鲁克(William of Rubruck,法国修道士)如此评论道:"上帝让我们的手有不同的手指,因此他给予了人类不同的方式和道路。"柔克义(W. W. Rockhill)译,见《鲁布鲁克东行记》(*The Journey of William of Rubruck*)等,第 235 页。

子在担任山西和甘肃的地方行政长官时,曾急剧偏向伊斯兰教,但是,他因企图篡夺王权而在1307年被杀。这种在中原支持佛教以及在西藏和蒙古支持喇嘛教的政策,尽管使蒙古人衰落,却使中国免于同伊斯兰教发生正面冲突,因为接下来的五个世纪在中国境内没有爆发任何穆斯林战争。它也使印度人的火葬习俗被广泛采用,这种有着极为重要的社会和经济意义的习俗,显然在12世纪时已成为习以为常之事,马可·波罗在其游历过的几乎每个省份都曾观察到过。中兴的明朝终结了火葬,因为他们盲目渴望铲除外来者的一切痕迹。土葬习俗必然导致为数不少的土地不能用于耕作,这一点被完全忽视。此后的中国人渴望以古老的方式保存他们祖先的躯体,唯有佛教僧侣被允许继续沿用火葬这种习俗。①

在契丹和女真统治的三个世纪期间,儒教在中国北方的地位一再下降。一直到13世纪中期,随着秩序的恢复,儒教才重获重视。从这时起,一本教科书成为儒家的重要资产之一。这部迅速成为中国儒家教育基石的教科书②,由中国南方一位名叫王应麟(1223—1296)的学者所撰,它是"初级知识指南……设有356行,交替押韵,每行三个字,总计包含了大约500个不同的字"③。在接下来的六个世纪,这本书出现了诸多版本。当窝阔台在契丹人耶律楚材的建议下重建国子监时,蒙古统治者做出了支持儒家思想的一些姿态。忽必烈就曾委任朱熹学派的信徒负责这个国子

---

① 普通之人差不多是最后才考虑火葬。参见《水浒传》,赛珍珠(Pearl Buck)将其译为《所有人都是兄弟》(*All Men are Brothers*),第444—445页。

② 指《三字经》。——译注

③ 翟理斯(H. A. Giles):《三字经前言》(*Preface to San Tzu Ching*),第3页。

监,他还允许在长安设立另外一所国子监,这个新设的国子监主要负责保护9世纪刻于石头上的经典。另外,忽必烈下令在北平修建一座孔庙,这座孔庙于1306年建成。1308—1330年间,孔子被加封了新头衔。儒家中的大儒被授予新的荣誉,宋代九位大儒在孔庙中都占据着与其相称的位置。

在元朝,部分儒生似乎最终在官府中获得了相当高的职位。科举考试在北方于1237年停止,在南方则于1274年停止。1315年,蒙古统治者重新恢复科举考试。最高等级的考试每三年一次,共举行了13次,进士的人数从35人(1360年)到108人(1348年)不等。① 科举考试中及第者多为中原人,偶尔也有外国人。到14世纪30年代,儒家自我感觉基础十分稳固,便公开抗议帝国施惠于西藏喇嘛教。很快,他们便发现其地位并不像早前中原统治者统治时那样牢固。他们仅能就职于中书省、行省及户部等部门中级别较低的职位,因为这些职位需要他们的专业技术,但他们的影响却受到控制。甚至负责编纂《辽史》《宋史》和《金史》的史馆,亦是由蒙古人担任其名义上的负责人。

在元代,仅有一小部分学术著述延续了宋代的传统,更多的是13世纪中国特使、旅行家和商人所撰的旅行记。其中,有几部

---

① 参见邓嗣禹的《中国考试制度史》,第205页。进士是帝国授予的最高等级学位,它有时相当于西方的文学博士学位,但不要求已满足必要条件的候选人有任何原创性研究。

类似于柏郎嘉宾①和罗伯鲁②这样的旅行家所撰的日志或日记，它们都被保存下来并译成英文。1280 年，忽必烈专门派人去查明黄河的源头，显然他的好奇心是无限的。一段时间之后，西藏地图以及同一主题的书籍即由朱思本③译成中文，这位中国地理学家在 1311—1320 年期间编纂了一部伟大的地图集。这两部著述都保存于《元史》中④。另外一幅地图，则将整个亚洲、欧洲和非洲都纳入其中。从这幅地图所反映的世界观念来看，其绘制年代大约是 1300 年前后。在中文著述中，1303 年出版的一部 1000 卷本的帝国地理专书，无疑是同类书籍中最为宏大的一部。⑤ 陶宗仪(1320—1399)⑥，这位出生在浙江的学者，对古文物和时代论题都感兴趣，他的笔记给我们提供了有关中原人反抗蒙古人的浪潮以及当时绘画、陶器、青铜器、漆器、服饰、乐器、装裱图画的方法和北平宫殿建筑方面的宝贵信息。他可能是从在其家乡担任

---

① 柏朗嘉宾(John of Plano Carpini)，方济各会的创始人之一，1221 年受圣·方济各派遣到日耳曼、西班牙等地，后被教宗英诺森四世派往蒙古，成为 13、14 世纪东西方交往热潮的先行者。——译注

② 罗伯鲁(William of Rubruck)，方济各会修士，曾奉派前往中国，在蒙古的旧都和林谒见定宗及宪宗，著有《鲁布鲁克东行记》。——译注

③ 朱思本(1273—?)，元朝道士、诗人、地理学家，绘有《舆地图》。——译注

④ 见《元史》，第 63 卷。

⑤ 此书即《大元大一统志》。——译注

⑥ 陶宗仪(1329—1412)，浙江黄岩陶阳人，自称天台陶宗仪，著名文学家、史学家、书画学家、人文学家，有《辍耕录》《书史会要》《说郛》等著述。——译注

宣抚司的蒙古官员那里了解到北平的宏伟建筑的,因为这位蒙古官员曾是北平的最高府尹。陶宗仪的笔记也包含有戏剧剧目及短篇小说集。

然而,这个时代之所以闻名,与其说是因为如此多的学术成就,倒不如说是因为元曲。一直到 20 世纪初,仅有 119 首元曲为人所知,它们全都被收入于 250 年后编辑(包括篡改)的一套元曲集中。1908 年,俄罗斯考古学家柯智禄夫①在喀喇浩特发现了其他元曲的片断;10 年后,人们在一个盒子中发现了 30 首被去头的元曲。从那以后,更多的元曲(已确认的有 36 首,另有 17 首可能是)被发现并出版。这些元曲表现出各式各样的主题和内容,包括正剧和喜剧。一位研究者认为,元曲在实际表演时有可能像英国女王伊丽莎白时代的优雅歌剧一样,常被"精力充沛的闹剧和下流的插曲"打断。② 元曲通常讲述士兵、僧侣、士人的生活,特别有趣的是取笑行医者。这些元曲的作者能够写出既具有诗意,又带有那个时代粗俗方言的作品,显然都是受过良好教育之人,尽管他们中没有一人为官方史家所提及。征服者的影响是消极的。③ 科举考试在中国北方的暂停长达 78 年之久,这使得新生的

---

① 柯智禄夫(Colonel Kozlov),俄国探险家,曾于 19 世纪初在西夏故地黑水城(今内蒙古额济纳旗)掘获汉文刻本《观弥勒菩萨上升兜率天经》。——译注

② 杰姆斯·克伦普(James I. Crump),《亚洲研究杂志》(*The Journal of Asian Studies*),XVII:429,1958 年 5 月。

③ 有证据表明,观众中仅有少数几个蒙古人,因为现存的剧作中含有少量蒙古语词汇的音译,并且同现在的发音读法存在差异。

戏剧得以发展繁荣。剧作家姚莘农①指出,他们作为差不多是"文盲"的蒙古人或其他人的奴仆却被解雇了,这使他们自然会回顾那段"跨越龙门"的岁月。作为一名读书人,此时只能依靠笔端的力量,于是杂剧成为其保持传统社会影响和弥补威信下降及自尊受伤害的一种方法。像伊丽莎白时代的英国一样,舞台上女人的角色通常由男人来扮演。这一惯例可追溯至宋代,当时的儒家卫道士们不赞成男女演员混合在一起。但人们在舞台上可以看到有进取心的侍臣和专业的女舞者,一位当权者列出了这一时期88位女舞者的姓名。元曲的主要角色通常需要唱几段咏叹调,演唱时会有三弦吉他、长笛、锣鼓、响板及其他乐器组成的乐队伴奏。从山西一座大型寺庙的壁画中,人们可看到舞台、道具、服饰、演员化妆的情景以及部分乐队。②

---

① 《清华月刊》,第1卷第4期,第391－392页,1935年11月。(姚莘农(1905—1991),著名剧作家,编有《清宫怨》《楚霸王》《美人计》《蝴蝶梦》《西施》《秦始皇》《银海沧桑》等多部作品。——译注)

② 席克曼(Laurence Sickman)在《亚洲艺术》(*Revue des arts asiatiques*, X: 2, Plate XIX, 1937)中复制了这幅壁画。这幅画的绘制年代大约是1324年。

# 第七章

# 明朝时期(1368—1644)

A Chinese House(The Ming,1368—1644)

明朝给人的印象并不好。事实上,这一时期值得注意的是许多领域的重建,比如水利工程、政权治理、法律、殖民地的开拓、文学与美术等。只有到 1912 年它的后继者清王朝垮台之后,我们才能对明代成就的价值做出评价。

接替蒙古王朝的明王室,只不过是中国南方和中部地区的几个趁元朝统治衰败而伺机夺取政权的投机者之一。14 世纪中期,中国南方地区及沿海和河谷地带频繁爆发战争。1356 年,出身卑微的僧侣朱元璋(1328—1398)夺取了南京。朱元璋容貌怪诞丑陋,有常人所不及的聪明和领导才能。在夺取南京后,他立即开始争取其他起义者的支持,拒绝加入者则被消灭。1368 年,他的军队将蒙古人驱逐出北京;1371 年,蒙古人已被逐出了中原,到 1382 年则被驱赶出了云南。① 朱元璋的一位有着非凡才干的将军占领了整个北部边疆,并将战斗推至遥远的天山脚下,蒙古人甚至被迫放弃喀喇昆仑。一个世纪前,几乎所有来自欧亚大陆的君王和使节都曾在此向蒙古统治者跪拜。蒙古人退出了朝鲜、满洲,哈密、吐鲁番和伊犁的君王们不得不臣服于中原皇帝。直到 1404 年,西亚的蒙古人才发动了一次抗击明朝的战役。然而,这

---

① 云南地区尽管是同贵州和广西共同组成一个省,但是它一直到过去几年都有着鲜明的殖民地化特征。参见魏特夫(K. A. Wittfogel),《中国的经济与社会》(*Wirts-chaft und Gesellschaft Chinas*),第 219 页,1931。

支 20 万人的部队行军一个月后,因为帖木儿于 1405 年在讹答刺①去世,战役被莫名地终止了。在接下来的 20 年,明朝第三代皇帝粉碎了部分蒙古人为夺回统治权所做的一切努力,从哈密到松花江流域,明王室成功巩固了其征服的所有领土。

  明朝开国皇帝主要忙于内部整顿,如镇压秘密组织和其他叛乱者(这以许多无辜的人的生命为代价)、颁布新法典、恢复同周边国家的联系、重建国家的军事防御以及修复灌溉系统。南京成为明朝的都城非常合理,因为它是朱元璋的根据地以及人口和财富的中心。朱元璋的孙子成为他的继任者,于是皇帝与其叔叔朱棣之间的一场内战成为其短暂统治的标记。燕王朱棣胸怀大志,侄子即位令他非常不满。他们之间的战争使无数人失去生命,刚刚开始从抵御蒙古人的战争中恢复过来的中国北方部分地区遭到彻底破坏。朱棣最终取胜,他的年号永乐(1403—1424)给中国史学带来了荣耀。再次恢复和平后,学者们便开始投入从现存文献中选取最佳著作的工作,并收集汇编了 120 位宋代哲学家的著述学说。1403 年,承担着超乎寻常的责任,几个宦官出使到西藏、爪哇、暹罗和孟加拉;1405 年以后,明王朝对南海、印度和波斯湾进行了伟大远征。在外蒙古进行了三次战役后,首都于 1421 年迁至北京。尽管存在火灾、地震、时差和战争,北京仍被朱棣设计成实质上的皇家所在地,而南京继续履行其陪都的职能。

  当横跨亚洲的旅行线路重新开放的时候,尤其是 1405 年之后,中国人再次开始同居住在塔里木盆地及更远地区的民族互派

---

  ① 讹答刺(Otrar),又称奥特拉尔,中世纪的中亚古城,位于哈萨克斯坦奇姆肯特市阿雷思河和锡尔河交汇处,距离库车五百里。——译注

第七章 明朝时期(1368—1644) 229

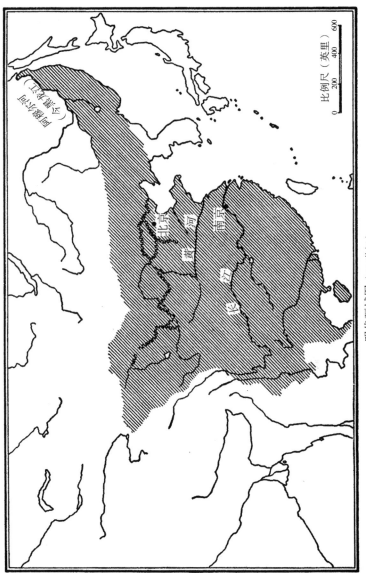

明代疆域图（15世纪）

使节。陈诚(Ch'en Ch'eng)是其中的杰出代表之一,他曾在1414—1421年期间三次游历西方。第一次游历后,他便向皇帝提交了旅途报告。这期间,他访问了17个国家,撒马尔罕①的统治者兀鲁伯(Ulugh-beg)和他的父亲沙鲁克(Shahrukh)及赫拉特王(Herat)②,在1417年5月精心安排了庆祝活动,以向这位中国特使及其随从表达敬意。与此同时,中亚国家的统治者也向中国派出使节。1419—1422年期间,沙鲁克派出了庞大使团。正因为如此,我们有了一份同样的报告。这两份报告为我们提供了独一无二的15世纪20年代的中亚形势图。双方的使节都想方设法地窥探对方国家的状况,并从事贸易活动。

在明成祖统治期间,中国人开始了一系列引人注目的海上远航。他们出海是为了吸引邻近国家成为盟友以抵御蒙古人的海上入侵?既然中亚贸易路线已减少,海上远航是为了发展海洋贸易路线?或是中国沿海需要依赖进口马匹、硫黄、铜矿、木材、药材以及香料?或是为了稍稍满足一下皇帝的骄傲与虚荣,如此以便许多国家的使节和贡品鱼贯而入时,皇帝看起来更像是中国最伟大的统治者?或是为了搜寻他的死敌,据说1402年南京的皇宫被毁时,他的侄子已经逃跑。所有这些猜测都曾被人提及,其

---

① 撒马尔罕(Samarkand),今乌兹别克斯坦第二大城市,撒马尔罕州首府。撒马尔罕曾是中亚最古老的城市之一,也是丝绸之路上重要的枢纽城市,连接着波斯、印度和中国这三大帝国。——译注

② 赫拉特(Herat),阿富汗西北部历史名城,赫拉特省首府,位于喀布尔西约600公里处,赫里河中游右岸。历史上为中亚、南亚与西南亚各地区交通、贸易的枢纽,战略地位重要。——译注

## 第七章 明朝时期(1368—1644)

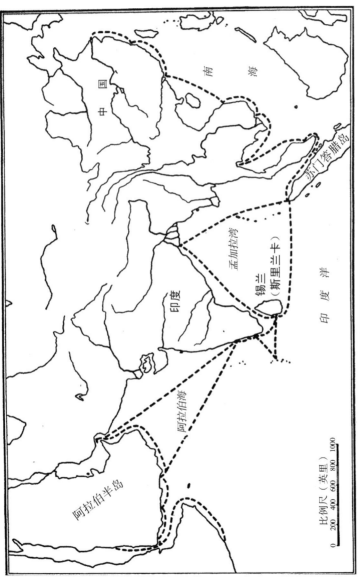

郑和下西洋路线图(1405—1433)

中一些甚至出现于正史中。至少,每种猜测在一定程度上都站得住脚。他们的真实动机现已无从知晓,但这些远航无论如何都具有巨大的商业价值,并给中国带来了无法估量的威望和声誉。

1405年,当郑和①开始第一次远航时,这位在皇帝身边服侍的太监已在苏州组建了一支由中国式平底帆船组成的船队,并起航前往南方的国家。按照后来的历史学家顾起元②(1565—1628)所说,"船队中官校、旗军、勇士、市民、买办和水手等人员多达27870人;共有船只63艘,其中最大的一艘有444尺长、180尺宽;中等的船只有370尺长、150尺宽"。③ 远航过程中,郑和俘获了巨港④的统治者陈祖义,并将其强行带到南京;在第三次航行时,他带回了同样进行了强力抵抗的锡兰王;1405—1431年间的其他七次远航,郑和到访了爪哇、苏门答腊岛、锡兰、印度、阿拉伯半岛和非洲。除了使节和贡品之外,他还带回了有关海上航线、航行条件、海港及外国风俗方面的大量信息。1415年,从马六甲到霍尔木兹海峡的16个国家都送来了贡品。1433年,明朝第五

---

① 可能有蒙古-阿拉伯血统的郑和,是一个出生在云南的伊斯兰教徒。挑选一位伊斯兰教徒来领导这些远航非常重要,因为伊斯兰教在他要去的很多国家都是国教。

② 顾起元(1565—1628),字太初,南京人,明代官员、金石家、书法家,万历二十六年进士,官至吏部左侍郎,其《客座赘语》堪称明代南京社会生活的"百科全书"。——译注

③ 戴闻达(J. J. L. Duyvendak)译,《通报》(T'oung Pao),34:357(1939)。其测量是令人费解的,且没有令人满意的解释。

④ 巨港,音译"巴邻旁"(Balenbang),印度尼西亚城市,南苏门答腊省首府。——译注

代皇帝明宣宗召见了来自 10 个或 11 个国家的外国使节,这些使节一直在北京逗留到 1436 年。鸵鸟、斑马、长颈鹿等许多稀奇动物,都是使节们带来的礼物,它们同使节们一道给两座都城增添了许多壮观的风景。

在明代,中国人的航海与造船技艺可能已达到顶峰。此时,中国航海家主要取道新加坡海峡(系马六甲海峡的一小段——译注),葡萄牙人直到多年之后才发现这一通道,这从流传到我们这一代人的航海图上就能反映出来。中国帆船(这个词不知是否源自汉语的 tsung 和爪哇语的 jong①)通常都是沿海岸行驶,但在开阔水域中它们亦能以每小时 6.25 海里的速度行进。至少对官员和商人来说,在船上的日子相当舒适,正像伊本·白图泰②早前对泉州和广州船只的描述那样:"每艘船都建有四层甲板;有专供商人的客舱和公共房间。部分客舱有壁橱和其他便利设施;客舱都有钥匙,房客可以将门锁起来,并可以带他们的妻妾。在一些船员用的小屋里住着他们的孩子,他们还在木桶里栽种了草药、姜等。"③

如同其开始时一样,这些远航突然间便停止了。至于其原因,我们又一次只能猜测。代价昂贵的战役,尤其是抗击北部边疆的瓦剌,使船队面临缺乏资金的困境,船员和造船者不得不寻

---

① jong 在爪哇语中用于描述那些从中国南部长途跋涉到东南亚的商船。——译注

② 伊本·白图泰(Ibn Battuta),1304—1377,旅行家,出生于摩洛哥丹吉尔的一个柏柏尔人家庭,在去往麦加朝圣时途经了今 44 个国家的国土。——译注

③ 亨利·玉尔(H. Yule),亨利·考狄(H. Cordier):《马可·波罗游记》(Marco Polo),第 2 册,第 253 页。

找其他职业。朝廷为孤立主义的思潮所笼罩,重新恢复了不允许片舟下海的古老政策。船员们作为中国最为了解亚洲各国的人,很快被禁止离开家园或同外国人交流。这一政策毫无疑问改变了历史进程。它使中国放弃开放,开始遭受距离最近的海上力量日本的袭击;它使中国将印度洋的控制权拱手让给阿拉伯人,75年后则为葡萄牙人所占据;它使中国停止了通商,并切断了帝国的海关收入。最为糟糕的是,当欧洲准备进入地球的每一个角落时,它却使中国陷于孤立之中。

从这时起,中国的对外关系开始了一段让人并不愉快的记录。1431年,安南获得了独立,并一直持续到1788年。至少从1350年起,来自日本的倭寇即一直在山东半岛南部的中国沿海进行掠夺。他们的侵扰劫掠日益加剧,以致有些沿海居民被迫迁至内陆。1523年,宁波城被烧毁;1552年,一支船队沿长江而上,一路劫掠沿岸的城市;1555年,南京被围困,广州的潮州港被洗劫;1563年,明朝被迫动用军队来驱逐福建的劫掠者;台湾则任由他们摆布。劫掠者不完全是日本人,他们包括整个沿海地区的海盗。一份中文史料认为,他们中十分之九是中国人。17世纪最著名的海盗即是中日混血儿,他的父亲是中国人,母亲是日本人。

在宗喀巴(1357—1419)的领导下,西藏开始日趋活跃。宗喀巴是成功抗拒永乐皇帝的第一个强权人物。1413年,宗喀巴拒绝了朝廷的召唤。1449年,蒙古人将一支五十多万人的中原军队打得惨败而归,并使当时的明朝皇帝当了一年的俘虏,这可能令蒙古人自己也感到惊讶。一个世纪以后,他们袭击了中国北方。

明朝时期,欧洲国家也开始对中国感兴趣。1514年,葡萄牙人抵达中国海岸,随后几年的恶行导致其在1522年被驱逐。但他们很快又回到中国,并使澳门(1553—1554)和厦门(1544)成为其定居点;1545—1549年间,他们在广州、宁波和福建某些港口所建立的定居点被连根拔除。1543年,西班牙人试图在中国建立一个稳固的立足点,遭遇失败后,他们于1565年开始转向菲律宾。以此为基地,在接下来的十年间,他们与中国之间的贸易逐渐繁荣起来。他们给中国商人带来数以百万计的比索①,同时带给墨西哥、智利和西班牙的其他地区大量丝绸、瓷器等中国商品。1622年,荷兰人抵达台湾,他们也试图驱赶厦门的葡萄牙人。此后,荷兰人一直控制着台湾和澎湖列岛,直到明朝灭亡。1637年,五艘英国船只来到广州,处理了所载的货物,但未能建立据点。俄罗斯人经由陆路穿越西伯利亚,于1567年和1619年两次试图在明朝廷安插其代表,但都未能成功。

16世纪末,中国面临的外患主要是日本人和满洲的女真部落。当朝鲜国王拒绝承认日本的最高统治权时,日本人便入侵了此时还是明王朝附庸国的朝鲜。明王朝及时向朝鲜提供援助,但汉城和平壤还是几乎完全失守。1593年,明朝迫使日本人退回到釜山。当随后的谈判失败时,日本人于1597年重新发动战争,但又一次未能成功;翌年,日本人暂告退却。女真人出现于世纪之交。经过在长城南北的多年激战,1636年,大清建都于奉天②,明朝至此完全失去了满洲。1644年,女真人进入中国北方,其都城迁至北京;1659年,明朝最后一位王子被逐出云南,清统治者控制了中国南方。

---

① 比索(peso)是一种主要在前西班牙殖民地国家使用的货币单位。——译注

② 沈阳旧称。——译注

明朝时期的中国国内历史是一部恢复其本土文化的历史。这一时期，国内修建了大量的军事防御设施、公路、桥梁、寺庙、神殿、佛塔、陵墓、牌坊和假山花园。有564座城市的城墙被加高，其中432座城市的城墙几乎是完全重建（多数是用砖砌成的）。大运河被修复并加深，使大型船只可从长江口直通北京，从而避开了山东沿海一带的海盗和天气所带来的危险。1394年，朱元璋意识到需要治洪和修复水道，于是派遣国子监的监生及专门人员分赴各郡县督促官员和民众修治水利。在随后的几个月内，据报告总计完成了5万项工程，其中与池塘和水库有关的有40987项，与河流相关的有4162项，与运河、堤坝和护堤相关的有5048项。在约6000万人口中，有一部分已从兵燹之祸中恢复过来，开始穿越旧时的边界进入西南、内蒙古和辽东。到明朝结束时，数千人移居异国他乡，在马尼拉及其他附近港口找到了落脚之地。最近数百年，他们在东印度群岛、马来西亚和菲律宾一直都有着显而易见的商业优势。到15世纪中期，火葬被废除，明初皇帝采用的奴婢与嫔妃随葬这一蒙古习俗也已为法令所禁止。

明朝沿着颁布新律例、设立新机构以及通过科举选拔文官和武官的特有路线重建了政府管理。在1373年首次颁布的新律例中，明朝即已将绝大多数蒙古人遗留的元素予以清除。整个明朝时期，国内共举行了89次最高级别的考试（仅仅只在1373—1384年间没有举行），平均每次有280名"进士"候选人通过考试。据估计，1469年帝国的文官达2万多名，武官则超过8万名。① 考试

---

① 张钰哲（Y. C. Chang），《中国社会及政治科学评论》（Chinese Social and Political Science Review），XXIII：2，167，1939年7—9月。

越来越严格,并日益昂贵。① 科举考试往往使统治阶级成为同一类型的人(在这方面的经历上19世纪的英国与中国非常相像),然而它却选拔出了许多非常优秀的官员。这些官员注重的虽然是文学知识,但却非常务实。王守仁(1472—1529)在1509年被派到山民聚集的中国南方为官,他向皇帝提出了这样的建议:"官员的职责应该是告诉人们如何生存,如何耕种并灌溉田地。地方官府应该向当地居民提供种子、牲畜和农具,归还时,收取其收成的三分之一。如果能让越来越多的农民耕种荒地,吸引更多的商人前来从事贸易,却收取尽可能少的税赋,如此人们就能够保持他们已熟悉的信仰,像往常一样的出行,并解决他们所有的生活开销。"②

---

① 据1547年一位著名的进士王世贞(1526—1590)估计,一个举人要参加最后的进士考试需600两白银,这对有钱有闲的富裕阶层来说是严格限制竞争者,对人脉发达者而言也同样如此。最为要命的是要求每道题必须用八股文答卷。这项要求于1313年元朝统治时期提出,但一直到1487年都并未正式采用。后来这种八股取士传统延续到1898年都没有做过任何修正。

② M. J. Hagerty 译,《国会图书馆报告,东方部》(*Report of the Librarian of Congress*, Orientalia Added),1923—1924,第267页。(此段引文,遍搜《阳明先生年谱》《明史·王阳明传》《王阳明全集》《明实录》以及冈田武彦的《王阳明大传》,均未能查找到,故只能按英文译出。——译注)王阳明11岁时跟随父亲来到北京,此前一年他已具备成为进士的资格。12岁时,这个男孩问他的老师,人一生中最重要的事情是什么? 当他老师说最重要的事情是学习以成为一名进士时,这个男孩回答说:"也许不是,学习是为了成为一名圣人君子,这是首要也是最伟大的事情。"尽管有着极其聪明的头脑、良好的人脉关系以及尊贵的血统,王阳明却在两次进士考试中都失败了,一直到28岁时才成功通过了考试。参见韩凯(F. G. Henke):《哲学家王阳明》(*The Philosophy of Wang Yang-ming*),第5页。

在明朝的最后几十年,两种行政职权的滥用达到了顶点,加速了王朝覆灭的步伐。宦官对朝政的干预日益加剧,甚至到了使许多优秀官员拒绝留任的程度;保家卫国亦被阻止,甚至有人为此失去了生命。税率再三提高,成千上万人的财产因离谱的税收被掠夺。为了提供新的财政收入来源,据说皇帝于1596年任命太监为地方金矿和银矿的监管人,以便按照产量抽取40%的税,结果是矿山的经营者破产。不管实际产量如何,其他土地所有者每年都被迫缴纳采矿税,因为他们拥有的土地被认为含有矿藏。朝廷的战事进一步加剧了财政负担,导致了更高的税率。1639年,仅军费开支一项即已达2000万两白银,与明朝初期200万两的国家预算形成鲜明对照。在食盐专营方面,政府也存在严重失误。这些乱政导致整个国家处于混乱不安之中,尤其是边疆地区。另外一种滥用是将大片土地封授给皇帝宠幸之人和皇室成员。例如,朱翊钧(在位时间1572—1620)的第二个儿子福恭王,在河南、山东和湖广的皇庄面积超过25万亩。① 失去土地的农民心怀不满,结成了在乡村打劫的土匪团伙。中国北方和中部已为不满者所侵占,在四川许多人被屠杀。1644年,当满洲人挥师入侵并镇压了李自成领导的起义时,中国改朝换代的时机已经成熟。李自成这位最成功的起义首领,则于1645年被杀。

明朝的开创者朱元璋曾是一位僧侣,在他统治时期虽出版了精美的佛教《大藏经》,但他对佛教的青睐似乎并没有超过其他

---

① 参见马伯乐(Henri Maspero)在《北京宫廷编年史及其回忆》(*Annals and Memoirs of the Court of Peking*)的前言中有关于Backhouse and Bland的法译文。

人。那些在反抗蒙古人的起义中非常活跃的佛教宗派为明太祖朱元璋所禁止,因为这些佛教宗派可能会威胁其安全。① 他极力推崇官方信仰,对儒家经典、仪式和祭礼表现出极大兴趣,并尽可能招揽学者入朝为官。为了表示对儒家思想的信奉,明成祖朱棣于1420年在北京修建了用于祭祀的天坛,并将宋代哲学家朱熹及其前辈所阐述的思想作为选任官员的标准。按照当代一位学者所说,这些学说在知识界占据绝对主导地位,以致"从哲学家朱熹那个时代起一直到现在,真理已经向世界明白无误地展现出来了,因此不再需要更多的著述,留给我们的只剩下实践"②。当然,还有部分持异议之士。值得注意的有上面已提及的王守仁和李贽(1527—1602)这位引人注目的异端者,但他们只是少数。官方宗教在上层颇具势力,但佛教和道教赢得了普通民众的心。已被金钱填饱的宦官们,非常慷慨地四处捐助地处风景名胜区的佛教寺庙,从而使寺院迅速遍布全国各地。1506—1521年间,道教出版了大量曾被忽必烈时期禁止出版的大型文献,道教的复苏,在这项事业上,道教耗费了整整70年。道教文献表明,一个世纪以前为社会各阶层精英分子所反感的那些道规仪式已不复存在。嘉靖皇帝在位时期(1522—1566),道观受到特别的欢迎。

明朝在物质文化方面的新成就,不管怎么强调都不为过,尤其是在欧洲开启扩张时代之后。稍早一点进入中国的物品是眼镜。早在7世纪,经东罗马帝国和印度,光学镜片已由希腊引入

---

① 1355年,一位宣称弥勒佛到来的领导者,实际上是假定了帝国的称号,他于1367年死于南京。

② 引自胡适,《中国年鉴》,1924。

中国。在宋代,晶体被当作放大镜使用。然而,直到明朝初年,眼镜才出现在中国。经过在意大利和其他地方将近一个世纪的发展后,眼镜经马六甲海峡从意大利来到中国。最终,几乎每个阅读之人都戴着它,这成为了理所当然的事。

明朝初期的几十年里,棉花的大规模种植以及遍及整个帝国的手工棉纺织业意义重大。前面已提到过,早在13世纪棉花已缓慢进入中原,并渐渐为中原人所接受。但到了14世纪下半叶,农民仍不愿意大规模种植棉花,于是官府便强制要求所有农民必须将棉花纳入农作物轮种计划之中。政府颁布了一些法令,其中部分法令详述了棉花的种植方法以及这种作物的优势;其他法令则规定,在官府认为适宜种植棉花的区域内,每位农户每年必须缴纳一定数量的棉花以代替人头税。正是得益于这些有力的措施,到15世纪时中国已成为世界上重要的棉花种植区之一。

新世界承载着大量的重大创新。1555年,被一位中国学者首次提及的玉米或玉蜀黍,是来自美洲的最有价值的礼物。它的传入路线不甚清楚,但一位植物历史学家认为是一些虔诚而务实的摩尔人①经北非将它从伊比利亚半岛带到了麦加,从这里,玉米又被同样虔诚的中国人或中亚穆斯林带到中国西部。1550年之前,玉米似乎已出现在西南边境。中国人比同时代的欧洲人更快地意识到其价值,成千上万的中国农民开始种植玉米,特别是在中国北方。到明朝末年,作为一种标准作物,玉米已成为小米、小麦

---

① 摩尔人是中世纪伊比利亚半岛(今西班牙和葡萄牙)、西西里岛、马耳他、马格里布和西非的穆斯林居民。历史上,摩尔人主要指伊比利亚半岛的伊斯兰征服者。——译注

和高粱的竞争对手。

随同玉米一起引入的还有红薯和花生,它们可能是由葡萄牙人带到其在中国东南沿海的定居点的。1538年之前,花生首次出现在中国;二三十年后,红薯出现在福建,并单独出现在云南(是否是通过缅甸)。中国人很快便意识到,相对于其他作物而言,这些作物可以在并不肥沃的土壤中生长,并且能够给他们添加富有营养的食物。到17世纪末,一个中国人这样写道:"无论东西南北,没有任何地方是红薯不能生长的。它在沙地和旱地尤其长得好。不论气候是干旱还是潮湿,都能有收获。"①毫无疑问,这三种农作物不仅对土地的使用和饮食习惯有影响,对人口增长亦产生了影响。官方数字并不令人满意,因为它们主要是基于户税,且核查人口者的利益主要在于部分隐瞒的应纳税户数。尽管如此,它们还是具有启示意义;更重要的是,它们是关于这一问题唯一可用的史料。这些数字表明,直到1540年,人口增长都处于相对静止状态;但在那之后,人口数量急剧上升,到1644年则翻了一番。②

烟草的种植可追溯至17世纪初期。它可能是间接通过在澳门和马尼拉的商人到达中国南方,并经日本、朝鲜和满洲到达中国北

---

① 富路德译,《中国研究》(*China Journal*),XXVII:7,207,1937年10月。(此段引文未能查找到中文原始出处。——译注)

② 官方人口数字如下:1290年(元朝)时是58,834,711人;1393年(明朝)时是60,545,812人;1542年时是62,531,295人;1644年时是150,000,000人(估计的)。参见何炳棣(Ping-ti Ho)的《中国人口研究,1368—1953》(*Studies on the Population of China*,1368—1953),1959。

方。如同在当时几乎所有的文明国家一样,它为中国统治阶级所反对。无论是明朝皇帝还是17世纪30年代的满洲皇帝,都颁布法令禁止种植及使用烟草。尽管规定了严厉的惩罚措施,却基本没有什么效果。在明朝灭亡之前,另外一种被引入中国的植物是仙人掌,葡萄牙人和周边的其他民族之人常常用它在定居点周围建造围栏。

明朝时期出现了一种新的金属钱币,即西班牙银元(the Spanish peso),它们大多铸造于中美和南美。这些美洲货币逐渐取代了从广州到福州的本地货币,到了民国时期,它甚至已经成了标准的中国货币,中国铸造的本土银元有时也被称为墨西哥鹰洋(a Mexican dollar)。

然而,新世界的贡献并非都是友善的。梅毒,即所谓的钩虫病,以惊人的速度扩散。1498年,当瓦斯科·达·伽马首次乘船从葡萄牙航行到达印度时,这种病毒便出现在印度。大约在1505年梅毒在广州出现,它可能是由阿拉伯人、印度人或中国船员带入的。一些中国人立刻认识到其特殊症状,开始尝试用"菝葜"(即金刚藤)进行治疗。但是,这种疾病在整个16世纪还是给中国带来了惨重伤亡,如同其在欧洲一样。

欧洲的工具和技术被引入中国,但难以说清到底有多少是在1644年之前引进的。正如我们后面将会看到的一样,天主教传教士们所带来的天文、测量、数学、地理和农业等方面的学术新知,对中国知识界产生了极大刺激,但是,这些新知对普罗大众生活的影响程度并不明确。劳费尔(Berthold Laufer)[①]认为是欧洲人

---

[①] 劳费尔:《汉代陶器》(Chinese Pottery of the Han Dynasty),第19页,见《中国科技与文明》(Science and Civilization in China IV),第四册。

在17世纪初将风车引入中国。而李约瑟（Joseph Needham）则认为，风车可能来自伊朗。不过，它所包含的设备装置被"如此巧妙地应用于航海技术，以致它几乎成为一种新发明"。不管怎样，风车在这一时期开始被广泛应用于盐业生产。

这一时期的艺术显示明朝的影响已经恢复，但雕塑是特例。水彩画方面的新技艺产生了新奇且迷人的效果。风景和人物被更广泛地作为描绘对象，人们在早前绘画风格的基础上，更加精致地描绘自然。陶瓷因为青瓷和青花瓷这两种从未被超越过的瓷器而显得更为丰富。家具、纺织品、地毯、象牙和半宝石工艺品等在技术水准方面都已达到了登峰造极的程度。大多数手工艺品都是在中国市场销售，也有部分是专为朝鲜、日本、菲律宾、印度支那和西亚的市场而生产的，它们获得了很高的褒奖，而且，其中有些得以保存至今。到明朝末期，大批手工艺品出口到欧洲和西属美洲。结果，西方世界的品位和工业被彻底改变，中国工艺品的质量则下降了。

明朝显示出了对无数领域的浓厚兴趣。在文学方面，这种兴趣有着明显的体现。明代作者使历代的思想和著述得以保存，他们尝试新的风格，研究新的领域，并开始从西方汲取新知识。现在全世界的图书馆藏有的明代图书是如此丰富，以致至少需要一部专论才能对这一时期的文献做出准确评价。

在保存早前知识的文献著述中，《永乐大典》是最著名的例子。或许是为了使学者们忙碌，又或许是为了赢得他们对自己这位篡位皇帝的支持，1403年永乐皇帝下令编纂这部大辞典。大辞典的手稿本于1408年年初完成。除目录外，这部辞典共有11095册22877卷，至少有2180位学者参与了筛选和抄录的工作。正如施永格（Walter T. Swingle）①所说，它是一部"对中国现存所有历史、伦理、科技、工业、艺术、地理、管理、宗教、占卜方面的著述进行综合概述和摘要之书；简而言之，它将公元1400年中国人所具有的一切人类知识都囊括于其中"②。因为过于昂贵，《永乐大典》难以被印制。也正因为如此，它只制作了一份副本，至于其手稿本，很大一部分已流失（到目前为止，已知只有500册保存在不同的图书馆）。然而，个别被另行印制的卷册还是保存下来了。后来，明朝还编纂了其他同类型的著述。这些著述在设计的规模上稍逊于皇家，但由于其相对简短，反而能够被印刷。因此，它们不仅对研究者具有价值，而且使许多著述免于遗失。几种汇编丛书（作品集）和一批百科全书式的著述即是这方面最好的例子。汇编型丛书最初是由12世纪的学者发展形成的。

在探索性学术研究及风格体裁方面的冒险行动，还包括对儒家经典的学术新解、文献学和地理学专著、工艺与技术专著、文学艺术评论及带有插图的百科全书、词典、故事和戏剧等。

正如我们所看到的，官方尽可能将朱熹确立为儒家经典的正统解释者。然而，政治家王守仁成功地使相当一部分人对经典持全然不同的态度。他认为，应受"良知"而非"记住已死去文本"的支配。1543年，梅鷟宣称《尚书》这部经典著作中有些部分是伪造的，这使同时代的保守派大为震惊。

---

① 施永格（1871—1952），美国农林学专家，曾作为美国国会图书馆代表到中国各省搜集中国方志。——译注

② 见《国会图书馆报告》（*Report of the Librarian of Congress*），1923，第188页。

被胡适称为"中国考据学开端"的一种新研究路线,是由陈第(1541—1617)①开创的。他使用《诗经》中的同韵词来考辨一些词的原始发音,这在技术上被认为是一个里程碑,因为它代表着"归纳法的系统运用,以及使用一种让我们联想起西方方法的特有术语"②。

中国人通常根据地图、疆界、行政区划、山脉、水道、官府建筑、物产、人口、地方习俗等来构想地理学。这类地理学著述正变得越来越多,它们源源不断地涌入到广义地理学这条不断扩大的河流中。依照朝廷命令编纂的两部大型权威著作分别于1456年和1461年出版,这两部著作所关注的是整个帝国和几个周边邻国。③ 官方和半官方的地理专书多是众多省、府、县及乡镇的地方志。这些带有木刻插图的方志记载了山川、河流、学校及寺庙。一般而言,这类方志由当地退休官绅编纂,并由官府及捐赠者予以资助。他们对细节极为关注,从而使之成为穿越明代历史迷宫之最可靠的指南。这些地方志的宝贵之处在于其拥有经济、社会、手工业和其他活动方面的准确信息。任何等级的官府都有一套可为新地方官提供帮助的地方志——南京或北京虽已颁布了法律,但对这些法律进行解释时不得不以当地风俗习惯和实际做法为依据。徐弘祖(1585—1643)是一位冒险家、探险家和游记作

---

① 陈第(1541—1617),明代音韵学家,著有《毛诗古音考》《屈宋古音义》《一斋诗集》《寄心集》等,其中《毛诗古音考》是历史音韵学诞生的标志。——译注

② 恒慕义(A. W. Hummel):《国会图书馆年度报告》(Annual Report of the Librarian of Congress),1940,第170页。

③ 指《寰宇通志》和《大明一统志》。——译注

者,他以另外一种方式为地理学做出了贡献。与绝大多数喜欢久坐不动的中国富人不同,徐弘祖热衷于踏访山川名胜,并且坚持将每天的见闻记录下来。他曾历时四年游览西南,这是他最为广泛的一次旅行。在这次旅行中,他发现了西江和长江的真正源头,以及湄公河和怒江是两条独立河流的事实。利玛窦于1582年来到中国,他曾将其有关东亚和中亚的几乎所有知识都归功于中国制图者。后面我们将会看到,他的到来在很大程度上激发了中国人对地理学的兴趣。

明朝时期几乎每一领域都有专题性著述。在马斯安(Marsenne)和维克迈斯特(Werckmeister)①分别于1636年及1691年发现十二音构问题前,有着皇家血统的朱载堉②早在1584年已撰著出版《律学新说》。这部《律学新说》利用"根号2开12次方"发现间隔区间存在十二平均律③。16世纪的中国人将墨砚这种小型工艺品形式发展到极致。关于这一主题的两本书分别于1588年和1594年出版,这两本书是编辑的典范,共包含超过一千幅木刻画。④

---

① 维克迈斯特,德国管风琴师,于1691年出版《产生键盘平均音调的教学》,注意到十二音构的问题。——译注

② 朱载堉(1536—1611),明太祖朱元璋九世孙,著名律学家,被誉为"钢琴理论的鼻祖"。——译注

③ 朱载堉的"十二平均律"使十二个键的每相邻两键音律的增幅或减幅相等。——译注

④ 有关方于鲁的《方氏墨谱》和程君房的《程氏墨苑》的出版故事,显示了一段友谊的破裂。它牵涉了数百位艺术家和学者,后被上奏到朝廷,并以其中一位作者死于监狱而告终。

1406年出版的《救荒本草》是植物学领域一部杰出的著作，它由明朝创建者朱元璋的第五个儿子①和他的一位朋友共同撰著。1382—1400年，这两位合作者在开封附近的皇庄一同度过了整整八年。他们从农民和隐士那里获取了在洪灾或干旱等灾荒年岁里可食用植物的所有信息；同时，他们将这些植物种植在田地里，对其各个阶段的生长情况进行描述说明，并将所聘画家画的图以小型木刻版画的方式进行复制。②

带有图解的《本草纲目》完成于1578年，这部著作使医学领域大为丰富。编撰者李时珍为此书耗费了整整26年，他查阅了医学领域已知的每部出版物。按照伊博恩（Bernard E. Read）③所说，《本草纲目》在62种类别之下讨论了898种植物、约1000种动物和矿物类药；同时，李时珍的这部书还含有8160种药方。人痘接种、梅毒治疗、高岭土、曼陀罗、大风子油、麻黄碱以及碘在特定疾病中的使用等都是此书讨论的问题。此书有至少14种版本，在中国医学界受到非比寻常的重视，在日本，它也被认为是权威之书。

在笔者看来，当时涌现的所有带插图的百科全书中，至少有三部非常引人注目，这三部带有木刻版画的百科全书都是在明朝

---

① 即朱橚。——译注

② 施永格（Swingle）认为，这部著作可与《自然之书》（奥格斯堡，1475）相媲美。最近，伊博恩（Bernard E. Read）以《饥荒食物》（*Famine Foods*）为题对这本《救荒本草》进行了概述（上海，1946）。《救荒本草》描述的414种植物中，他确认识别出了358种。

③ 《本草新注》（*Chinese Medicinal Plants*），第3版，1936。

行将结束时编撰的。第一部是1609年出版的《三才图会》,由王圻和王思羲父子编撰。此书共106卷,主要价值在于包含有关于服饰、游戏、工具、建筑、植物及动物生活等各种各样主题的版画。一个世纪后,在日本出版了此书的补充版。第二部是共有24卷的《武备志》,由茅元仪编撰,并于1628年进呈皇帝。这部书只关注进攻和防守方面的武器、盔甲、军事战略、沿海地图等。与前两部相比,1637年出版的《天工开物》则较短,仅18卷。此书的作者宋应星曾五次落选进士科考。这部关于手工业方面的书讨论的是谷物栽培加工、纺织与染色、五种金属元素(实际上是六种)、制盐、制糖、陶瓷制作、金属铸锻、舟车的设计、煤炭的开采、军事武器(包括气体爆炸)、油墨、面粉、珍珠采集以及玉石开采等问题。

　　字典和一系列词典的出版证明了明代中国人在语言方面的兴趣。1615年出版的《字汇》由梅膺祚编纂,包含有33179个汉字。这部字典之所以非常重要,是因为它第一次将所有汉字的部首简化为214部;而2世纪、6世纪和11世纪的字典则分别将汉字部首简化为540部、542部和544部。① 自17世纪以来,无论是中国的还是外国(包括朝鲜和日本)的词典编纂者都继续使用这214个部首。重要的是,中国学者能如此彻底地脱离规范标准,并能如此聪明地预见到这种简化对未来研究者有着不可估量的价值。同时,梅膺祚根据每个汉字的笔画数重新编排了汉字部首和汉字。自此以后,绝大多数手册和参考工具书都是按照这种方式

---

① 一部由契丹佛教徒编纂并于997年出版的字典,将汉字部首简化为242部,但它没有被宋辽边境以南的中原学者接受。14世纪的另外一位字典编纂者将部首的数量简化为360部。

进行编排的。然而,今天几乎无人再提起《字汇》这部字典,因为它已被后来的字典所取代。1382年、1549年、1620年、1630年出版的词典都是由设在首都的四夷馆编纂的。① 这些字典的出现表明,朝廷中有部分学者已通晓朝鲜、日本、波斯、土耳其、占婆、暹罗、马来西亚、安南、琉球岛、蒙古、西藏等地的语言,并部分掌握了回鹘族和女真人的语言。这些词典大都以手稿本的形式保存下来,这有助于现代学者查明两三种已不熟悉的语言的奥秘。

如同诗歌是唐代的荣耀、戏曲是元代的荣耀一样,明代最引以为荣的是小说。《三国演义》这部长篇历史小说出自罗贯中之手,他是14世纪晚期的一位作家,但直到17世纪才出现这部小说的修订版。这部小说所设定的年代是3世纪初期,关注的是三国时期自相残杀式战争中的英雄人物。吴承恩的《西游记》受到宋代一部史诗的启发。这个高度虚构故事的主人公是一只猴子,为玄奘这位7世纪的伟大佛教朝圣者前往天国的旅途保驾护航的正是这只由道教改信佛教的猴子。这部小说中充满了关于传说中的地区、神仙、妖怪和冒险经历的描述。出自于施耐庵这位14世纪晚期作家之手的《水浒传》,两个世纪后才有增补版。这部以歹徒为题材的故事,关注的是12世纪的一伙强盗,他们离开在山东群山中的巢穴,对导致他们遭受冤屈的官府进行报复。《金瓶梅》是第一部罗曼史小说,它描写的是发生于16世纪的带有色情性质的爱情故事。它的作者不详,扩充版于1610年出版。到现在为止,保存下来的还有其他著名作品,尤其是短篇小说集,但上

---

① 公元前2世纪以来,该机构的运作一直都是断断续续的,1407年年初被重新设立。

面所提到的作品无疑是最为流行的。这些小说一般都印刷精美，但还是出现了无数被广为传阅的版本。特别受欢迎的故事常在茶馆和市井之地被讲述，或被改编为戏曲搬上舞台。这些小说中的英雄人物比中国历史上最杰出的人物更广为人知且受欢迎，这一说法并不为过，其中一个甚至在1594年被奉若神明。①

在这一时期，戏曲也有所发展并逐渐成熟。除了借用同时代的故事之外，还出现了全新的独创情节。昆曲是15世纪发展起来的一种戏曲形式，它的发展中心位于苏州一带，特别为长江流域的富人和文人阶层所推崇。与元曲的根本不同之处在于，它拥有更大的自由度，抛弃了四幕的形式和只将歌唱角色分配给男主人公或女主人公的做法。开始时它是为不太正式的场合设计的，因此它的音乐更为柔和并且旋律丰富。按照姚莘农所说，"歌女使昆曲的曲调蔓延至官员和朝臣的宴会桌，诗人和学者们游览或乘船聚会时都会赞美颂扬它，它流行于茶室和酒楼，被哼唱于旅馆和路边酒馆，它吸引着旅行者、信使和贸易旅途中的商人，并通过他们传播至这个国家的其他地区"②。这种形式的戏曲未能广

---

① 1640年，金圣叹（1610—1661）这位有着非正统思想的学者曾断言，这些富有想象力的作品和儒家的哲学、诗歌和历史作品一样，有着相同类型的文学价值。为证实这一说法，他于1641年出版了一种版本的《水浒传》，并在1644年为《三国演义》写了一篇长篇前言。前面提到过的李贽，很早就将这些富有想象力的作品称为"四大奇书"。

②《天下月刊》(T'ien Monthly)，II：1, 69-70, 1936年1月。（《天下月刊》1935年8月创刊于上海，1941年9月停刊，由中山文化教育馆赞助出版。这份英文期刊是综合性文化刊物，旨在向西方解释和介绍中国的文学与艺术，促进东西方文化的相互了解。——译注）

为流行,很大程度上是因为它过于注重文学性和出色的歌剧风格。它成为一种供文人消遣的娱乐活动,并为朝廷所支持。18—19世纪期间,它的受欢迎程度持续下降;到了20世纪,它实际上已经消逝了(此说法明显有误——译注)。

16世纪欧洲人的到来,尤其是随之而来的欧洲文明,势必对中国文化产生影响。正如我们所看到的,中国人的思想和文化并非静止不变,尽管没有一条大的交通动脉贯穿帝国的疆域,民众亦被禁止出国。① 这些障碍未能阻止欧洲的新学成功渗透进中国,在很大程度上得益于学术性著作和具有献身精神的传教士,这些传教士大部分属于耶稣会。传教士们并不满足于详尽阐述福音,他们通过翻译、教授及原创性著作将欧洲的文艺复兴引入中国。他们胸襟豁达,接受过良好训练,几乎没有人比他们更适合此项使命。尽管朝廷中存有一些敌意(穆斯林天文学家自然憎恨耶稣会士在他们领域内的令人信服的承诺和保证),这些欧洲人还是通过其在伦理学、数学、天文学、地理学、物理学、逻辑学及应用科学方面所具有的知识使部分最具智慧的中国知识分子深受触动。

这些传教士中,最重要的当属1552年出生于意大利的利玛窦。他原本被送到罗马学习法律,但他却把自己献给了耶稣会。

---

① 1619年,万历皇帝在给俄国沙皇的信中写道:"依照我的惯例,我既不会离开我自己的帝国,也不允许我的使臣或商人这样做。"刘选民(Liu Hsuan-min)译,《中国社会及政治科学评论》(*Chinese and Social and Political Science Review*), XXIII:4,第403页,1940年1—3月。

在伟大的克拉维乌斯(Christopher Clavius)①指导下,他学到了神学、数学、宇宙学和天文学方面的知识,此后被派往果阿,并于 1582 年到达澳门。利玛窦很有学习汉语的天赋,很快即受到了一些中国知名学者的注意,这些学者同他一起讨论数学、其他科学以及他制作的带有注释的世界地图。他的地图经过多次出版和校勘,无论是在中国还是在日本都留有它的印记。从 1601 年一直到 1610 年去世,利玛窦都待在北京。这期间,他激发了知识阶层对欧洲科学与技术的兴趣,并转变了他们的信仰。他的奉献、热情以及智慧,成为中国人本应具有并应欢迎这种新信仰的最佳证明。1610 年,他修建了一座教堂。一些高级官员皈依了基督教,《农政全书》的作者徐光启(1562—1633)即是其中之一,他同利玛窦一道翻译了数学、水力学、天文学②和宗教方面的著述。去世前不久,利玛窦被擢拔成为帝国的内阁官员。

---

① 克利斯多弗·克拉维乌斯(Christopher Clavius),德国天文学家,曾主持修订格里高利历。——译注

② 尽管在 1601—1644 年期间出版的天文学著述达三十多部,这表明欧洲已出现许多新知识,但《明史稿》中的天文记录不可能是耶稣会士的,它已被公认是来源于利玛窦及其信徒的著述,因为利玛窦即是因接受并四处传播伽利略的"地球绕着太阳转"这一极具颠覆性的理论而在 1633 年受到教会的官方谴责。

# 第八章

# 清朝时期(1644—1912)

The Ch'ing, or Manchu, Dynasty(1644—1912)

清朝时期,中原政权再次从汉人控制转向外族——满族人控制。在 15 世纪和 16 世纪的大部分时间里,女真人的后裔一直在骚扰明朝。像储备育种者和农民一样,满族在 16 世纪的最后 20 年逐渐暴露出其野心,他们在为取代已明显衰败的明朝统治做准备。假如明朝没有被农民起义撕裂,假如明朝的前线部队不缺乏指挥将领和补给品,假如满族没有因明朝的通敌者而实力大增,假如明王朝还有卓越的领导人,满族人原本很有可能会遭遇失败。

满族①的第一代领导人努尔哈赤(1559—1626)出身高贵,有着超凡的勇气和智慧,知人善任且颇具领导才能。他统一了从汉人和其他对手那里所获的领土,并于 1616 年自封可汗。公元 1625 年,他在奉天建立了自己的都城。1601 年,努尔哈赤根据旗帜颜色(黄、红、蓝、白)将包括蒙古人、朝鲜人、汉人及满人在内的军队分为四组;1615 年,又将其军队扩大到八组(使用相同的颜色,但是分别增加了镶边),均由满族贵族指挥。在八旗之上,是一个仿照汉人政权模式的政府。1599 年,努尔哈赤命令两位官员改编了蒙古语的字母系统,使其适用于满语;后来,为使这一字母系统更具实用性,满语又增加了变音符号及八个新字母。为延续

---

① 满族这个词在这里使用并不符合史实,实际上直到努尔哈赤去世时都没有使用过满族这个词。

其女真前辈所建政权,努尔哈赤将其政权称为金;1636年,他又将这一称号改为类似于汉人政权名称的"清"。此时的满族人尽量避免与蒙古人发生冲突,因为蒙古人仍不时回忆起金朝曾经封锁其伟大英雄成吉思汗的北上通道。同时,满族人开始了向南扩张的征程。

1629年,满族军队越过长城,到达北京和其他一些城市的城门口;1633年,他们从蒙古人手中夺取了察哈尔,并从汉人那里夺取了辽东。他们之所以成功,部分原因在于拥有汉人所造的大炮,这些大炮部分是战利品,部分由投靠满人的汉人制造。1637年,他们征服了朝鲜。1627年和1642年,由于内部局势十分危急,并有许多将领投靠满族军队,明朝不得不两次求和。然而,满族军队在等待着。1644年,最佳机会终于到来,当时北京为李自成的起义军占领,而守卫长城的中原将领吴三桂亦向他们寻求帮助。在一场猛烈沙尘暴的掩护下,满汉联军战胜了起义叛军。一旦到了北京,满族人即拒绝离开,他们在此建立了其第二个都城。尽管历经了长年累月的反抗斗争,且几次都行将崩溃,但北京作为清帝国统治的中心一直持续到1912年。

当明朝的最后一个皇帝逃离其国家时,满人名义上于1659年宣告完成了对中原的征服。1674—1681年期间,南部地区爆发三藩之乱,此次叛乱最终被镇压;1645—1683年,南方的海上力量一直为郑氏家族祖孙四代控制,但最终亦被清军摧毁。事实上,直到此时满族人才最终确立其统治。这场战争使中国南部在近40年间一直处于动乱状态,带来了不可估量的损失,尤其是在沿海城市,但也致使被葡萄牙人称为福尔摩沙的台湾被正式纳入满族人的统治范围。

第八章 清朝时期(1644—1912) 257

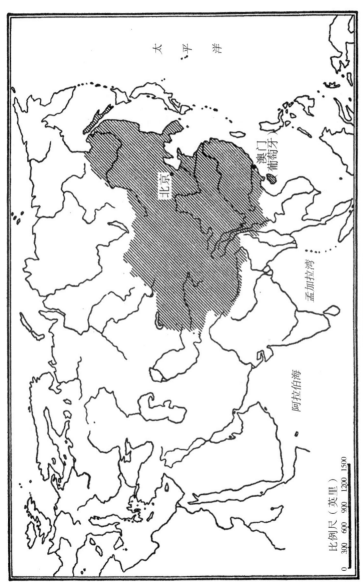

清帝国疆域图(到18世纪末)

除一两处调整外，清朝原封不动地延续了明朝的政治体制。最初的几部译为满文的书，其内容都是明代的律令。1631年，第二位可汗皇太极在奉天仿照汉人设立了六个政府部门；1634年，他宣布在满人中举行科举考试；1636年，他采用了皇帝的称号。后来政府迁移至北平时，一些汉族官员也愿意为他们效力。一般而言，重要的官职都是按照大致相同的比例由满人和汉人担任；并不太重要的官职，则80%—90%由汉人担任（入关之初，重要官职几乎都由满人担任。——译注）。为增强他们的军事力量，满族人组建了蒙八旗和汉八旗，并吸收新的追随者。当一个地区被征服后，这些旗民便作为卫戍部队驻扎在防御要塞。在皇帝的支持下，经过一段时间后，他们便在一些中原城市建立了独具特色的定居点。起初，旗民是占领和殖民化必不可少且行之有效的工具手段；后来，他们逐渐成为汉人憎恨的对象，并成为国家财政的一项沉重负担。① 后来，皇帝尽可能让他们中的一部分人定居于满洲。一直被封闭起来的满洲，直到1803年才向普通汉人开放。处在这种混合过程之中，加之被卓越的中原文明征服，满族人对他们自己的风俗习惯、语言以及战斗技能越来越陌生，以至于后来他们中几乎没有人可以称为真正的满族人，这导致他们在1912年时失去了帝国，汉族人重新掌握了政权。

除占领北平时满人和汉人之间的几项约定之外，满族王朝并未给中原人的生活带来任何重大的经济或社会变化。他们的约

---

① 根据Gibert的观点[《满洲的历史地理词典》(*Dictionnaire historique et geographique de la mandchourie*)，第721页]，1810年满八旗有220960人，蒙八旗有55639人，汉八旗有143893人，加上他们的家属，总计约有1500000人。

定包括以下几方面:(1)不允许汉族女子嫁入后宫。然而,前两位皇帝都有汉族妃子,据说第二位和第四位皇帝的母亲还是汉人。(2)在科举考试中,满人从未中过状元。在1646年至1905年间所产生的114位状元中,有三位是因旗人而被录取,但他们实际上并非旗人,其中的两位是汉人,另一位是蒙古人。(3)汉族男子应剃头留辫,并改穿满族服饰,他们只有在死后埋葬时才可穿明代服饰。奇怪的是,朝鲜人并不受此项规定的限制,他们可以继续穿着明代服饰,道士也同样如此。除此之外,没有任何其他例外。剃发留辫被执行得如此坚决彻底,以致成为一种习俗,直到1911年后许多汉人仍坚持保留他们的辫子。① (4)汉族女子虽没有被强迫改穿满族服饰,但被禁止缠足。然而后来数年的事实证明,这项规定无法执行,于是于1688年被废止。此后,只有进入后宫的汉族女子和中国南方的一部分客家妇女可以不裹脚。

与契丹和女真不同,满族没有做任何扰乱中原经济之事。他们给中原地区带来了长达一个半世纪的和平,这一点极为重要。在确立其统治的长期斗争结束之后,他们采取了一种"与从前相同的商业"政策。在漫长的安宁时期,满人考虑的是修复、扩展和维护公共工程;他们无情地粉碎了南方和西南民众经常发动的叛乱,随后开始对这些地方实行殖民统治;他们在饥荒地区实施减税政策;他们消除了北部和西部边境的威胁,最终将统治区域延伸到最西端的巴尔喀什湖和帕米尔高原。这些重大成就使这个国家从长达几十年的战乱中恢复过来,并再次致力于发展文明艺

---

① 关于这一点,鲁迅的一些短篇小说(如由王际真翻译的《阿Q正传》及其他)中有过描述,颇为有趣。

术。在明末即已开始增长的人口,到这时,其增长速度已达到历史最高水平。① 这种增加更多地来源于其他因素,而不仅仅是冲突的停止和繁重税收的免除②。商业和国际贸易的发展、新增耕地减少(这意味着一些地方存在森林过度砍伐和土壤侵蚀)以及新作物的广泛种植都是其原因。

西属马尼拉与中国福建和广东之间的贸易前面已经讨论过了。据一位西班牙历史学家估计,1571—1821年期间,这种贸易更加活跃了,这一时期从西属美洲流入菲律宾的银元共计四亿,其中约一半用于购买中国人的丝绸、瓷器和其他商品。与日本人、印度人、阿拉伯人、葡萄牙人、荷兰人等的贸易也有大幅增长。大量船只航行于印度洋和附近的海上航道,数量比以往任何时候都要多。其中一些船只是中国人的(麦哲伦的同辈曾在马六甲看见中国人的帆船),阿拉伯人的船只则到访每一个港口。葡萄牙人从阿拉伯人那里夺取了贸易霸权后,又不得不防范荷兰人的抢夺。到1641年,荷兰人已在巴达维和台湾建立据点,最终葡萄牙人被逐出马六甲。1664年,英国人开始与广州开展贸易。这种贸易持续稳步增长,到1689年便已超过荷兰。与法国的贸易量一直很小。最初,与美国的贸易需经过印度洋和好望角,美国独立

---

① 17世纪初期的几十年,据估计中国人口约有1.5亿;但在接下来的两个世纪中,人口迅速增加到4.3亿。在为19世纪50年代的太平天国和其他起义所抑制之前,中国人口数量一直处于上升状态。参见何炳棣(Ping-ti Ho)的《中国人口研究,1368—1953》,第203页。

② 康熙皇帝于1712年颁布法令,宣布即使人口增长,也不再增加税收配额。参见《圣祖实录》,第14-16页。

战争结束后,直接贸易便立刻开始了。与此同时,俄罗斯的猎人和冒险家正穿过西伯利亚到达满人的边境,1644年,他们曾深入黑龙江流域。他们与满人之间发生了无数次战斗,直到1689年签订边界条约,战斗才宣告结束。在这之后,少量的陆路贸易开始发展起来。

除了与朝鲜、日本和中亚的贸易关系继续保持外,所有这些新因素也使中国市场变得更为活跃。茶叶被压成一砖厚从中国中部运往蒙古和俄罗斯;土布(一种未漂白的棉布)从南京销往西欧,随后又销往美国;每一个可用窑口都在生产专为出口到西方国家的瓷器;大多数丝绸产自浙江,它们广受欢迎;小型的墙纸、格架、地毯、首饰、扇子、药品、椅子、桌子、长条沙发以及所有漆制品也同样很受欢迎。1703年,法国商船安菲特里特号(Amphitrite)返航时,除漆制品外没有带回任何其他东西。伏尔泰惊叹道:"有人问,从秘鲁和墨西哥不断流入西班牙的黄金和白银都变成了什么?它们进入了法国人、英国人和荷兰人的腰包,这些人在加的斯进行贸易,返航时将他们的工业产品运到美国。这些货币中有很大一部分去了东印度群岛,用于购买丝绸、香料、硝石、冰糖、茶、纺织品、钻石和古玩。"①

土地利用率的提高一直没有得到广泛深入的研究。现有知识表明,在整个清代,中原人在不断地侵犯满人和蒙古人的领地,并将中国南方和西南地区的少数民族驱赶到群山和其他贫瘠之地。于是,这些少数民族砍伐古木,并在斜坡上开垦梯田,这些行

---

① 利奇温(Adolf Reichwein)引自《中国与欧洲》(*China and Europe*),第17页。

为后来被证明是目光短浅的。美国农业部的亚瑟·祖（Arthur P. Chew）这样写道:"短暂的山坡农业生活终结了长期的平原农业生活。农民从半山腰收获粮食,被释放出来的泥石流却毁灭了更多人的生活。"①作为个体的中国人没有其他选择,需要养育的人口越来越多,而政府也没有任何保护计划。

对清朝统治有利的是,世界上绝大多数富有营养且价格适宜的农作物均已引入中国。13—17世纪期间,高粱、玉米、甘薯、花生和烟草已进入中国。② 1644年之后,中国又相继引入了其他非粮食作物,例如,1650年左右,菠萝首先在台湾、广东、福建和云南栽种;大约于同一时间,中国南方首次出现南美洲的番荔枝;1650年,马铃薯出现在台湾,稍后进入大陆;到18世纪,辣椒、金鸡纳树、南瓜以及一些品种的豆类为中国人所知。这些作物中有一些可在相对贫瘠的土地上栽种,其他的则应种植于小米或高粱的垄之间,或是在主要的夏季作物被收割后种植。它们提高了土地利用率,丰富了饮食,并增加了农民和中间商的收入。只有在个别情况下,帝国才会在新作物的种植方面施加压力。作为各种压力的结果,到1948年中国的水稻、甘薯、高粱、大豆、蚕豆、油菜籽、芝麻及大麦的种植位居全球第一;丝绸和茶叶也有可能是第一,

---

① 《大西洋月刊》(*Atlantic Monthly*),1937年2月,第198页。
② 鼻烟(Snuff)在17世纪晚期也已出现,它被广州和北京的时尚之人接受,如同它在巴黎、圣彼得堡和伦敦一样。然而,这种习俗最近已消失了,只有蒙古人还仍旧使用鼻烟。它被记住主要是因为18世纪中期以来所制造的鼻烟壶外观非常精美。

玉米、烟草、花生和小麦也名列前茅。①

这一时期还引入了罂粟，这种作物产生了深远但极其有害的影响。它夺走了大片的土地，毁灭了数以万计的家园，养肥了税吏、官员和地主们的钱包，并最终在1840年导致了战争。作为一种口服药物，鸦片为中国人了解和使用已有几百年的历史。16世纪以前，中国几乎不种植鸦片，它的主要产地是印度，由阿拉伯和印度商人运到中国。1523年之后，由于沿海一带海盗活动猖獗，中国人被迫开始自己种植鸦片。这时，葡萄牙人开始从印度将鸦片输入澳门。荷兰人、英国人和美国人（1810年后）相继发现这是一种最有利可图的贸易，于是他们也开始将印度和土耳其的鸦片偷运至中国。17世纪末，人们开始抽掺杂着烟草的鸦片。1689年，恩格尔贝特·坎普弗尔（Engelbert Kaempfer）②在爪哇第一次提及这种抽法，后来人们普遍不再掺杂烟草，以致政府于1729年颁布法令禁止销售鸦片。然而，这项法令很快即被证明无效，于是政府又于1800年禁止进口鸦片。尽管有这道禁令，到1821年时每年仍有五千箱鸦片进入广州，其中绝大部分是通过英国船只运输进来的，其余的则是通过美国和其他国家的船只。中国和外国商人从这种非法贸易中大发横财，中国白银大量流失，但交易

---

① 数据引自于联合国出版的《1949年食品与农业统计年鉴》(*Yearbook of Food and Agricultural Statistics*)，第31－114页，1950.这份资料中的数据不包括苏联，也没有提供中国茶叶和丝绸供应量方面的任何信息。20世纪30年代初，在中国这两种商品的生产居世界领先地位。

② 恩格尔贝特·坎普弗尔(1651—1716)，德国博物学家及物理学家，受雇于荷兰东印度公司，曾将针灸介绍到西方。——译注

仍在继续,到19世纪30年代末,每年的进口量已达到3万箱。清政府最终不得不进行干预,焚烧了大量鸦片,从而导致与英国的战争爆发。英国人宣称他们拥有贸易特权,不受广东当地官员们的强制约束。他们不费吹灰之力即赢得了胜利,一直到1911年鸦片仍是其出口到中国的商品。与此同时,中国很多地方都在种植罂粟,尤其是在一些边远地区,地方行政或军事官员会出于税收目的而纵容种植。其结果当然是灾难性的,葛德石(George Babcock Cressey)①曾明确表示:"1923年冬季,估计云南三分之二的耕地都为罂粟所占;贵州的比例大致相同。在昆明,据说90%的男人和60%的女人都沉溺于鸦片。许多县的罂粟产量高达一两万盎司。上好耕地不再用于农业生产,这引发了严重的粮食短缺。"② 经过几十年的禁烟努力之后,1948年国民政府向联合国报告其仍在继续致力于禁止罂粟的种植以及鸦片的生产、运输和销售,但因为内乱,这项工作即便不是完全无效,也受到了很大阻碍。

到19世纪初,清政府内外交困,垮台的命运已然注定。国内政治正迅速恶化,以历史学家章学诚(1738—1801)为代表的同时代学者留下的记述表明,满人在首都和各省均表现得堕落颓废、腐败无能。皇帝的宠臣抢夺了帝国的财富,损害了政府机构的廉洁与效率。而此时,国外的工业革命正酝酿着一场风暴,这场风暴从1840年起横扫一切障碍,将给中国带来前所未有的震撼。

---

① 葛德石,美国著名地理学家,以研究中国地理而闻名,著有《中国地理基础》一书。——译注

② 《中国地理基础》(China's Geographic Foundations),麦格劳·希尔出版集团(McGraw-Hill),第375页。

缺乏远见的大清皇帝及其大臣们仍然力图坚持闭关锁国的政策。广州成为唯一的通商口岸,由一小撮行商垄断对外贸易。在所有西方国家中,英国第一个试图打破这种垄断,要求将香港作为其殖民地和五口通商的序幕①。其他西方列强紧随其后,要求开放另外11个口岸、实行治外法权、建立由西方人控制的海关、允许外国公使常驻北京、鸦片进口合法化、容许天主教和新教传教士在华从事传教活动、允许他们到内陆旅行和学习汉语,俄国还强迫清帝国割让北方的部分领土。

除了主权受到侵犯外,满人还面临着民间的动乱。官员的贪赃枉法、地主的横征暴敛、水利设施的损毁,连同地震等自然灾害一道,将民怨激化成熊熊火焰,各地的起义一触即发。1774—1813年,秘密会社、会党及穆斯林民众发动起义已是常有之事。尽管都被镇压下去,但留下的却是杀戮和严重的财产损失。19世纪中叶,清帝国发生了六次大规模起义:一是1850—1864年发生在南方和北方的太平天国起义;二是1853—1868年由捻军在北方和中部地区发动的起义,捻军是一个秘密会社的支持者和拥护者;其他四次是回民在云南、陕西、甘肃(1855—1873,1862—1873)和中亚地区(1862—1876,1866—1878)所发动的。这些起义均为汉族将领指挥的帝国军队镇压,背后也有西方势力的支持。不管怎样,镇压的结果是非常可怕的:数以百万计的人失去

---

① 这个故事的绝大部分内容并不具有可读性。Grace Fox 所做的客观性研究《英国海军与中国海盗》(*British Admirals and Chinese Pirates*,1832—1869,London,1940)即是一个例子。(此书主要研究海盗问题,强调英国海军占领香港后在镇压海盗问题上所扮演的角色。——译注)

生命，几个省几乎成为一片废墟，成千上万的书籍、手稿、家谱、绘画作品以及石碑等无价之宝遭到损毁。此时，清王朝还能够苟延残喘半个世纪之久，主要是因为太平天国领导者错误的指挥、无数汉族官员们的忠诚（他们宁愿选择这个异族王朝也不愿选择混乱）以及来自外国的帮助。然而，不幸的是，对于行将到来的崩溃，清王朝统治者及其大臣们熟视无睹，没有采取任何改革措施，虽然他们有充足的时间。

1870年后，中国主权遭到更进一步的侵犯：增加开放口岸；允许更多的鸦片输入；被强制赔款；印度支那、缅甸、台湾、澎湖列岛被占领；英国、德国、俄国和法国加入到租界的争夺中来（仅有意大利被成功拒绝）；美国鼓吹门户开放。对外国人和满族统治的日益不满，在1900年引发了又一场起义①。这场起义造成了大量伤亡和破坏，并使清政府背负了巨额赔款（连同利息总计约7.75亿美元），尽管后来被部分免除。最后，朝廷终于意识到统治危机，开始在教育、法律、经济和政治等各个方面进行改革。② 然而，孙中山（1867—1925）领导的革命者对这些改革并不满意，他们正活跃于东京、伦敦、巴黎和广州，并于1911年举行了起义。清王朝随即被推翻，中国成为一个名义上的共和国。

19世纪之前，满人统治下的中国历史文化一直延续着明代传统。在和平与繁荣的推动下，所有小型工艺制造业都蓬勃发展起来，达到了也许永远无法被超越的水准。御窑烧制的瓷器处于严格监管之下，1682—1749年期间管理御窑的人都极富能力和经

---

① 指义和团运动。——译注
② 指清末新政。——译注

验。然而,这些在欧洲和美洲长期受到称赞的瓷器,只是在技术上可与明代瓷器相竞争。绘画十分流行,但同样缺乏明代绘画作品所具有的灵气,因为满族艺术家倾向于向更为古老的作品寻求灵感。生活在首都的朗世宁①(1688—1766)为一种画派注入了新的生命力,但其影响非常短暂。建筑也遵循于古老的形式,尽管皇帝在北京附近的花园②中修建的一些建筑其灵感来自于欧洲。无论在学术性还是浪漫性上,清代文学都表现出色。在被誉为"康乾盛世"的康熙(1662—1722)、雍正(1723—1735)、乾隆(1736—1795)三朝,无论在官方项目还是民间项目中,学者们都表现得非常活跃,其中一些富有创新精神者所写的故事和小说,有时候隐含着对那个时代思想和环境的批评。

尽管明代最后几十年的表现非常糟糕,但由于其是汉人文化,还是受到文人们的强烈支持。当明朝为满人政权所取代时,成百上千的文人选择四处漂泊。他们中有些人带着为数不多的虔诚弟子躲避到深山之中,拒绝以任何方式同满人合作;有些人追随明王室的皇子到福建、广东或云南;还有少数人则流落到日本等地避难,他们有时能一举成名,并希望借此恢复汉人在这片大陆的统治权威。然而,随着时间的流逝,这种反抗的态度慢慢消逝,这很大程度上是因为第二代皇帝的开明政策和满人毋庸置疑的军事实力。到了18世纪,"反清复明"活动死灰复燃,正是雍

---

① 郎世宁,意大利人,清康熙五十四年(1715)作为天主教耶稣会的修道士来中国传教,随即入宫进入如意馆,成为宫廷画家,在中国从事绘画工作达五十多年。——译注

② 即圆明园。——译注

正和乾隆的镇压措施赋予了其新生命。撰著于满人到来之后的文献非常重要，与早前的作品差异明显。例如，黄宗羲（1610—1695）猛烈抨击君主专制统治，主张人民的权利；王夫之（1619—1692）寻求一系列关键问题的答案，如"我们如何知道天性或天理的存在""什么是知识的来源""什么知识是真正的知识"等；颜元（1635—1704）极力批判传统教育和"静坐冥想"，提倡现实生活（"我所想的是动、行、实学、致用"）；李塨（1659—1733）主张每个领域值得学习的知识应是基于经验和专业化的知识。最近一本出色的汇编著作①区分了清朝179个学派的思想，并指出17世纪晚期思想家的主要目的是要找到切实可行且能立即实施的改革措施。19世纪出现了两部带有乌托邦思想的著作，一部是李汝珍（1763—1830）的小说《镜花缘》，另外一部是康有为（1858—1927）的《大同书》。这两部书都提倡迟到已久的改革，后者建议的在社会控制方面进行的变革在今天看来都极具远见。其他学者发现这种思考具有危险性或不符合他们的个性，于是开始对中国历史进行批判性研究，或在音韵学这样的领域展开训诂研究。方以智（1615—1667）主张汉语采用欧洲式的字母系统。当顾炎武（1613—1682）强调观察、证据和独创性应为任何学术研究所具备时，他击中了这个时代的主题，这些原则使他关于风俗、政治和

---

① 指前总统徐世昌（1858—1939）编著的《清儒学案》（民国七年，徐世昌被选为大总统，他国学功底深厚，一生编书、刻书三十余种，《清儒学案》为其中之一。——译注）。恒慕义（Arthur W. Hummel）编纂的《清代名人传记》（*Eminent Chinese of the Ch'ing Period*, 2vols, Washington, D. C, 1943—1944）非常出色地梳理了许多领域的领头人物的思想及其活动。

社会制度的研究具有巨大价值。蒲松龄(1630—1716)是一位有着独特气质的作家,他是汉语世界中一些最流行的故事的作者——《聊斋志异》包含有 341 个趣闻轶事。他撰写的一部关于一个男人和他的两位妻子的小说①,被认为是理解那个时代至关重要的一部作品。

在皇帝的支持下,20 世纪初出版了一系列工具书、百科全书和艺术宝典,现在这些典籍已成为中文图书馆必不可少的藏书。同时,这一时期还出现了其他颇有价值的著述,如经典诗歌散文汇编、儒家经典及史籍新注,以及数学、天文学、植物学和地理学方面的著述。其中部分著述的创作,无疑受到过欧洲传教士们的影响。这些生活在北京的欧洲传教士都接受过良好教育,他们的思维敏捷而活跃。德国人汤若望(1591—1666)②和南怀仁(1623—1688)③引领历法和天文研究;法国人雷孝思(1663—1738)④在地图制作方面有

---

① 指《醒世姻缘传》,胡适考证其作者为蒲松龄。——译注

② 汤若望(Johann Adam Schall von Bell),耶稣会士。1618 年前往中国,1623 年进京,曾将伽利略的《远镜说》和德国矿冶学家阿格里科拉论述欧洲开采和冶金技术的巨著《矿冶全书》译成中文。——译注

③ 中国的罗马天主教徒中可能没有人能提供比利玛窦、汤若望和南怀仁更好的指导。在关于汤若望传记中的一条注释中,伯希和写道:"汤若望是在中国近代史上两个扮演重要角色的欧洲人中的一个,其重要性排在利玛窦之后,南怀仁之前。他掌握当时所有的科学知识,并努力在自己周围进行传播。"《通报》(T'oung Pao),XXXI:1-2,第 180 页,1934。

④ 雷孝思(Jean Baptiste Regis),法国耶稣会会士、地理学家、历史学家、博学家。1698 年到达中国广州,因精通历算天文,随即被召入京供职,作品有《皇舆全览图》《易经》拉丁文译本等。——译注

很大影响。皇帝发现这些人志趣相投,非常值得信赖,而且在代表他时充满活力。直到1705年教皇质疑皇帝的权威时,他的友善才趋于冷淡,教会开始遭到压制。

文学事业继续蓬勃发展,但在第二位皇帝去世之后有了些许不同:思想自由受到更大程度的限制,繁荣转向其他方面。哲学思辨和时政讨论受到压抑,但考据学达到顶峰;诸如文献学、语音学、法学、地方志、地理、数学、古物、训诂、释经等研究主题非常受欢迎。从皇家图书馆按照四库分类法为其所收图书制作的目录索引可知,这种类型的学术研究一直延续到1912年,但实际上在18世纪即已达到顶峰。1.5万位翰林院学士为精心抄录这些书籍而忙碌,361位编者为选择书目并为1万本图书撰写题录花了近20年时间。这项事业势必影响到每个稍有读书传统的家庭,因为朝廷要求每位地方官员都将其管辖区域内的罕见书籍上交到首都。为赢得更高功名,那个时代最优秀的版本目录学家们齐聚在一起,同翰林学士和其他竞赛者们展开竞争。这样的努力和花费是值得的,不仅因为编目工程本身,还因为它对尚未完成的私人出版物有积极影响。然而悲哀的是,这项工程的结果却是不幸的。乾隆皇帝看到汇编中有许多鲜为人知的著述,这使其有机会将汉语文献中一切不利于其满族、契丹、女真及蒙古前辈的文字统统删除。基于统治或个人威望的原因,凡他认为是叛国或不当的文字统统被删改。他从事删改这项任务,与从事汇编一样积极。如此一来,他摧毁了反抗满族统治的知识根基。这至少部分解释了为什么在19世纪中期会有如此多博学的汉人支持满人而反对太平天国起义者;以及为什么20世纪初期许多人宁愿维持满人统治,并继续留着作为被奴役象征的辫子,却反对革命团体。

幸运的是,有两部富有想象力且广受欢迎的作品适时出现,抵销了这种有计划的删改和破坏。其中一部是《儒林外史》,它有意讽刺文人们追捧科举考试的行为,认为他们通常为满足科举考试的小小要求而耗费了人生的大部分时间。①《儒林外史》的作者吴敬梓(1701—1754)家境富裕且颇具文学才华,他不愿意为达到任职为官所需具备的要求而压抑自己的个性和独立精神。通过继承家业,他生活得相当惬意舒适,每日得以饮酒、唱歌,并写作少量的诗歌和散文。很显然,他写作这本书是为了显示其对科举制度的滥用和其压榨本质的蔑视。书中的情节都设定发生在明朝,以政府为那些一生追求仕进却表现不佳的沉抑之人追赠功名而结束。另外一部作品是《红楼梦》,它明显是一部自传性作品。作者曹雪芹祖上三代都以江宁织造为业,他目睹了其家族的奢靡挥霍和后来的衰落,自己也几近穷困潦倒。这部浪漫小说写的也是一个大家族的故事,其财富同样被挥霍殆尽。与几乎同时代的塞缪尔·理查森(Samuel Richardson)②的小说一样,它使数以百万计的人悲伤哭泣。

尽管阴影占据着主导地位,但19世纪的图景并不只有始终如一的昏暗。正如我们所看到的,本土学者继续着18世纪的考据学这一伟大传统;在部分沿海城市,报纸杂志开始崭露头角;重

---

① 1870年,在武昌这样一个省会城市举行的乡试中,大概有8000—9000人参加考试,最后仅有61人获得成功。显而易见,文中的观点适用于许多人。参见《中国评论》(*China Review*),II:309-314,1873—1874。

② 塞缪尔·理查森是18世纪中叶英国著名的小说家,对英国文学和欧洲文学产生过重要影响,著有《帕梅拉》《克拉丽莎》等作品。——译注

要西书的翻译,推动新思想朝着不同路线方向发展,并激发出新颖的写作风格;新开设的技术学校,开始将挑选出来的学生和代表团派往美国、英国、法国,1900年后则主要是派往日本①;开始修建铁路,铺设电缆,开采矿山;一部分人通过在海关服务以及在港口、海岸、内河航道和边疆哨所的工作受到训练;教会开始在宗教、思想、教育、社会环境和公共卫生方面发挥重要作用。中国人按照自己的节奏和方式努力筛选来自新世界的思想和技术,力图使其适应自己的需要。这个过程是昂贵的,但即便如此,也远比直接采用不适宜中国人思想文化的制度要好得多。

---

① 1902—1910年间,有13000名学生留学日本。Ling Chi Hong,《教育评论》(*Educational Review*),1910年4月,第8页。

# 第九章

# 民国时期(1912—1949)①

The Republic(1912—1949)

---

① 原著在此章中将中华人民共和国成立后的历史都视为民国时期,其意指"中华民国"仍是中国政权的唯一合法代表,这是不正确亦不合理的。而且,原著作者在叙述中华人民共和国史部分时存在诸多不合理的解读,其在整章中也并未占有太大篇幅。故此,译者仅将原著中1912—1949年的部分内容译出,有关中华人民共和国史则并未收入,特此说明。——译注

## 第九章 民国时期(1912—1949) 275

"中华民国"并没有取得彻底的成功。面对如此之多的重大问题,一开始即对孙中山的领导抱有过高期望是不切实际的。要如愿以偿地形成可靠的舆论,需要80%的公众都具备一定的文化素养,有文化之人还必须培养民主的思考方式。然而,在当时的中国地方自治之风如此强烈,既得利益集团如此庞大,还存在着与外国列强的纠葛;对某一军官的效忠使军队分裂成众多小团体;数百万人过着食不果腹的生活①;国库空虚,已无法负担一些必要的巨额公共开支,如河道的恢复、海岸的照明、港口的疏浚、新通信设施的建立、农业的提高改善、新矿的开采、城市的现代化及公共卫生的提供等。身居要职者自私得令人难以置信,大总统袁世凯成为犯错的第一人。幸运的是,在建立君主制失败后,袁世凯于1916年羞愤而死。中华民国面临的问题远比其他现代国家更为惊人,然而它却取得了令人惊叹的进步。

在抗日战争爆发之前,中国领导人经常采纳外国的建议,并

---

① 在关于此书英文版的一份匿名评论中,这一观点受到尖锐批判。作者注意到一位著名的中国政治学家最近表示同意这一观点,这让他感到些许安慰。作者根据财富将中国人划分为三类:上层占总人口的12%,中间阶层占24%,下层占64%。最后,他写道:"他们或者仅能维持生计,或者实际上生活在最低生活保障线以下。"钱端升(Ch'ien Tuan-sheng),《中国的政府与政治》(*The Government and Politics of China*),1950,第12页。

在外国的技术和金融援助下,致力于稳定货币和重建国家金融体系;收回大多数半私有化军队的指挥权,并建立小型兵工厂和军官教育中心;开展水利、筑路、植树造林、农业复垦等工程项目,以图减少因干旱和洪涝而造成的持续不断的饥荒;扩建铁路、开设空中航线,大力发展工商业;让民众接受医学和护理方面的教育培训,以应对瘟疫的威胁和工业中心所面临的新问题。另外,政府进行了法律改革,致力于统一国家和废止外国租界;为消除文盲,政府设立了成千上万所学校和许多大专院校;针对特别优秀的学生,政府还在首都举行了类似于旧制的考试,让少数入选之人出国深造;为了更好地保存中国传统文化遗产,推动现代科学研究,政府设立了一个包括历史语言、社会科学、心理学、气候学、天文学、地质学、植物学、化学、物理学、工程学等研究所在内的学术机构(即中央研究院),其成员是各个领域的著名学者。无论是中央和地方政府还是民间团体,都积极推动对古迹的研究和保护,一些遗址即是在他们的支持下得以挖掘。刚开始,考古工作并没有如预想中那样硕果累累,挖掘出土的很多文物遗失于因盗墓贼和盗碑贼的劫掠。更令人鼓舞的是,图书馆的发展及出版活动异乎寻常的扩张,使得上海到1937年已成为世界上最重要的几个中心城市之一。所有这些因素,连同天主教和新教传教士的帮助,一起推动着平民教育并激励着文化革命。①

"中华民国"最初几年的政治史混乱不堪。袁世凯复辟帝制失败之后,1917年恢复清王室的尝试同样不成功。除了短暂的插

---

① 要轻松地了解截至1937年的中国重建,请参阅爱斯嘉拉(Jean Escarra),《中国的过去与现在》(*China Then and Now*),第二部分,北京,1940。

曲外,不久之后爆发的内战一直持续到1949年。1926年,蒋介石领导的国民党开始北伐;第二年,它成功定都于南京。无论在军事还是在政治领域,新政府的领导人蒋介石都成了领袖人物。他花了约40年时间实现了一定程度的统一,其原因在于他赢得了追随者的绝对忠诚,控制了经济上最富裕的地区(特别是长江中下游地区),并抵抗了至少从1931—1945年被视为全民公敌的日本。除了早年同地方竞争对手的斗争之外,他找到了消灭共产党组织的权宜之计,这些共产党组织最初建立于南方的江西和福建两省,但他在这方面的努力并没有取得完全成功。1934年,蒋介石迫使共产党离开其根据地,在经四川进入中国西北的长征中经受了无法形容的艰难困苦和损失后,共产党扎根于延安附近的区域(位于陕西北部、甘肃和宁夏),并在这里为在战败日本之后的几年里同蒋介石再进行一次具有决定意义的争夺积蓄了力量。

自1912年以来,中国同许多国家之间都存在冲突和矛盾,其中同日本的关系最为紧张。1915年,当全世界的注意力都为欧洲战争吸引时,日本人提出了许多实质上要中国放弃主权的要求,这导致了一系列不利于中国的条约。1922年,在华盛顿召开的九国会议使中国恢复了主权和领土完整,山东半岛归还于中国。当南京政府试图控制北方省份时,一场新的内战于1927年爆发。紧接着是更为严重的麻烦,日本在1931—1933年间占领了满洲并围困上海(当时上海已是世界第五大重要港口),还侵占了北平北部的热河。这种征服如此容易,且来自中国和世界其他地区的反抗如此微不足道,日本人的军事野心和欲望迅速膨胀了。1935年,日本试图占领中国北方的大片区域,但仅获得了察北和冀东。

全面侵略战争真正开始于1937年7月,此时的中华民国看起来各方面都已到达巅峰。无论经济还是政治,中华民国都广受好评。毫无疑问,日本的战争领导人认识到,继续延误将大幅增加军事行动的成本和征服时间。他们注意到,中华民国在许多方面的重建都取得成就:修建了许多机动车公路,维修并延伸了铁路线;成功地让众多内部发行的债券价格自由浮动,并偿还了外国贷款;在美国和德国航空公司的帮助下,一些航空公司获得发展;改进了广播、电话、电报等方面的服务;在德国人的指导下,军队实现了部分现代化;教育设施和在校就读的学生数量有明显增加,针对民众的扫盲运动也大有发展。对国民斗志而言同样重要的外交,也在某些方面获得了重大进展。1929年,几十年来中国人第一次能够自己主持制定海关税则——这项行动需要同12个国家签订条约,最后一个签订的是日本;几个由外国人管辖的地区已由中国人收回,甚至上海的国际租界区也逐渐变成了中国的管辖区;战争爆发时,治外法权也似乎渐渐过时了。1943年,当中国人的斗志几乎降到最低点时,英国和美国政府正式放弃了这些特权。① 最后,日本军国主义者沮丧地注意到,由一度是满洲军阀的张学良所策划的政变的后果②。1936年12月,蒋介石在西安被囚,他同意不再致力于消灭共产党,取而代之的是领导抗日战争。此时,日本人正在中国北方野蛮侵略,并忙于大规模的走私。

  日军在距北平不远处展开了第一次袭击,其海军紧随其后入侵上海。在一年又三个月的时间内,日本的战争机器便控制了广州以南的整个海岸,并占领了重要的内陆城市汉口。中国人以其

---

  ① 指四三废约。——译注
  ② 指西安事变。——译注

仅有的能力和毋庸置疑的勇气进行了反击,但无法与敌人相抗衡。在这几个月里,中国人维持着前所未有的团结,许多政治和军事领导人都宣誓效忠于蒋委员长。当国民政府领导人发现有必要迁都至重庆时,士气和接踵而至的抵抗都下降了。他们已失去了主要的港口和工业中心,一些物资通过香港和印度支那输入,中国人不得不依靠自力更生和苏联(直到1941年夏季才开始)、英国及美国经陆路送来的少量供应。中国出现了一些叛国者,其中最主要的是汪精卫,在提议反对抵抗后,他最终投敌,成为日本在南京的主要代理人,直到一位刺客将其刺死。更大的问题是政府与共产党人之间不断扩大的裂痕,后者保留着在西北延安的根据地,却将他们全部的正规军和非正规军深入到华北和长江中下游的日军通信线路之间的区域。他们的游击战术被证明是日本人的一种"持续不断的烦恼"。蒋介石和他的下属不仅不重视这种援助,还试图限制它,甚至解散了共产党在东部的一支部队①,拒绝向另外一支部队提供给养,并将其包围起来。很显然,蒋介石意识到对国民党(执政党)而言,共产党成功抗击侵略者意味着战后必然的竞争。

　　1941年12月底,日本加入法西斯阵线后不久,英国的殖民地香港便落入日本人手中。几个月内,印度支那、马来亚和缅甸都遭受蹂躏,战争物资向中国腹地的运输被迫完全终止,中国因此严重依赖驼峰空运,这需要越过将印度和中国隔开的崇山峻岭。尽管非常有限,但对中国而言,它是这一无比漫长航线的最后一站,这条航线从美洲越过南大西洋到非洲、印度及更远处。通货

---

① 指皖南事变。——译注

膨胀严重、生产下滑、饥荒加剧,所有这些削弱了中国人的力量和士气。尽管重庆可能是世界上遭受轰炸最严重的首都,但双方在军事上一度存在僵局,日本从未成功夺占西部的抵抗中心。然而,当来自盟军的援助(主要是美国)开始增加,日本领导人考虑到美国飞行员可能会准备从中国机场向其工业区发动一场危险战役时,他们便抢先发动了一场深入到中国内地的战役①,但为时已晚。美国轰炸机越过中国西部,轰炸了从中国沿海一带到满洲和日本岛屿的日本矿山、兵工厂和造船中心,使其损失惨重。这如同美国陆军和海军攻占了太平洋上一个又一个日占岛屿并摧毁其潜艇和水面舰艇一样有助于减轻抵抗。1945年8月14日,历史上最为昂贵的战争结束了。对中国人来说,这是一场延续十多年的噩梦般的战争,无数男人、女人和儿童因为敌人的行动、黄河河道的偏移以及天灾失去生命;工商业、通信系统、农业、畜牧业及各类文化机构的损失重大。但他们对未来很乐观,数以百万计的民众千里跋涉回到自己的家园,拾起被战争中断的正常生活。他们希望中国的内部改革和经济发展能够继续向前推进,这在20世纪30年代初曾有着良好的开端。

回望当年,还是有一些令人鼓舞的东西。当时的中华民国已相当成熟,它的主权不再受任何限制。1943年的开罗军事会议,中国作为一个大国至少已为英国和美国接受认可;在1945年的旧金山会议上,它受到所有与会国家的欢迎;此后,它开始在联合国发挥自己的作用;同样是在1945年,苏联与中国缔结了为期30年的友好同盟条约;满洲和台湾作为战利品的一部分被收复,如

---

① 指豫湘桂战役。——译注

果管理得当的话,其蕴藏的农业、矿物及其他资源将有着不可估量的价值;个人自由因军事原因受到抑制,但它的恢复和发展还是很有希望。但是,与这些荣誉相比较而言,其缺陷和弊端看上去更大。苏联占据着东北的港口大连、旅顺,并进入朝鲜北部。不久即有消息披露,苏联军队撤退时曾在东北肆意破坏了许多工厂的机器设备,并将大量未使用过的日本军火交到中国共产党游击队之手。无论怎样衡量,台湾都是一个丰厚的回报,但它却遭受了中国军队和最坏投机者的洗劫,他们残酷而野蛮地对待岛上居民,不但引发了敌意,还恶化了对台湾本土人和中国大陆人来说都不利的环境。① 有迹象表明,蒋介石领导之下的警察国家还将延续下去,早在 1946 年 7 月,两位直言不讳的中国文学教授②在昆明遭暗杀即证明了这一点。长期失去控制的通货膨胀仍在继续。共产党和政府军相互敌对,虎视眈眈。

联合国和许多宗教性或世俗性的私人组织给饱经战乱的人们提供了一些救济,他们带来了食品、棉花、医疗用品、书籍和各种各样的技术援助。还有人伸出援手,将学生、教师和科学家送到欧洲和美国接受专业培训。美国政府派马歇尔将军到南京,试图调停国共之争。然而,同时却将许多船只和大量军事装备都移交给了政府,并组建了一个适应现代战争的人员培训机构。1947 年 1 月,马歇尔回到华盛顿,他批评共产党和国民党政府中的保守派,并宣称中国和平的希望在于,"由政府和少数党中的自由主义者来领导的假设"应该在蒋介石指导之下进行。这份报告使中

---

① 指二·二八事件。——译注
② 指李公朴、闻一多,李公朴并非文学教授。——译注

国失去了实现和平的所有希望。很明显,唯有内战和一方崩溃才能带来统一。

240　　战争现在已经结束,国民党只控制了台湾和几个小岛。到1948年年底,在毛泽东等人领导下的共产党已将国民党军队赶出了东北;此后不到一年,他们便突破了从北平到广州和海南岛、从上海到西藏的每道障碍。他们的政府于1949年10月1日正式成立,称为中华人民共和国,由毛泽东担任主席,周恩来担任总理和外交部长(直到1958年)。苏联、英国、印度和许多其他国家都承认了这一政府。

# 附　录

Appendix

## 补充阅读书目①

**第一章：**

1. 张光直(Chang, K. C)：《古代中国考古学》(*The Archaeology of Ancient China*)，纽黑文：耶鲁大学出版社，1963；

2. 郑德坤(Cheng, Te-k'un)：《史前中国》(*Prehistoric China*)、《商代中国》(*Shang China*)、《周代中国》(*Chou China*) 3 卷本，剑桥：剑桥大学出版社，1959，1960，1963；

3. 华兹生(Watson, Burton)：《墨子》《荀子》《韩非子》《庄子》(*Mo Tzu, Hsün Tzu, Han Fei Tzu, Chuang Tzu*) 4 卷本，纽约：哥伦比亚大学出版社，1963，1964；

4. 许倬云(Hsü, Cho-yün)：《古代中国之转型》(*Ancient China in Transition: an analysis of social mobility, 722—222 B. C*)，斯坦福：斯坦福大学出版社，1965；

5. 霍克思(Hawkes, David)：《楚辞》(*Ch'u Tz'u, the Songs of the South*)，牛津：牛津大学出版社，1959；

6. 狄百瑞(de Bary, Theodore)、陈荣捷(Chan, Wing-Tsit)、华

---

① 其他建议请参见贺凯(Charles O. Hucker)的《中国：重要参考书目》(*China: a Critical Bibliography*)，图森：亚利桑那州立大学出版社，1962。

兹生（Watson, Burton）:《中国传统资料汇编》(Sources of Chinese Tadition),纽约:哥伦比亚大学出版社,1960;

7. 李济（Li Chi）:《中国文明的开始》(The Beginnings of Chinese Civilization),西雅图:华盛顿大学出版社,1957;

8. 亚瑟·威利（Waley, Arthur）:《诗经》(The Book of Songs),伦敦:G. Allen & Unwin, 1937;

9. 亚瑟·威利（Waley, Arthur）:《论语》(The Analects of Confucius),伦敦:G. Allen & Unwin, 1934;

10. 冯友兰（Fung Yu-lan）:《中国哲学史》(A History of Chinese Philosophy),普林斯顿:普林斯顿大学出版社,1952,第1卷;

11. 戴闻达（Duyvendak, J. J. L.）:《商君书》(The Book of Lord Shang),伦敦:A. Probsthain, 1928;

12. 沃克尔（Walker, Richard）:《古代中国的方国系统》(The Multi-state System of Ancient China),哈姆登,康涅狄格:Shoestring Press, 1953年;

13. 顾立雅（Creel, Herrlee Glessner）:《孔子:其人及神话》(Confucius, the Man and the Myth),纽约:John Day Co., 1949;

14. 李约瑟（Needham, Joseph）、王铃（Wang Ling）:《中国科技与文明》(Science and Civilization in China),剑桥:剑桥大学出版社,1956:第2卷,第216-246页;

15. 高本汉（Karlgren, Bernhard）:《汉语的本质与历史》(The Chinese Language, an essay on its nature and history),纽约:The Ronald Press, 1949;

**第二章:**

1. 拉铁摩尔(Lattimore, Owen):《中国的亚洲内陆边疆》(Inner Asian Frontiers of China),第2版,纽约:美国地理学会,1951:第379－390,399－425页;

2. 卜德(Bodde, Derk):《中国第一位统一者:由李斯的生平看秦朝》(China's First Unifier, a Study of the Ch'in Dynasty as Seen in the Life of Li Ssǔ),莱顿:E. J. Brill. Ltd.,1938;

3. 卜德(Bodde, Derk):《古代中国的政治家、爱国者与将军》(Statesman, Patriot, and General in Ancient China),纽黑文:美国东方学会,1940;

4. 余英时(Yü, Ying-shih):《汉代贸易与扩张》(Trade and Expansion in Han China),伯克利:加利福尼亚大学出版社,1967;

5. 德效骞(Dubs, Homer H.):《前汉书》(History of the Former Han Dynasty)3卷本,巴尔的摩:Waverly Press,1938,1944,1955;

6. 盖乐(Gale, Esson McDowell):《盐铁论》(Discourses on Salt and Iron),莱顿:E. J. Brill,Ltd.,1931;

7. 佛尔克(Forke, Alfred):《论衡》(Lun-hêng),2部分,伦敦:Luzac & Co.,1907—1911;

8. 鲁惟一(Loewe, Michael):《古代中华帝国的日常生活》(Everyday Life in Imperial China),兰道:B. T. Botsford, Ltd.,1968;

9. 毕汉思(Bielenstein, Hans):《汉代中兴》(The Restoration of the Han Dynasty)3卷本,斯德哥尔摩,1953,1959,1967;

10. 卡特(Carter, Thomas Francis)和富路德(Goodrich, L. C.):《中国印刷术的发明及其西传》(Invention of Printing in China and Its Spread Westward),第2版,纽约:The Ronald Press,1955:第

3—10页；

11. 斯坦因(Stein, Sir Mark Aurel):《西域考古记》(*On Ancient Central-Asian Tracks*),伦敦:麦克米伦公司,1933:第2,11章;

12. 韦慕庭(Wilbur, C. Martin):《前汉时期的中国奴隶制》(*Slavery in China During the Former Han Dynasty*),芝加哥:菲尔德自然史博物馆,1943;

13. 孙念礼(Swann, Nancy Lee):《古代中国的粮食与货币》(*Food and Money in Ancient China*),普林斯顿:普林斯顿大学出版社,1950;

14. 华兹生(Watson, Burton):《司马迁:中国伟大史家》(*Ssu-ma Ch'ien: Grand Historian of China*),纽约:哥伦比亚大学出版社,1958;

15. 华兹生(Watson, Burton):《史记》(*Records of the Grand Historian of China*),2卷本,纽约:哥伦比亚大学出版社,1960,1961;

16. 席克曼(Sickman, Laurence)、阿列克塞·索波(Soper, Alexander):《中国的艺术与建筑》(*The Art and Architecture of China*),巴尔的摩:企鹅出版公司,1956:第20—40,216—227页;

17. 李约瑟(Needham, Joseph)、王铃(Wang Ling):《中国科技与文明》(*Science and Civilization in China*),剑桥:剑桥大学出版社,1954—1956:第1卷,第109—112页;第2卷,第247—303页。

**第三章:**

1. 尉迟酣(Welch, Holmes):《道之分歧:老子与道教运动》(*The Parting of the Way: Lao Tzu and the Taoist Movement*),波士顿:Beacon Press,1957:第123—143页;

2. 亚瑟·威利(Waley, Arthur):《中国古文小品选译》(Translations from the Chinese),纽约:A. A. Knopf,1941:第59-107页;

3. 艾伯华(Eberhard, Wolfram):《中国史》(A History of China),伦敦:Routledge & Kegan Paul,1950:第7章;

4. 阿克(Acker, W. R. B.):《隐士陶:陶潜的六十首诗》[(T'ao the Hermit, Sixty Poems by T'ao Ch'ien),(365—427)],伦敦与纽约:Thames & Hudson, 1952;

5. 高罗佩(Gulik, R. H. van):《嵇康及其琴赋》(Hsi K'ang and his Poetical Essay on the Lute),东京:上智大学,1941;

6. 杨联陞(Yang, Lien-sheng):《中国货币与信贷》(Money and Credit in China),剑桥:哈佛大学出版社,1952:第1-24页;

7. 陈观胜(Ch'en, Kenneth):《佛教在中国》(Buddhism in China, a Historical Survey),普林斯顿:普林斯顿大学,1964:第2-7章;

8. 芮沃寿(Wright, Arthur F.):《中国历史上的佛教》(Buddhism in Chinese History),斯坦福:斯坦福大学出版社,1959;

9. 萨摩林(Samolin, William):《12世纪前的东突》(East Turkistan to the 12$^{th}$ Century),海牙:Mouton & Co., 1964:第47-58页。

### 第四章:

1. 宾板桥(Bingham, Woodbridge):《唐代的建立》(The Founding of the T'ang Dynasty, the Fall of Sui and the Rise of T'ang),巴尔的摩:Waverly Press, Inc., 1941;

2. 费子智(FitzGerald, Charles Patrick):《天子:李世民传》(Son of Heaven, a Biography of Li Shih-min),剑桥:剑桥大学出版社,1933;

3. 费子智(FitzGerald, Charles Patrick):《武皇后》(*The Empress Wu*),墨尔本:F. W. Cheshire,1956;

4. 蒲立本(Pulleyblank, E. G.):《安禄山叛乱的背景》(*The Background of the Rebellion of An Lu-shan*),牛津:牛津大学出版社,1955;

5. 冀朝鼎(Chi Ch'ao-ting):《中国历史上的基本经济区》(*Key Economic Areas in Chinese History*),伦敦:G. Allen & Unwin, Ltd.,1936:第113-130页;

6. 劳费尔(Laufer, Berthold):《中国与伊朗》(*Sino-Iranica*),芝加哥:菲尔德自然史博物馆出版,人类学系列,第15卷,第3期,1919;

7. 卡特(Carter, Thomas Francis)和富路德(Goodrich, L. C.):《中国印刷术的发明及其西传》(*Invention of Printing in China and Its Spread Westward*),第2版,纽约:The Ronald Press,1955:第31-81页;

8. 斯坦因(Stein, Sir Mark Aurel):《西域考古记》(*On Ancient Central-Asian Tracks*),伦敦:麦克米伦出版公司,1933:第12-14章;

9. 萧洛克(Shryock, John Knight):《孔子国家崇拜的起源与发展》(*The Origin and Development of the State Cult of Confucius*),纽约:D. Appleton-Century Co.,1932:第9章;

10. 亚瑟·威利(Waley, Arthur):《真正的大藏经》(*The Real Tripitaka*),伦敦:George Allen & Unwin,1952;

11. 席文(Sivin, Nathan):《中国的炼丹术》(*Chinese Alchemy: preliminary studies*),剑桥:哈佛大学出版社,1968;

12. 慕阿德(Moule, Arthur Christopher):《基督教在中国:1550年以前》(Christians in China: Before the Year 1550),伦敦:基督教知识普及协会;纽约:麦克米伦出版公司,1930:第2章;

13. 赖肖尔(Reischauer, Edwin O.):《圆仁唐代中国之旅》(Ennin's Travels in T'ang China)和《圆仁日记》(Ennin's Diary),纽约:The Ronald Press,1955;

14. 亚瑟·威利(Waley, Arthur):《中国古文小品选译》(Translations from the Chinese),纽约:A. A. Knopf, 1941:第108—298页;

15. 洪业(Hung, William):《杜甫:中国最伟大的诗人》(Tu Fu, China's Greatest Poet),剑桥:哈佛大学出版社,1952;

16. 翟林奈(Giles, Lionel):《敦煌六世纪》(Six Centuries at Tunhuang),伦敦:中国学会,1944;

17. 亚瑟·威利(Waley, Arthur):《白居易的生平与时代》(The Life and Times of Po Chü-i),纽约:麦克米伦出版公司,1949;

18. 尤金·法菲尔(Feifel, Eugene):《作为谏官的白居易》(Po Chü-i as a Censor),海牙:Mouton & Co.,1961;

19. 薛爱华(Schafer, Edward H.):《撒马尔罕的金桃:唐朝的舶来品研究》(The Golden Peaches of Samarkand: a Study of T'ang Exotics),伯克利:加利福尼亚大学出版社,1963;

20. 薛爱华(Schafer, Edward H.):《朱雀鸟:唐代南方的景象》(The Vermilion bird: T'ang images of the South),伯克利:加利福尼亚大学出版社,1967;

21. 许理和(Zurcher, E.):《佛教征服中国》(The Buddhist Conquest of China),2卷本,莱顿:E. J. Brill, 1959;

22. 崔瑞德（Twitchett, Denis）:《唐代财政管理》(Financial Administration under the T'ang Dynasty)，剑桥：剑桥大学出版社，1963；

23. 王际真（Wang, Chi-chên）:《中国传统故事》(Traditional Chinese Tales)，纽约：哥伦比亚大学出版社，1944；

23. 爱德华兹（Edwards, Evangeline Dora）:《唐代散文作品》(Chinese Prose Literature of the T'ang Period)，2卷本，伦敦：A. Probsthain，1937—1938；

24. 喜仁龙（Sirén, Osvald）:《5到14世纪的中国雕塑》(Chinese Sculpture from the Fifth to the Fourteenth Century)，纽约：Charles Scribner's Sons, 1925。

**第五章：**

1. 萧洛克（Shryock, John Knight）:《孔子国家崇拜的起源与发展》(The Origin and Development of the State Cult of Confucius)，纽约：D. Appleton-Century Co., 1932：第10章；

2. 威廉森（Williamson, Henry R.）:《王安石》(Wang An Shih)，2卷本，伦敦：A. Probsthain, 1935—1937；

3. 夏德（Hirth, Friedrich）、柔克义（Rockhill, W. W.）:《赵汝适：他关于12和13世纪中国与阿拉伯贸易的著作，名为〈诸蕃志〉》(Chau Ju-kua: His Work on the Chinese and Arab Trade in the 12th and 13th Centuries, Entitled Chu-fan-chi)，圣彼得堡：皇家科学印刷所，1911；

4. 席克曼（Sickman, Laurence）、阿列克塞·索波（Soper, Alexander）:《中国的艺术与建筑》(The Art and Architecture of China)，巴

尔的摩:企鹅出版集团,1956:第 94－145,255－282 页;

5. 薛爱华(Schafer, Edward H.):《闽帝国》(*The Empire of Min*),拉特兰:C. E. Tuttle,1954;

6. 柯睿格(Kracke, Edward A.):《宋代初期的科举考试》(*Civil Service in Early Sung China*),剑桥:哈佛大学出版社,1953;

7. 霍蒲孙(Hobson, Robert Lockhart):《大维德所藏中国陶瓷图录》(*A Catalogue of Chinese Pottery and Porcelain in the collection of Sir Percival David*),伦敦:Stourton Press,1934;

8. 卜道成(Bruce, Joseph Perry):《朱熹及其著述》(*Chu Hsi and His Mastres*),伦敦:A. Probsthain,1923;

9. 冯友兰(Fung Yu-lan):《中国哲学史》(*A History of Chinese Philosophy*),普林斯顿:普林斯顿大学出版社,1953:第 2 卷;

10. 怀履光(White, William C.):《中国犹太人》(*Chinese Jews*),多伦多:多伦多大学出版社,1942;

11. 魏特夫(Wittfogel, Karl A.)、冯家升(Fêng, Chia-shêng):《中国社会史,辽(907—1125)》(*History of Chinese Society, Liao, 907-1125*),纽约:麦克米伦出版公司,1949;

12. 林语堂(Lin Yutang):《天才同性恋:苏东坡传》(*The Gay Genius: the Life and Times of Su Tungpo*),纽约:John Day Co.,1947;

13. 黄秀玑(Huang Siu-chi):《陆象山:一位 12 世纪中国理想主义哲学家》(*Lu Hsiang-shan, a Twelfth Century Chinese Idealist Philosopher*),纽黑文:美国东方学会,1944;

14. 王赓武(Wang Gung-wu):《五代时期北方中国的权力结构》(*The Structure of Power in North China during the Five Dynasties*),吉

隆坡:马来亚大学出版社,1963;

15. 刘子健(Liu, James T. C.):《宋代的改革——王安石及其新政》(*Reform in Sung China: Wang An-shih and his new policies*),剑桥:哈佛大学出版社,1959;

16. 华兹生(Watson, Burton):《苏东坡:一位宋代诗人的选集》(*Su Tung-p'o. Selections from a Sung Dynasty Poet*),纽约:哥伦比亚大学出版社,1965;

17. 吉川幸次郎(Yoshikawa, K.):《宋诗概说》(*An Introduction to Sung Poetry*)(Burton Watson 译),剑桥:哈佛大学出版社,1967;

18. 谢和耐(Gernet, Jacques):《蒙元入侵前夜的中国日常生活》(*Daily Life in China. On the eve of the Mongol Invasion, 1250—1276*)(Hope M. Wright 译),纽约:麦克米伦出版公司,1962。

**第六章:**

1. 赫德逊(Hudson, Geoffrey Francis):《欧洲与中国:从古代到 1800 年的双方关系概述》(*Europe and China; a Survey of Their Relations from the Earliest Times to 1800*),伦敦:E. Arnold & Co., 1931:第 5 章;

2. 亚瑟·威利(Waley, Arthur):《长春真人西游记》(*The Travels of an Alchemist: the Journey of the Taoist Ch'ang-Ch'un*),伦敦:G. Routledge & Sons, Ltd., 1931;

3. 布雷特施奈德(Bretschneider, E.):《元明人西域史地论考》(*Mediaeval Researches from Eastern Asiatic Sources*),伦敦:K. Paul, Trench, Trübner & Co., Ltd., 1888:第 1 卷,第 3－34,109－172 页;

4. 奥勒斯吉(Olschki, Leonardo):《马可波罗的先行者》(*Marco Polo's Precursors*),巴尔的摩:约翰·霍普金斯大学出版社,1943;

5. 亨利·德斯蒙德·马丁(Martin, Henry Desmond):《成吉思汗的崛起及其征服中国北方》(*The Rise of Chinghis Khan and his Conquest of North China*),巴尔的摩:约翰·霍普金斯大学出版社,1950;

6. 舒尔曼(Schurmann, Herbert Franz):《元朝的经济结构》(*Economic Structure of the Yüan Dynasty*),剑桥:哈佛大学出版社,1956;

7. 慕阿德(Moule, Arthur Christopher):《基督教在中国:1550年以前》(*Christians in China: Before the Year 1550*),纽约:麦克米伦出版公司,1930:第4章;

8. 慕阿德(Moule, Arthur Christopher)、伯希和(Pelliot, Paul):《马可波罗寰宇记》(*Marco Polo,1254—1323?... The Description of the World*),2卷本,伦敦:G. Routledge & Sons, Ltd., 1938;

9. 朱克(Zucker, Adolph E.):《中国戏剧》(*The Chinese Theater*),波士顿:Little, Brown and Co., 1925;第2章;

10. 雷纳·格鲁塞(Grousset, René):《东方文明》(*The Civilizations of the East*),纽约:A. A. Knopf, 1931—1934:第1卷,第291-338页;第3卷,第333-338页;

11. 伯希和(Pelliot, Paul):《马可波罗行记诠释》(*Notes on Marco Polo*),2卷本,巴黎:Imprimerie Nationale, 1959,1963;

12. 陈垣(Ch'en Yüan):《元西域人华化考》(*Western and Central Asians in China under the Mongols*)[由钱星海(Ch'ien Hsing-hai)和富路德翻译注释],洛杉矶:Monumenta Serica, 1966。

**第七章:**

1. 布雷特施奈德(Bretschneider,E.):《元明人西域史地论考》(*Mediaeval Researches from Eastern Asiatic Sources*),伦敦:K. Paul, Trench, Trübner & Co., Lta., 1888:第2卷,第 157 – 167,256 – 261 页;

2. 王伊同(Wang Yi-t'ung):《中日官方关系,1368—1549》(*Official Relations Between China and Japan, 1368—1549*),剑桥:哈佛大学出版社,1953;

3. (Ryūsaku Tsunoda),富路德(Goodrich, L. C.):《中国历朝史书中的日本》(*Japan in the Chinese Dynastic Histories*),南加州帕萨蒂纳:P. D. & Ione Perkins, 1951;

4. 张天泽(Chang T'ien-tsê):《1514—1644 年间的中葡贸易》(*Sino-Portuguese Trade from 1514 to 1644*),莱顿:E. J. Brill, Ltd., 1934;

5. 舒尔茨(Schurz, William Lytle):《马尼拉大帆船》(*The Manila Galleon*),纽约:E. P. Dutton & Co., Inc., 1939;

6. 赫德逊(Hudson, Geoffrey Francis):《欧洲与中国:从古代到1800年的双方关系概述》(*Europe and China; a Survey of Their Relations from the Earliest Times to 1800*),伦敦:E. Arnold & Co., 1931:第 195 – 203,232 – 258 页;

7. 波普(Pope, John Alexander):《阿德比尔寺藏中国元青花》(*Chinese Porcelains from the Ardebil Shrine*),华盛顿:Freer Gallery of Art, 1956;

8. 艾尔文(Irwin, Richard Gregg):《一部中国小说的演变:〈水浒传〉》(*The Evolution of a Chinese Novel: Shui-hu-chuan*),剑桥:

哈佛大学出版社,1953；

9. 毕晓普（Bishop, John Lyman）:《中国白话短篇小说》(*The Colloquial Short Story in China*),剑桥:哈佛大学出版社,1956；

10. 斯特兰奇（Strange, Edward Fairweather）:《中国漆器》(*Chinese Lacquer*),纽约:Scribner, 1926；

11. 喜仁龙（Sirén, Osvald）:《中国晚期绘画史》(*A History of Later Chinese Painting*),伦敦:The Medici Society, 1938；

12. 艾术华（Prip-Moller, Johannes）:《中原佛寺图考》(*Chinese Buddhist Monasteries*),伦敦:牛津大学出版社,1937；

13. 璞科第（Pokotilov, Dmitril Dmitrievich）:《明代东部蒙古史（1368—1634）》(*History of the Eastern Mongols during the Ming Dynasty from 1368 to 1634*),成都:华西协和大学出版社,1947—1949；

14. 博克塞（Boxer, C. R.）:《葡萄牙绅士在远东,1550—1770年》(*Fidalgos in the Far East, 1550—1770, Fact and Fancy in the History of Macao*),海牙:Martinus Nijhoff, 1948；

15. 博克塞（Boxer, C. R.）:《16世纪的中国南方》(*South China in the Sixteenth Century*),伦敦:Hakluyt Society, 1953；

16. 熊式一（Hsiung, S. I.）译:《西厢记》(*The Romance of the Western Chamber*),伦敦:Methuen & Co., Ltd., 1935；

17. 恒慕义（Hummel, Arthur W.）编:《清代名人传记》(*Eminent Chinese of the Ch'ing Period*),2卷本,华盛顿:美国政府印刷所,1943—1944；

18. 朱克（Zucker, Adolph E.）:《中国戏剧》(*The Chinese Theater*),波士顿:Little, Brown & Co., 1925:第3章；

19. 邓罗（Brewitt-Taylor, Charles Henry）译:《三国演义》(*San

Kuo or Romance of the Three Kingdoms),2 卷本,上海:Kelly & Walsh, Ltd.,1925;

20. 艾支顿(Egerton,Clement)译:《金瓶梅》(The Golden Lotus),4 卷本,伦敦:G. Routledge & Sons, Ltd.,1939;

21. 赛珍珠(Buck,Pearl S.)译:《水浒传》(All Men Are Brothers),纽约:John Day Co.,1933;

22. 豪厄尔(Howell,E. Butts):《无常的庄夫人及其他故事》(Inconstancy of Madam Chuang and Other Stories),伦敦:Laurie,1924;

23. 豪厄尔(Howell,E. Butts):《归还新娘及其他来自中国的故事》(The Restitution of the Bride and Other Stories from the Chinese),伦敦:Laurie,1926;

24. 亚瑟·威利(Waley,Arthur):《猴子》(The Monkey),纽约: John Day Co.,1943;

25. 贺凯(Hucker,Charles O.):《明代的传统中国政权(1368—1644)》(The Traditional State in Ming Times, 1368—1644),图森:亚利桑那州立大学出版社,1961;

26. 贺凯(Hucker,Charles O.):《明代中国的监察制度》(The Censorial System of China),斯坦福:斯坦福大学出版社,1966;

27. 何炳棣(Ho,Ping-ti):《1368—1953 年中国人口研究》(Studies on the Population of China, 1368—1953),剑桥:哈佛大学出版社,1959:第1,2章;

28. 何炳棣(Ho,Ping-ti):《明清社会流动史论(1368—1911)》(The Ladder of Success in Imperial China: Aspects of Social Mobility, 1368—1911),纽约:哥伦比亚大学出版社,1962;

29. 邓恩(Dunne,George Harold):《一代巨人:明末耶稣会

士在中国的故事》(Generation of Giants: The Story of the Jesuits in China in the Last Decades of the Ming Dynasty),澳大利亚圣母大学出版社,1962;

30.《明代的艺术》(The Arts of the Ming Dynasty),纽约:Collings,1958;

31.宋应星(Sun,Ying-hsing):《天工开物》(Chinese Technology in the Seventeenth Century),宾夕法尼亚州立大学出版社,1966。

**第八章:**

1.拉铁摩尔(Lattimore,Owen):《中国的亚洲内陆边疆》(Inner Asian Frontiers of China),第2版,纽约:美国地理学会,1951:第103-138页;

2.王际真(Wang,C. C.)译:《红楼梦》(Dream of the Red Chamber),纽约:Twayne Publishers,1958;

3.翟理斯(Giles,Herbert Allen)译:《聊斋志异》(Strange Stories from a Chinese Studio),纽约:Boni,1925;

4.卜德(Bodde,Derk)、莫里斯(Moeris,C.):《中华帝国的法律》(Law in Imperial China),剑桥:哈佛大学出版社,1967;

5.杨宪益(Yang,Hsien-yi)、戴乃迭(Yang,Gladys)译:《儒林外史》(The Scholars),北京:外语出版社,1957;

6.亚瑟·威利(Waley,Arthur):《袁枚:18世纪的中国诗人》(Yüan Mei,18th Century Chinese Poet),伦敦:G. Allen & Unwin,Ltd.,1956;

7.施维许(Swisher,Earl):《中国对美国夷人的管理》(China's Management of the American Barbarians),纽黑文:耶鲁大学出版

社,1951;

8. 芮玛丽(Wright, Mary C.):《中国保守主义的最后堡垒——同治中兴》(*The Last Stand of Chinese Conservatism: the T'ung-chih Restoration, 1862—1874*),斯坦福:斯坦福大学出版社,1957;

9. 朱克(Zucker, Adolph E.):《中国戏剧》(*The Chinese Theater*),波士顿:Little, Brown & Co., 1925:第4章;

10. 富路德(Goodrich, L. Carrington):《乾隆时期的文字狱》(*The Literary Inquisition of Ch'ien-lung*),巴尔的摩:Waverly Press, Inc., 1935;

11. 卫三畏(Williams, Samuel Wells):《中国总论》(*The Middle Kingdom*),纽约:Charles Scribner's Sons,1901:第1卷,第519-572页;

12. 麻伦(Malone, Carroll Brown):《清朝北京皇家园林史》(*History of the Peking Summer Palaces Under the Ch'ing Dynasty*),厄巴纳:伊利诺依大学出版社,1934;

13. 马士(Morse, Hosea Ballou)、宓亨利(MacNair, Henry Farnsworth):《远东国际关系史》(*Far Eastern International Relations*),波士顿:Houghton Mifflin Company,1931:第4-15,18-23章;

14. 丹涅特(Dennett, Tyler):《美国人在东亚》(*Americans in Eastern Asia*),纽约:麦克米伦出版公司,1922;

15. 勒法吉(La Fargue, Thomas E.):《中国幼童留美史》(*China's First Hundred*),普尔曼:华盛顿州立学院,1942;

16. 海恩波(Broomhall, Marshall):《伊斯兰教在中国:一个被忽视的问题》(*Islam in China: a Neglected Problem*),伦敦:Morgan & Scott, Ltd., 1910:第129-163页;

17. 解维康(Hail, William James):《曾国藩与太平天国》(*Tseng Kuo-fan and the Taiping Rebellion*),纽黑文:耶鲁大学出版社,1927;

18. 贝尔士(Bales, William Leslie):《左宗棠:中国的士兵与政治家》(*Tso Tsung-t'ang, Soldier and Statesman of China*),上海:Kelly & Walsh,1937;

19. 修中诚(Hughes, Ernest Richard):《西方世界对中国的侵略》(*The Invasion of China by the Western World*),纽约:麦克米伦出版公司,1938:第1-132页;

20. 利奇温(Reichwein, Adolph):《中国与欧洲》(*China and Europe*),纽约:A. A. Knopf, 1925;

21. 甘博(Gamble, Sidney David):《北京的社会调查》(*Peking, a Social Survey*),纽约:Doubleday, Doran Co., 1921;

22. 博吉斯(Burgess, John S.):《北京的行会》(*The Guilds of Peking*),纽约:哥伦比亚大学的学位论文,1928;

23. 艾伯华(Eberhard, Wolfram):《中国神话与民间故事》(*Chinese Fairy Tales and Folk Tales*),伦敦:Kegan Paul, Trench, Trübner & Co., Ltd., 1937;

24. 葛学博(Kulp, Daniel Harrison):《华南乡村生活》(*Country Life in South China*),纽约:哥伦比亚大学教育学院出版处,1925;

25. 费孝通(Fei Hsiao-tung):《江村经济》(*Peasant life in China*),伦敦:G. Routledge & Sons, Ltd., 1939;

26. 爱斯嘉拉(Escarra, Jean):《中国之过去和现在》(*China Then and Now*),北京:Vetch, 1940:第1-148页;

27. 卜凯(Buck, John Lossing):《中国的土地利用》(*Land Utilization in China*),芝加哥:芝加哥大学出版社,1937;

28. 王吉民(Wong K. Chimin)、伍连德(Wu Lien-teh):《中国医史》(*History of Chinese Medicine*),第 2 版,上海:国家检疫所,1936;

29. 恒慕义(Hummel, Arthur W.)编:《清代名人传记》(*Eminent Chinese of the Ch'ing Period*),2 卷本,华盛顿:美国政府印刷所,1943—1944;

30. 喜仁龙(Sirén, Osvald):《中国园林》(*Gardens of China*),纽约:The Ronald Press, 1949;

31. 邓嗣禹(Têng Ssǔ-yü):《张喜与南京条约,1842》(*Chang Hsi and the Treaty of Nanjing, 1842*),芝加哥:芝加哥大学出版社,1944;

32. 罗索(Rosso, Sisto Antonio):《18 世纪派遣中国的教皇代表团》(*Apostolic Legations to China of the Eighteenth Century*),加拿大南巴沙但那:P. D. and Ione Perkins, 1948;

33. 胡新勤(Hu Hsien-chin):《中国的家族团体及其作用》(*The Common Descent Group in China and Its Functions*),纽约:维京基金,1948;

34. 白瑞华(Britton, Roswell Sessoms):《中国近代报刊产业简史(1800—1912)》(*The Chinese Periodical Press, 1800—1912*),上海:Kelly & Walsh, 1933;

35. 林语堂(Lin Yutang):《中国新闻舆论史》(*A History of the Press and Public Opinion in China*),上海:Kelly & Walsh, 1936;

36. 梅谷(Michael, Franz):《满族人在华统治的起源》(*The

Origin of Manchu Rule in China),巴尔的摩:约翰霍普金斯出版社,1942;

37. 林谋盛(Lin Mousheng):《人类与观念》(Men and Ideas),纽约:John Day Co.,1942:第13-15章;

38. 史景迁(Spence, Jonathan D.):《曹寅和康熙皇帝:包衣和主子》(Ts'ao Yin and the K'ang-hsi Emperor, Bondservant and Master),纽黑文:耶鲁大学出版社,1966;

39. 傅洛叔(Fu Lo-shu):《中西关系编年档案,1644—1820》(A Documentary Chronicle of Sino-Western Relations, 1644—1820),图森:亚利桑那大学出版社,1966;

40. 邓嗣禹(Ssu-yü Teng)与费正清(John K. Fairbank):《中国对西方的反应:文献通考》(China's Response to the West: A Documentary Survey, 1829—1923),剑桥:哈佛大学出版社,1954;

41. 包华德(Boorman, Howard L.)编:《中华民国人物传记辞典》(Biographical Dictionary of Republican China),纽约:哥伦比亚大学出版社,1967—1968。

## 第九章:

1. 爱斯嘉拉(Escarra, Jean):《中国之过去和现在》(China Then and Now),北京:Vetch,1940:第149-229页;

2. 谢曼(Sharman, Lyon):《孙逸仙的生平及其意义》(Sun Yat-sen: His life and Its meaning, a Critical Biography),纽约:John Day Co.,1934;

3. 修中诚(Hughes, Ernest Richard):《西方世界对中国的侵略》(The Invasion of China by the Western World),纽约:麦克米伦出

版公司,1938:第132－309页;

4. 胡适(Hu Shih):《中国的文艺复兴》(*The Chinese Renaissance*),芝加哥:芝加哥大学出版社,1934;

5. 恒慕义(Hummel,Arthur William):《一位中国历史学家的自传》(*Autobiography of a Chinese Historian*),莱顿:E. J. Brill, Ltd.,1931;

6. 王际真(Wang,Chi-Chen):《阿Q及其他——鲁迅小说选集》(*Ah Q and Others: Selected Stories of Lusin*),纽约:哥伦比亚大学出版社,1941;

7. 毕格(Peake,Cyrus Henderson):《近代中国的民族主义与教育》(*Nationalism and Education in Modern China*),纽约:哥伦比亚大学出版社,1932;

8. 卜凯(Buck,John Lossing):《中国农村经济》(*Chinese Farm Economy*),芝加哥:芝加哥大学出版社,1930;

9. 钱端升(Ch'ien Tuan-sheng),《中国的政府与政治》(*The Government and Politics of China*),剑桥:哈佛大学出版社,1950;

10. 梅耶(Meijer,M. J.):《中国现代刑法导论》(*The Introduction of Modern Criminal Law in China*),巴达维亚:De Unie,1950;

11. 宓亨利(MacNair,Harley Farnsworth)编:《中国》(*China*),伯克利与洛杉矶:加利福尼亚大学出版社,1946;

12. 饶大卫(Rowe,David Nelson):《强国中间的中国》(*China Among the Powers*),纽约:Harcourt Brace,1945;

13. 费正清(Fairbank,John K.):《美国与中国》(*The United States and China*),剑桥:哈佛大学出版社,1948;

14. 史国衡(Shih,Kuo-hêng):《中国进入机器时代》(*China*

*Enters the Machine Age*),剑桥:哈佛大学出版社,1944;

15. 韦慕庭(Wilbur , C. Martin)、夏连荫(How , Julie Lien-ying):《关于中国共产主义、民族主义和在华苏联顾问的文件,1918—1927》(*Documents on Communism, Nationalism, and Soviet Advisers in China, 1918—1927*),纽约:哥伦比亚大学出版社,1956;

16. 康普顿(Compton, Boyd):《毛的中国:党的改革文件》(*Mao's China: Party Reform Documents, 1942—1944*),西雅图:华盛顿大学出版社,1952;

17. 史华慈(Schwartz, Benjamin I.):《中国的共产主义及毛的崛起》(*Chinese Communism and the Rise of Mao*),剑桥:哈佛大学出版社,1951;

18. 德范克(de Francis, John):《民族主义与中国的语言改革》(*Nationalism and Language Reform in China*),普林斯顿:普林斯顿大学出版社,1950;

19. 高德(Scott, A. C.):《中国古典戏剧》(*The Classical Theatre of China*),伦敦:G. Allen & Unwin, 1957;

20. 奥尔加·兰(Lang, Olga):《中国的家庭与社会》(*Chinese Family and Society*),纽黑文:耶鲁大学出版社,1946;

21. 罗文达(Löwenthal, Rudolf):《中国宗教期刊》.(*The Religious Periodical Press in China*),北平:中国宗教联合会,1940;

22. 温菲尔德(Winfield, Gerald F.):《中国的土地和人民》(*China: The Land and the People*),纽约:William Sloane Associates,1948;

23. 哈里森(Harrison, James P.):《中国共产党和农民战争》(*The Communists and Chinese Peasant Rebellions*),纽约:Atheneum,

1969;

24. 美国国务院(The Department of State):《美国对华关系》(*United States Relations with China*),华盛顿,1949;

25. 柯比(Kirby, E. Stuart):《中国经济史介绍》(*Introduction to the Economic History of China*),伦敦:G. Allen & Unwin, 1954;

26. 里格斯(Riggs, Frederick W.):《中国民族主义者统治下的台湾》(*Formosa Under Chinese Nationalist Rule*),纽约:麦克米伦出版公司,1952。

## 年代表

夏朝(传统的?)　　前 1994—前 1523
商(殷)朝　　　　前 1523—前 1028
周朝　　　　　　前 1027—前 256
秦朝　　　　　　前 221—前 207
西汉　　　　　　前 202—9
新朝　　　　　　9—23
东汉　　　　　　25—220
三国　　　　　　220—265
　蜀　　　　　　(221—264)
　魏　　　　　　(220—265)
　吴　　　　　　(222—280)
西晋　　　　　　265—317
东晋　　　　　　317—420
前(刘)宋　　　　420—479
南齐　　　　　　479—502
南梁　　　　　　502—557
南陈　　　　　　557—589
北魏　　　　　　386—535

| | |
|---|---|
| 东魏 | 534—550 |
| 西魏 | 535—556 |
| 北齐 | 550—577 |
| 北周 | 557—581 |
| 西梁 | 555—587 |
| 隋朝 | 590—618 |
| 唐朝 | 618—906 |
| 五代 | 907—960 |
| 　后梁 | （907—923） |
| 　后唐 | （923—936） |
| 　后晋 | （936—947） |
| 　后汉 | （947—950） |
| 　后周 | （951—960） |
| 辽朝 | 907—1125 |
| 北宋 | 960—1126 |
| 西夏 | 990—1227 |
| 南宋 | 1127—1279 |
| 金朝 | 1115—1234 |
| 元朝 | 1260—1368 |
| 明朝 | 1368—1644 |
| 清朝 | 1644—1912 |
| 民国 | 1912—1949 |

# 史表

| 公元纪年 | 外部世界 | 主要事实 | 朝代 | 宗教与思想 | 艺术 | 文化 | 公元前 |
|---|---|---|---|---|---|---|---|
| 公元前 2000 年 | 铜器时代的第一个朝代——巴比伦；埃及第十八王朝 | 由石器时代脱出；铜器时代 | 夏 | | 黑陶 | 家畜猪狗，种植黍麦，家畜牛、羊、山羊及马 | 公元前 2000 年 |
| 公元前 1500 年 | 摩西 | 始有文字，城市 | 商 | 宗教；信灵魂；重仪式 | 白陶，有刻画；青铜礼器，兵器，刻象牙，刻石玉，镶绿松石 | 占卜、蚕丝、轮车，贝钱、毛笔、复合弓，简书 | 公元前 1500 年 |
| 公元前 1000 年 | 铁器时代；梨俱吠陀 | 避戎迁都；封建时代；铁器时代；第一部法典；河渠长城 | 周 | 诗经；孔、墨、庄、老、商君 | 铜器，铜镜，漆玉，宫殿营造 | 水稻，鸡，水牛，用韵 | 公元前 1000 年 |
| 公元前 500 年 | 琐罗亚斯德；佛大流士；亚历山大，旃陀罗笈多，阿育王 | 始皇帝 | 秦 | | | 天文进步，曳耕，弩、圆钱，骑战，裤、革履 | 公元前 500 年 |

| 公元纪年 | 外部世界 | 主要事实 | 朝代 | 宗教与思想 | 艺术 | 文化 | 公元纪年 |
|---|---|---|---|---|---|---|---|
| 公元元年 | 耶稣<br>迦腻色迦 | 匈奴内侵<br>汉武帝扩土<br>王莽 | 西汉 | 文官制、司马迁、经学<br>炼金术 | 园林、壁画、雕刻 | 铁兵器、骡、驴、骆驼、大豆<br>蹴鞠 | 公元元年 |
|  | 马可·奥勒留<br>摩尼 |  | 东汉 | 班固、班昭、译佛经 | 釉陶 | 纸 |  |
|  |  |  | 三国 | 道教 | 书法 |  |  |
|  |  |  | 晋 | 至印度求法<br>陶潜 | 顾恺之<br>窟穴石刻有希腊、印度影响 | 中国地图<br>茶 |  |
|  | 匈奴王 | 佛教根深蒂固、人民向华南移居 | 南北朝 | 尼姑 | 陶俑 | 水磨（碾磨） |  |
| 500年 | 穆罕默德 | 大运河 | 隋 | 考试制度 | 绘画 | 轿子、用煤、风筝、鞭炮 | 500年 |
|  | 哈伦拉希德 | 向外发展至751年<br>木版印刷 | 唐 | 外来宗教<br>玄奘、韩愈<br>灭佛 | 瓷器 | 法典、象棋、马球、板刻 |  |

| 公元纪年 | 外部世界 | 主要事实 | 朝代 | 宗教与思想 | 艺术 | 文化 |
|---|---|---|---|---|---|---|
| 1000年 | | 缠足、王安石 | 五代 | 印行经书、经学复兴、考古学 | | |
| | 大宪章 波罗一行 | | 宋辽金 | 抗大教、朱熹、数学 | 山水画、私家园林、音乐 | 椅、纸币、航海舟、罗盘、棉花、火药、高粱、算盘、蒸馏酒、大风油 |
| | | 成吉思汗 | 元 | 回教、基督教、喇嘛教 | 西法镶嵌 | |
| 1500年 | | 驱出蒙古人、郑和下西洋通商、北京重建、葡萄牙通商、西班牙据菲律宾、倭寇 | 明 | 永乐大典等、地方志、王阳明、小说、耶稣会士影响、考证之学 | 绘画新旧派、彩色瓷器、景泰蓝 | 眼镜、梅毒、玉蜀黍、甜薯、花生、烟叶叉鼻烟 |
| | 哥伦布 麦哲伦 | 满洲人、康熙时期、乾隆时期、回乱、太平天国、孙中山、日本侵略 | 清 | 字典、藏书家、文字狱、耶稣新教、西化教育 | 欧洲影响 | 鲜发、墨西哥银元、吸食鸦片、工厂、汽船、铁路 |
| 1950年 | 两次世界大战 | | 民国 | 民众教育 | 考古学 | 摩托运输、航空业 |

## 汉字对照表

An Shih-kao　安世高

Chan Kuo　战国

Ch'an sect　禅宗

Chang Hêng　张衡

Chang Hsüeh-ch'êng　章学诚

Chang Jung　张融

Chang Lu　张鲁

*Changes : I*　《易经》

Chao　赵

Chao, Early　前赵

Chao, Later　后赵

Chao Ju-kua　赵汝适

Chao K'uang-yin　赵匡胤

Chao Ming-ch'êng　赵明诚

Ch'ên　陈

Ch'ên Ching-i　陈景沂

Ch'ên Shou　陈寿

Ch'ên Ti　陈第

Chêng　政

Chêng Ch'iao　郑樵

Chêng Ho　郑和

Ch'êng　成

Ch'êng Chün-fang　程君房

Chêng family　郑

Ch'êng I　程颐

*Ch'êng shih mo yüan*　《程氏墨苑》

*Chi chiu chang*　《急就章》

Ch'i　齐

Ch'i, northern　北齐

Ch'i, southern　南齐

Chia Tan　贾耽

Ch'iang　羌

Chiang Kai-shek　蒋介石

Ch'ien-lung　乾隆

Chih-i　智顗

Chin, state of　晋
Chin dynasty　金
Chin, Later　后晋
*Chin p'ing mei*　《金瓶梅》
Chin Shêng-t'an　金圣叹
Ch'in dynasty　秦
Ch'in, Early　前秦
Ch'in Chiu-shao　秦九韶
Ch'in-lun　秦论
*Ching hua yüan*　《镜花缘》
Ch'ing dynasty　清朝
Ch'iu Ch'u-chi　邱处机
Chou　周
Chou, northern　北周
Chou Ch'ü-fei　周去非
Chou Ên-lai　周恩来
Chou Hsing-tz'ǔ　周兴嗣
Chou li　周礼
Chu Chên-hêng　朱震亨
Chu Hsi　朱熹
Chu I-chün　朱翊钧
Chu Ssǔ-pên　朱思本
Chu Tao-shêng　竺道生
Chu Ti　朱棣
Chu Tsai-yü　朱载堉

Chu Yüan-chang　朱元璋
Chu-ko Liang　诸葛亮
Ch'u　楚
*Ch'ü lu*　《橘录》
Ch'ü Yüan　屈原
Chuang-tzǔ　庄子
*Ch'un ch'iu*　《春秋》
Co-hong　公行
**Commentary on the Water Classic**　《水经注》
Confucianism　儒教
Confucius　孔子
**Conversion of the Barbarians**　《化胡经》
**The Description of south China**　《南越志》
Ennin　圆仁
Fa-hsien　法显
Fa Yüan Ssǔ　法源寺
**Family Sayings of Confucius**　《孔子家语》
Fan Chên　范镇
Fang I-chih　方以智
*Fang shih mo p'u*　《方氏墨谱》

Fang Yü-lu　方于鲁
*Filial Piety, Book of*　《孝经》
Fo-t'u-têng　佛图澄
Fu, Prince of　福王
Fu Hsi　傅翕
Fu I　傅弈
Fu Jung　苻融
Han　汉
Han, northern　北汉
*Han history*　《汉书》
Han Kao-tsu　汉高祖
Han Yen-chih　韩彦直
Han Yü　韩愈
Han-lin　翰林
*Herbal for Relief from Famine*　《救荒本草》
*History, Document of*　书
Hong　行
Hsi Han　嵇含
Hsi K'ang　嵇康
*Hsi yu chi*　《西游记》
Hsi Wang Mu　西王母
Hsia　夏
Hsia (Tangut)　夏
Hsiao T'ung　萧统

Hsieh Ho　谢赫
Hsieh Hsüan　谢玄
Hsieh Shih　谢石
Hsien-pi　鲜卑
Hsin dynasty　新朝
Hsiung-nu　匈奴
Hsü Hung-tsu　徐宏祖
Hsü Kuang-ch'i　徐光启
Hsüan-tsang　玄奘
Hsüan-tsung　玄宗
Hu (central Asians)　胡
Hu, Empress of Wei　魏胡太后
Hu Shih, Dr.　胡适
Huan Wên　桓温
Huang Ch'ao　黄巢
Huang Tsung-hsi　黄宗羲
Huang-ti　黄帝
Hui-chiao　慧皎
Hui-i　慧益
Hui-shêng　惠生
Hui-ssǔ　慧思
Hui-tsung　徽宗
Hui-yüan　慧远
*Hung lou mêng*　《红楼梦》

**I**(tribe)　夷
*I wu chih*　《异物志》
**I-ching**　义净
**I-hsing**　一行
**Jou-jan**　柔然
*Ju lin wai shih*　《儒林外史》
**Juan-juan**　蠕蠕
**Jung Ch'i-ch'i**　荣启期
**K'ang-hsi**　康熙
**K'ang Yu-wei**　康有为
**Kao Hsien-chih**　高仙芝
*Kao sêng chuan*　《高僧传》
**Kaolin**　高岭
**Khitan**　契丹
**Ko Hung**　葛洪
**Ku Ch'i-yüan**　顾起元
**Ku Hui**　顾徽
**Ku K'ai-chih**　顾恺之
**Ku Yen-wu**　顾炎武
*Kuang-chou chi*　《广州记》
**K'un-ch'ü**　昆曲
**K'ung family**　孔家
**Kuo Hsiang**　郭象
**Kuo K'an**　郭侃
**Kuo Shou-ching**　郭守敬
**Kuo-tzǔ-chien**　国子监
**Kuomintang**　国民党
**Lao-tzǔ**　老子
**Li Chieh**　李诫
**Li Ch'ing-chao**　李清照
**Li family**　李
**Li Fang**　李昉
**Li Ju-chên**　李汝珍
**Li Kung**　李塨
**Li Ling**　李陵
**Li Po**　李白
**Li Shih-chên**　李时珍
**Li Shih-min**　李世民
**Li Ssū**　李斯
**Li Tao-yüan**　郦道元
**Li Tzǔ-ch'êng**　李自成
**Li Yeh**　李冶
**Li Yüan**　李渊
*Li-chih p'u*　《荔枝谱》
**Liang**　梁
**Liang, later**　后梁
**Liao dynasty**　辽
**Liao, western**　西辽
*Liao chai chih i*　《聊斋志异》
**Ling-hsien**　《灵宪》

Litchi nut　荔枝
Liu Chi　刘季
Liu Hsieh　刘勰
Liu Hsin　刘歆
Liu I-ch'ing　刘义庆
Liu Ling　刘伶
Liu Pang　刘邦
Liu Sung　刘宋
Lo Kuan-chung　罗贯中
Lord of Shang　商君
Lu Chi　陆机
Lu Chiu-yüan　陆九渊
Lu Kuei-mêng　陆龟蒙
Lu Tz'ǔ　陆慈
Lu Yüan-lang　陆元朗
Lu Yün　陆云
Lung Hu, Mount　龙虎山
Lü Kuang　吕光
Ma Tuan-lin　马端临
Mao Tsê-tung　毛泽东
Mao Yüan-i　茅元仪
Mei Tsu　梅鷟
Mei Ying-tso　梅膺祚
Ming (dynasty)　明
Ming shih kao　《明史稿》

Mo Ti　墨翟
Nan Chao　南诏
Nan Yüeh　南越
Nan-fang ts'ao-mu chuang
　　《南方草木状》
New Remarks on the study of
　　Resonant Tubes
　　《律学新说》
Nien-fei　捻匪
Nurchachi　努尔哈赤
Odes, Book of　诗
Ou-yang Hsiu　欧阳修
Ou-yang Hsün　欧阳询
Pan Chao　班昭
P'an Chi-hsün　潘季驯
Pan Ku　班固
Pan Piao　班彪
P'ei Chü　裴矩
P'ei Hsiu　裴秀
P'i-pa　琵琶
Po Chü-i　白居易
P'u Sung-ling　蒲松龄
Pure Land sect　净土宗
Record of Central Asia
　　《西域传》

*Romance of Mu, Son of Heaven* 《穆天子传》
*San kuo chih yen i* 《三国演义》
*San ts'ai t'u hui* 《三才图会》
*San tzŭ ching* 《三字经》
Sêng-hui 僧会
Sha-t'o 沙陀
Shang(dynasty) 商
Shao Yung 邵雍
Shên(state) 申
Shên Huai-yüan 沈怀远
Shên Yüeh 沈约
Shên-tsung 神宗
*Shih chi* 《史记》
Shih-huang-ti 始皇帝
Shih Hu 石虎
Shih Nai-an 施耐庵
Shu 蜀
Shu Han 蜀汉
*Shui hu chuan* 《水浒传》
So Ching 索靖
*Spring and Autumn Annals* 《春秋》
Ssŭ-ma Ch'ien 司马迁
Ssŭ-ma Kuang 司马光
Su Shih 苏轼
Sui(dynasty) 隋
Sun Ch'ang-chih 孙畅之
Sun Kuo-t'ing 孙过庭
Sun Yat-sen 孙逸仙
Sung(dynasty) 宋
Sung Ying-hsing 宋应星
Sung Yün 宋云
*T'ai-p'ing huan yü chi* 《太平寰宇记》
*T'ai-p'ing kuang chi* 《太平广记》
*T'ai-p'ing yü lan* 《太平御览》
T'ang(dynasty) 唐
Tao-an 道安
T'ao Ch'ien 陶潜
*Tao-tê-ching* 《道德经》
T'ao Tsung-i 陶宗仪
T'ao Yüan-ming 陶渊明
Taoism 道教
*Tea classic* 《茶经》
Têng Ssŭ-yü 邓嗣禹

*Thousand Character Classic*
　　　　　　　《千字文》
Ti（tribe）　狄
*T'ien kung k'ai wu*
　　　　　　《天工开物》
T'ien-t'ai sect　天台宗
T'o-pa　拓跋
T'o-pa Chün　拓跋濬
T'o-pa Hung　拓跋弘
T'o-pa Ssǔ　拓跋嗣
T'o-pa Tao　拓跋焘
Ts'ai Hsiang　蔡襄
Ts'ao Chih　曹植
Ts'ao Hsüeh-ch'in　曹雪芹
Ts'ao Ts'ao　曹操
Tsin（dynasty）　晋
*Tso chuan*　《左传》
Tsu Ch'ung-chih　祖冲之
Ts'ui Hao　崔浩
*Ts'ung-shu*　《丛书》
Tu Fu　杜甫
T'u-chüeh　突厥
Tu Yu　杜佑
T'u-yü-hun　吐谷浑
Tung Cho　董卓

Tung Hu　东胡
Tung Tso-pin　董作宾
*T'ung chien kang mu*
　　　　　　《通鉴纲目》
*T'ung chih*　《通志》
T'ung oil　桐油
*T'ung tien*　《通典》
*Tzǔ chih t'ung chien*
　　　　　　《资治通鉴》
*Tzǔ-hui*　《字汇》
Wan-li period　万历
Wang An-shih　王安石
Wang Ch'i　王圻
Wang Ching-wei　汪精卫
Wang Ch'ung　王充
Wang Fu　王浮
Wang Fu-chih　王夫之
Wang Hsi-chih　王羲之
Wang Hsien-chih　王献之
Wang I-t'ung　王伊同
Wang Mang　王莽
Wang Pi　王弼
Wang Shih-chên　王世贞
Wang Shou-jên　王守仁
Wang Ssū-i　王思义

Wang Su　王肃
Wang Wei　王维
Wang Ying-lin　王应麟
Wei (dynasty)　魏
Wei Po-yang　魏伯阳
Wei Shou　魏收
*Wei shu*　《魏书》
Wei Shuo　魏铄
Wei Wên-hsiu　韦文秀
Wêi Ying-wu　韦应物
Wên-ch'êng　文成
*Wên hsien t'ung k'ao*　《文献通考》
Wu (state)　吴
Wu, Empress　武后
Wu Ch'êng-ên　吴承恩
Wu Ching-tzǔ　吴敬梓
*Wu pei chih*　《武备志》
Wu Tao-hsüan　吴道玄
Wu Tao-tzǔ　吴道子
Wu-ti　武帝
Yang Chien　杨坚
Yang Chu　杨朱
Yang Fu　杨孚
Yang Hsüan-chih　杨衒之
Yang Kuang　杨广
Yao Ch'ung　姚崇
Yao Hsin-nung　姚莘农
Ye-lü Ch'u-ts'ai　耶律楚才
Ye-lü Ta-shih　耶律大石
Yen (state)　燕
Yen-mên　雁门
Yen Shih-ku　颜师古
Yen Yüan　颜元
Yin　殷
*Yin-li p'u*　《殷历谱》
*Ying tsao fa shih*　《营造法式》
Yü Fa-k'ai　于法开
Yüan, Emperor　元皇帝
Yüan dynasty　元朝
Yüan Shih-k'ai　袁世凯
Yüeh　越
Yüeh-chih　月氏
Yüeh Shih　乐史
Yung-chêng　雍正
*Yung-lo ta-tien*　《永乐大典》

**Chia Ssu-hsieh** 贾思勰
**Sun Yen** 孙炎
**Yin-yang** 阴阳

**Ch'ên Ch'êng** 陈诚  **Shên Kua** 沈括
**Jurchen** 女真  **Fu Chien** 苻坚

## 索 引

算盘　Abacus　180

阿拔斯王朝　Abbasid　133,140

土著人　Aborigines　60,144,219,221

巴奇　Abū Zayd　125

阿比西尼亚　Abyssinia　179

中央研究院　Academia Sinica　233

书院　Academies　135−136,155−156,168

阿富汗　Afghanistan　45,49,60,101

非洲　Africa　150,152,158,186,194

玛瑙　Agate　117,123

农业　Agriculture　4,5,7,17,23,29,36,45,55−56,83,110,127,165,198,201−202,203,213,232−233,238

阿兰　Alans　173

阿拉善　Alashan　77

炼金术　Alchemy　67,68,70−71,92,111,136

亚历山大　Alexander　60

紫花苜蓿　Alfalfa　50

杏仁　Almond　142

字母表　Alphabet　65,174,215,228

阿尔泰山脉　Altai Mountains　49,51

琥珀　Amber　151

安布罗吉奥·洛伦泽蒂　Ambrogio Lorenetti　179

美洲　America　2,201,203,204,220,221,223,226

美国革命　American Revolution　220

教派,见净土宗　Amidst sect, see Pure Land sect

阿弥陀佛　Amitabha　88

《无量寿经》　*Amitâyus sūtra*　64

厦门　Amoy　196

安菲特里特　Amphitrite　220

阿穆尔河　Amur River　168,220

安世高　An Shih-kao　61,64,91

《论语》　Analects of Confucius　51,54,74,87,136,168

祖先　Ancestors　13,14,15,40,185

锚　Anchor　151

安徽　Anhui　62,100

动物　Animals　1,2,4,27,28,39,50,175,208, See also Domestic animals

编年史　Annals　31,52,71,72,134,146,186,192

安南　Annam　13,43,98,109,113,115,120,146,148,176,178,195,209

古迹　Antiquities　157,229

安阳　Anyang　8,11

阿拉伯　Arabia　125,159,166,194

阿拉伯语　Arabic　114

阿拉伯人　Arabs　80,99,120,123-124,125,134,140,150,151,159,178,179,181,195,203,220,222

树木栽培　Arboriculture　34

考古发现　Archeological finds　1-2,4,7,8-10,17-18,43,46-47,49,73,168

考古学家　Archeologists　7,49,187

考古学　Archeology　128,157,233

弓箭手　Archers (bowmen)　28,30,99,114

建筑　Architecture　8,49,65,103-104,105,138,157,158,172,179,181,187,208,226

　船　naval　150,194

槟榔　Areca　50

亚美尼亚　Armenia　174

军队　Armies　8,32,36,39,40,45,83,100,118,161,196,232,233,240

盔甲　Armor　17,30,142,164,208

箭头　Arrowheads　5,16

砷　Arsenic　71

史前古器物　Artifacts　5,12

大炮　Artillery　215

雅利安人　Aryans　19

石棉　Asbestos　117

亚洲　Asia　1,18,27,35,90,125,173,174,178,195

　中亚　central (or middle)　16,19,28,38,45,47,49,52,64,73,

76−77,90,95,99,104,106,115,128,131−132,134−135,141,144,160,166−167,179,180,182,192,207,220,225

 东亚　eastern　13,18,43,60,80,84,101,110,141,164,172,174−175,207

 北亚　northern　101

 西亚　western　4,10,19,38,39,41,45,77,104−105,126,132,133,158,173,174−175,178,180,190,204

阿育王　Asoka　60,103

阿萨姆邦　Assam　121,137

亚述人　Assyrian　48

占卜　Astrology　16,47,52

天文　Astronomy　16,27,30,48,51,64,89,129,133,142,155,180,203,212,213,228,233

阿提拉　Attila　84

澳大利亚　Australia　242

阿瓦尔人　Avars　84,98,99,101

飞行术　Aviation　235


巴比伦　Babylon　16,133

罗杰·培根　Bacon, Roger　71

大夏　Bactria　38,45,55,60

巴格达　Baghdad　173,180,182

巴尔干半岛　Balkan peninsula　101

竹　Bamboo　4,10,13,52,55,56,75,79,96,153

匪盗　Banditry　60,82,143,166

八旗子弟　Bannermen　216,218

旗帜　Banners　214,216

钡　Barium　28

大麦　Barley　222

篮子　Basket　17,49

浅浮雕　Bas-relief　62,65

巴达维亚　Batavia　220

战斧　Battle-axe　16

路易斯·巴赞　Bazin,Louis　98

豆　Bean　55,56,113,222

钟　Bells　17

孟加拉湾　Bengal,Bay of　27,193

不丹　Bhutan　241

参考书目　Bibliographies　51,156

毕汉思　Bielenstein,Hans　45

宾厄姆　Bingham　117

劳伦斯·比尼恩　Binyon,Laurence　94,160

毕晓普　Bishop, Carl　18,35

黑契丹　Black Khitaï, see Kara-Khitaï

船女　Boat women　144

船　Boats　39,40,50,56,77,90 −91,96,113,125,150 −151,169, 173,176,192 −194,209,220

菩提伽耶　Bodhgayā　65

布哈拉　Bokhara　176

投弹　Bomb　153,238

书籍　Books　23,26,51-52,75,141,144-145,153,154,161,185-186,204,207,228-230

　　破坏　destruction of　34,72,75,126,184,225

　　取缔　proscription of　70,128,187,200,229,230

植物　Botany　79,158,207,208,228,233

弓箭弩　Bow and arrow　4,12,16,30,82,100

弓箭手,安装　Bowmen, mounted　82,100

义和团运动　Boxer uprising　225

婆罗米纳巴德　Brahminabad　137

胸带　Breast strap　56

砖　Brick　50,56,158

桥　Bridges　138,197

强盗　Brigandage　143,199　See also Banditry

大英博物馆　British Museum　94,138

青铜　Bronze　5,7,10,16,17,18,23,29,42,50,56,84,130,141,146,157,164,181,187

青铜时代　Bronze Age　17,19,27

《自然之书》　Buch der Natur　208

佛　Buddha　127

佛教　Buddhism　61-69,70-71,75-77,80,87,88-92,102-106,108-110,112,117,121,123,126-131,134-135,137,138,140-141,144-146,155,159,160-161,165,167,170,178,182-183,184-185,188,200,210

葬　Burial　5,13,17,28,48,49,75,112-113,168,185,218

缅甸　Burma　76,178,202,225,237

拜占庭人　Byzantines　99,181

拜占庭　Byzantium　101,178,180

电缆　Cables　231

仙人掌　Cactus　203

加的斯　Cadiz　221

开罗　Cairo　138,180,238

历法　Calendar　15,16,18,30,47-48,52,129,133-134,141,144,228

哈里发　Caliphate　138

书法　Calligraphy　73,93-94,141,229

柬埔寨　Cambodia　64,76,77

骆驼　Camel　28,41,168

加拿大　Canada　242

运河　Canal　31,34,95,117,118,119,120,145,166,170,175,197,232

大炮　Cannon　13,153

经典　Cannon, see Classics

广州　Canton　39,43,54,125,132,134,137,146,149,152,154,181,194,196,203,220,221,223,224,226,240

胡萝卜　Carrot　179

卡特　Carter, Thomas Francis　7,144,149

女像柱　Caryatides　181

朗世宁　Castiglione, Brother　226

卡泰　Catai　97

| 目录 | Catalogue | 65,75,88,157,158,229 |
| 石弩 | Catapult | 153,173 |
| 契丹 | Cathay | 80,164 |
| 家畜 | Cattle | 5,15,16,17,56,165 |
| 骑兵 | Cavalry | 32,38,45,99−100 |
| 辣椒 | Cayenne pepper | 222 |
| 陶瓷 | Ceramics | 150,179,181 |
| 休达 | Ceuta | 179 |
| 锡兰 | Ceylon | 60,62,64,77,90,113,159,184,194 |
| 察哈尔 | Chahar | 100,215,235 |
| 椅子 | Chair | 150,220 |
| 占城 | Champa | 76,113,115,129,150,178,209 |
| 战国 | Chan Kuo | 18 |
| 禅宗 | Ch'an sect | 69,89,108−109,159,161,163 |
| 张衡 | Chang Hêng | 48 |
| 张学诚 | Chang Hsüeh-ch'eng | 224 |
| 张融 | Chang Jung | 109 |
| 张鲁 | Chang Lu | 67 |
| 长安 | Ch'ang-an | 43,44,46,60,76,83,84,89−91,107,116−124,126,127,129,130,135−136,138,145,185 |
| 《易经》 | Changes, canon of | 51,73,75,84,136 |
| 赵 | Chao | 25 |
| 　前赵 | Early | 83 |
| 　后赵 | Later | 87,92,106 |
| 赵汝适 | Chao Ju-kua | 158 |

赵匡胤　Chao K'uang-yin　146-148,165

赵明诚　Chao Ming-ch'êng　157

潮州　Ch'ao-chou　195

字符　Character　10-13,15,50,54,73,98,112,165,170,209

战车　Chariot　5,17,19,30,56,83,99

魅力　Charms　4,68,141

图表　Charts, see Maps

大风子油　Chaulmoogra oil　180,208

浙江　Chekiang　80,108,137,146,149,158,178,186,220

陈　Ch'ên　98,103,115

陈景沂　Ch'ên Ching-i　158

陈寿　Ch'ên Shou　78

陈第　Ch'ên Ti　206

政　Ch'êng, 见始皇帝 see Shih-huang-ti

郑樵　Ch'êng Ch'iao　157

郑氏　Ch'êng family　216

郑和　Ch'êng Ho　192,194

程君房　Ch'êng Chün-fang　207

程颐　Ch'êng I　95,162

《程氏墨苑》　Ch'êng shih mo yüan　207

郑州　Chengchou　8

成都　Ch'êng-tu　58-59,95,124,132,144,154

棋　Chess　13,113-114

亚瑟·祖　Chew, Arthur P.　221

齐　Ch'i　98

北齐　northern　98,101,131

南齐　southern　103,105,109

贾思勰　Chia Ssu-hsieh　110

贾耽　Chia Tan　142

羌　Ch'iang（Tibetans）　41,82

蒋介石　Chiang Kai-shek　234,236−237,239−240

江都(扬州)　Chiang-tu（Yangchow）　118

乾隆朝　Ch'ien-lung reign　226,227

智颉(智开)　Chih-i（Chih-k'ai）　108

智开　Chih-k'ai,见智颉 see Chih-i

智利　Chile　196

晋　Chin,state of　53,75

金朝　Chin dynasty　169,171−172,180,186,215

　后金　Later　164

《金瓶梅》　Chin p'ing mei　210

金圣叹　Chin Shêng-t'an　211

秦　Ch'in　18,23,30−36,40,41,51,100,146

　前秦　Early　100

秦九诏　Ch'in Chiu-shao　159,170

秦论　Ch'in-lun　76

菝葜　China root　203

《汉英字典》　Chinese-English Dictionary　12

中国突厥斯坦　Chinese Turkestan　78,101,117

清华园　Ching hua yüan　227−228

清朝　Ch'ing dynasty　197,214−232,234

| | | |
|---|---|---|
| 镇江 | Chinkiang | 95, 132 |
| 丘处机 | Ch'iu Ch'u-chi | 183 |
| 韭菜 | Chive | 113 |
| 筷子 | Chopsticks | 29 |
| 周 | Chou | 18−30, 31, 37, 43, 46, 50, 97, 115 |
| 北周 | northern | 98, 131 |
| 周去非 | Chou Ch'ü-fei | 150, 158 |
| 周恩来 | Chou, Ên-lai | 241 |
| 周兴嗣 | Chou Hsing-tz'ǔ | 110 |
| 周礼 | Chou li | 162 |
| 基督教形势 | Christian Topography | 113 |
| 基督教 | Christianity | 41, 132, 182, 213 |
| 基督徒 | Christians | 125, 129, 167 |
| 梁魏晋及皇室的编年史 | Chronicles of Liang or Wei, Chin and royal houses, 75 | |
| 计时 | Chronography | 15−16, 47, 180, 203 |
| 朱震亨 | Chu Chên-hêng | 180 |
| 朱熹 | Chu Hsi | 162−163, 185, 200, 205 |
| 朱翊钧 | Chu I-chün | 199 |
| 朱思本 | Chu Ssǔ-pên | 182, 186 |
| 竺道生 | Chu Tao-shêng | 89 |
| 朱棣 | Chu Ti | 190 |
| 朱载堉 | Chu Tsai-yü | 207 |
| 朱元璋 | Chu Yüan-chang | 189 |
| 诸葛亮 | Chu-ko Liang | 81 |

楚　Ch'u　18,23,32

《橘录》　Chü lu　158

屈原　Ch'ü Yüan　29

泉州　Ch'üan-chou　137,154,176,181,194

庄子　Chuang-tzu　24,29,37,66,109

《庄子》　Chuang-tzǔ, The　67,74,136

《春秋》　Ch'un ch'iu　18

重庆　Chungking　236,238

金鸡　Chinchona　222

朱砂　Cinnabar　10

柑橘类水果　Citrus fruit　158

城市之神　City gods　69

科举考试　Civil examinations　51,72,117、120,135,140,141,154-155,178,187,197,216,218,230

文官　Civil servants　135

经典　Classics　23,51,53,73,87,109,110,126,135-136,145,164,170,185,200,205,228

克拉维霍　Clavijo　189

克拉维斯　Clavius　212

时钟　Clocks　159

景泰蓝　Cloisonné　181

服装　Clothing　4,17,28,36,57,65,83,98,153,157,187,209,218

煤　Coal　97,209

交趾支那　Cochin-China　43,76

法令　Codes, see Laws

棺材　Coffin　28

香港　Co-hong, see Hong

焦炭　Coke　97

收集　Collecting　157

收藏　Collections　111,205,229

合作社　Collectives　242

院校　Colleges　51,135,155,185,233

殖民地　Colonies　4,39,42,45,58

殖民地化　Colonization　189,216,219

《水经注》　Commentary on the Water Classic　110

公社　Communes　242

共产党　Communists　224,234,236,237,239-240

罗盘　Compass　111,151

复合弓　Composite bow　16,30

租界　Concessions, foreign　225,233

妾　Concubines　194,197,218

儒教　Confucianism　26,37,42-45,51,63,72-76,87,92,102,109-111,126,134-137,140-141,145,155,160-161,162-163,168,173,185-188,200,205,211

孔子　Confucius　24,29,51,54,72-73,120,135,167,170,185

胡人汉化　Conversion of the Barbarians, The　69-70

铜　Copper　16,71,96,151,154,179,192

珊瑚　Coral　151

香菜　Coriander　113

玛瑙　　Cornelian　151

科斯马斯　Cosmas　113

脂粉　　Cosmetics　49,96

棉　　Cotton　150,151,201,220,239

贝　　Cowry　4,27

顾立雅　Creel　13

火葬　　Cremation　113,184-185,197

克里塞　Cressey　223

克里米亚　Crimea　51,172

石弓、弩　Crossbow　30,100

巴豆油　Croton oil　142

十字军东征　Crusades　179

晶体　　Crystal　41,151,201

泰西封　Ctesiphon　137

古巴　　Cuba　243

黄瓜　　Cucumber　113

货币　　Currency, see Money

释迦　　Custard apple　221

海关税则　Customs tariff　236

周期　　Cycle　15

塞浦路斯　Cyprus　114


戈　　Dagger axes　10,17

大连　　Dairen　239

大马士革　Damascus　174

舞者　Dancers　57,117,123,131,144,188

多瑙河　Danube　101,178

大流士　Darius　27,35

年代　Dates　142

德干　Deccan　90

毁林　Deforestation　219,221

度　Degrees　135,186,197−198,230

《南越志》　*Description of South China*　110

竺法护　Dharmaraksa　91

禅宗　Dhyāna,see Ch'an sect

提纳薄陀　Dhyanabhadra　160

方言　Dialects　14,54

金刚　Diamonda　58,114,221

金刚经　*Diamond Sūtra*　141,144

辞典　Dictionaries　12,54,112,128,144,167,170,207,209

杜氏病　Dieulafoi　65

蒸馏　Distillation　180

占卜　Divination　5,10,23,34,51,52,144,205

狗　Dog　4,5,15

美元　Dollars　203,219

家畜　Domestic animals　2,4,15−16,26,28,41,56,96

多米诺　Dominoes　150

驴　Donkeys　28,41

戏曲　Drama　140,170,172,187−188,210,211

提花机　Drawloom　82

干旱　　Drought　82,166,207,233

药物　　Drugs, see Medicine

德效骞　Dubs　7,42,53,66,70,96

荷兰　　Dutch　196,220−221,222

民居　　Dwellings　2,4,17,29,149

染料　　Dyes　71,209


东印度群岛　East Indies　116,197,221

乌木　　Ebony　151

教育　　Education　51,110,120,127,154−155,161,168,185,226,231,233−234,236,243

埃及　　Egypt　10,28,179

艾特尔　Eitel　65

大象　　Elephant　62,178

大使馆　Embassies　76,111,123

刺绣　　Embroidery　50,123,127

百科全书　Encyclopedias　114,135,139,157−158,161,205,207,208,228

工程　　Engineering　27,138,149,233

工程师　Engineers　173,180

英格兰　England　12,114,178,188,196,198,220,221−225,231,236−237,238

圆仁　　Ennin　129

使节　　Envoys　38−39,43,50,60,76,77,82,111,116,121,125,134,141,158,168,174,176,178,184,189,190,192,194

麻黄碱　Ephedrine　159,208

皮法尼乌斯　Epiphanius　14

墓志铭　Epitaphs　126

文章　Essays　74,110,139-140,143,156,184

伦理道德　Ethics　76,160-161,205,212

太监　Eunuchs　14,41,45,142,190,192,199,200

欧亚大陆　Eurasia　190

欧洲　Europe　2,16,32,42,47,71,80,81,84,93,97,104,120,124,139,146,158,173,178-179,183,186,195-196,201-204,211-212,220,226,228,231,235,239

考试　Examinations　165,173,185,233,见科举考试　see also Civil examinations

发掘　Excavation　233

远征　Expeditions　35-36,39-40,43,90,113,116,121,190 see also Naval expeditions

火药　Explosive powder　152-153

治外法权　Extraterritoriality　224,236

眼镜　Eyeglasses　201


法显　Fa-hsien　90-91,113

法源寺　Fa Yüan Ssǔ　121

猎鹰　Falconry　56

《孔子家语》　Family Sayings of Confucius　73

饥荒　Famine　27,48,60,82,145,166,175,207,219,233,237

范镇　Fan Chên　110

樊城　Fan-ch'êng　153

方以智　Fang I-chih　228

《方氏墨谱》　Fang shih mo p'u　207

方于鲁　Fang Yü-lu　207

扇子　Fans　96,150,220

农民　Farmer　32,40,55,60,81,93,180,198,201-202,207,222

农事　Farming　4,7,15,34,165

渭河　Fei(river)　100

费尔干纳　Ferghana　39,77,125

封建主义　Feudalism　14,24,31,34,37,60,142

小说　Fiction　65,140,156,159,205,210,226,228

无花果　Fig　142

《孝经》　Filial Piety, Book of　73,87,109,136

火　Fire　1,48

爆竹　Firecracker　152-153,154

第一个皇帝　First Emperor, see Shih-huang-ti

捕鱼　Fishing　1,4,42,57,165

五代　Five dynasties, the　143

亚麻　Flax　113

舰队　Fleets　149,169,176,195

防洪　Flood control　36,96,149,170,197

洪涝　Floods　8,27,31,48,82,145,166,207

花卉　Flowers　158

民间传说　Folklore, see Legends

福州　Foochow　203

食物　Food　1,2,4,8,31,50,113,117,142,202,239
　作物　crops　1,55,175,201,219,221,222
缠足　Foot binding　144,218
蹴鞠　Football　57
外交关系　Foreign relations　76,77,79,101,116,117,121,123,174,-178,194,195,196,219-220,225,235-236
台湾　Formosa　216
化石　Fossils　1
佛图澄　Fo-t'u-têng　87,88,97,106
鸡禽　Fowl　27
法国　France　65,180,183,220-221,225,231
方济会　Franciscans　179
弗利尔美术馆　Freer Gallery　7
壁画　Frescoes　138,165
果类　Fruit　50,55,56,79,96,158,175
福王　Fu, Prince of　199
傅翕　Fu Hsi　109
傅弈　Fu I　126-127
苻坚　Fu Chien　100
扶南　Fu-nan　76,77
藤原　Fujiwara　134
福建　Fukien　34,115,125,134,149,182,195,196,202,219,221,227,234
家具　Furniture　29,157,204,220
毛皮　Furs　16,41,56,84,117

伽利略　Galileo　42,213

游戏　Games　57,208

 五子棋　backgammon　113

 象棋　chess　13,113-114

 骰子　dice　96

 多米诺骨牌　dominoes　150

 足球　football　57

 杂耍　juggling　56,76

 关节骨　knuckle bones　57

 沥青罐　pitch-pot　57

 纸牌　playing cards　150,179

 马球　polo　142

 围棋　wei-ch'i　57

犍陀罗　Gandhara　55,64,90,106,108,128,160

花园　Gardens　29,50,149,197

加斯科尼　Gascony　178

戈谢　Gauchet　181

方志　Gazetteers　95-96,206

家谱　Genealogies　86

地理　Geography　28,54,66,77-79,110,157,186,203,205,206,207,212,228,229

风水师　Geomancers　151

德国　Germany　152,225,235-236

赫伯特　Giles, Dr. Herbert A.　12,93,126,185

长颈鹿　Giraffe　194

玻璃　Glass　28,50,137,181,201

日晷　Gnomon　47,129,181

果阿　Goa　212

戈壁滩　Gobi　2,31,99

金　Gold　29,39,40,41,42,70,84,92,111,113,130,151,199,221

政府　Government　5,8,10,14−19,21,23,26,32,35,36,40,45,55−56,58,60,71,103,110,119,120,123,130,134,140,142,145,155,161,169,173,176,186,189,198,206,215

粮食　Grain　31,36,38,40,69,81,96,119,151,209

粮仓　Granaries　36,117,119,166,174,175

葛兰言　Granet　66

葡萄　Grape　50

　酒　Wine　179

英国　Great Britain, see England

长城　Great Wall　26,32,36,37,83,84,96,98,99,102,115,117,129,133,167,171,180,197,215

希腊　Greece　13,24,27,28,42,55,104,138,149,192,201

手炮　Grenade　153,172

游击队　Guerrillas　237,239

吉他　Guitar　104,180

火药　Gunpowder　71,152−153,179


海河　Hai River　118

海南　Hainan　43,156,240

箱崎湾　Hakozaki Bay　176

戟　Halberd　16

哈雷彗星　Halley's comet　30

哈密　Hami　101,116,190

汉　Han　38,40,43-57,58,66,73-75,83,87,97,99,105,109,111-112,117,126,139,146,148,157

　　北汉　northern　146

　　北朝　northern(early Chao)　82

《汉书》　Han History　165

汉高祖　Han Kao-tsu

汉河　Han River　149

韩彦直　Han Yěn-chih　158

韩愈　Han Yü　140,156

杭州　Hangchow　4,56,118,146,148,149,154,156,159

河内　Hanoi　129

翰林　Hanlin　136,184,229

汉阳　Hanyang　243

马具　Harness　17,56,100

哈伦拉西德　Harun-al-Raschid　125

麻　Hemp　4,17

衡山　Hêng-shan　108

亨利三世,卡斯蒂利亚　Henry Ⅲ of Castile　189

赫拉特　Herat　192

《救荒本草》　Herbal for Relief from Famine　207

赫尔曼　Herrmann　78

小乘佛教　Hinayana　64,89

印度　Hindu　28,77

史家　Historians　16,48,52,143,192,224

训诂　Historical criticism　228

史馆　Historiography,bureau of　186

史学　History　5,16,23,52,72,136,139,149,152,156,157,162,163,165,186,229

史书　History,Document of　51,72−73,87,136,162,206

猪　Hog,see Pig

原始人　Hominid　1−2

智人　Homo sapiens　2

河南　Honan　4,7,8,19,21,28,32,100,101,103,125,158,172,194

行　Hong　224

香港　Hongkong　224,237

河北　Hopei　103,138,235

霍尔木兹海峡　Hormuz　194

马匹　Horse　5,15,16,17,28,30,41,50,56,77,99−100,145,148,165,167,168,171,173,175,192

骑兵　Horsemen　38,80,83,100−101,171

园艺　Horticulture　158

嵇含　Hsi Han　79

嵇康　Hsi K'ang　74

《西游记》　*Hsi yu chi*　210

西王母　Hsi Wang Mu, see Mother Queen Of the West
夏　　　Hsia　5, 8
西夏　　Hsia (Tangut)　167, 168
襄阳　　Hsiang-yang　153
萧统　　Hsiao T'ung　111
谢赫　　Hsieh Ho　111
谢玄　　Hsieh Hsüan　100
谢石　　Hsieh Shih　100
鲜卑　　Hsien-pi　77, 139, 164
咸阳　　Hsien-yang　32, 36
新朝　　Hsin (dynasty)　41−43
匈奴　　Hsiung-nu　32, 37−41, 45, 51, 77, 78, 82, 83, 84, 101
徐宏祖　Hsü Hung-tsu　206−207
徐光启　Hsü Kuang-ch'i　213
玄奘　　Hsüan-tsang　127−128, 137, 140, 210
玄宗　　Hsüan-tsung　123, 124, 136−137
胡(中亚游牧民族)　Hu (central Asiatic nomads)　41, 83
魏胡太后　Hu, Empress　106
胡适　　Hu Shih, Dr.　63, 106, 110, 158, 163, 206
淮　　　Huai　83
淮河流域　Huai Basin　125
淮河　　Huai River　95, 169
洹河　　Huan River　7
桓温　　Huan Wên　95
黄巢　　Huang Ch'ao　125, 134

黄宗羲　Huang Tsung-hsi　227

黄帝　Huang-ti　53, 61, 66, 70

慧皎　Hui-chiao　105

慧益　Hui-i　106

惠生　Hui-shêng　106

慧思　Hui-ssǔ　108

徽宗　Hui-tsung, Emperor　160

慧远　Hui-yüan　88

旭烈兀　Hulagu　173

恒慕义　Hummel, Arthur　97, 102, 135, 227

湖南　Hunan　108

《红楼梦》　*Hung lou mêng*　230

匈牙利　Hungary　123

匈奴　Huns, see Hsiung-nu

狩猎　Hunting　1, 4, 14, 42, 50, 57, 165, 168, 175

湖北　Hupeh　149

水力学　Hydraulics　176, 180, 213

三威蒙度赞　Hymn to the Holy Trinity　132


夷狄部族　I and Ti tribes　36

《异物志》　*I wu chih* (Record of Strange Things)　79

义净　I-ching　128, 140

一行　I-hsing　129

伊比利亚半岛　Iberian peninsula　201

伊本·巴图塔　Ibn Batuta　194

伊犁　Ili　116,190

文盲　Illiteracy　183,233,243

自焚　Immolation　15,106,112,197

焚香　Incense　65,151,181

赔款　Indemnities　225

印度　India　4,13,16,19,35,43,45,48,60,65,68,69,77,89,90,91,92,96,104,106,110,112,113,117,121,123,127 – 128,129,133,137 – 138,141,150 – 152,159,160,161,179,184,192,194,201,203,210,220,222,237

玉米　Indian corn, see Maize

印度洋　Indian Ocean　39,50,60,76,77,124,195,220

印度支那　Indo-China　49,113,149,204,225,237

印度伊朗　Indo-Iranian　98

印度尼西亚　Indonesia　159

归纳法　Inductive method　206

印度　Indus　27,123

工业革命　Industrial Revolution　224

手工业　Industry　55 – 56,71,80,208,233,237,238,239

墨　Ink　10,29,141,207,209

铭文　Inscriptions　5,10 – 11,14,16,120,132,141,145,157,165,181

　拓片　rubbings of　141

胰岛素　Insulin　244

翻译者　Interpreters　111,170,209

碘　Iodine　208

伊朗　Iran　27,43,56,64,67,88,104,121,124,151,172,181

铁　Iron　2,23,29,40,42,56,71,84,96,97,130

灌溉　Irrigation　15,23,31,58,81,96,145,178,190,198,224,233

伊斯兰教　Islam　124,134,160,182,184,192

意大利　Italy　114,179,201,212,225

象牙　Ivory　16,17,151,204


玉　Jade　10,29,41,49,50,81,130

日本　Japan　2,13,35,39,45,47,78,80,88,96,105,111,116,120,125,128,129,134,135,136,138,139,141,145,146,150,152,162,166,176,180,181,184,195−196,203,204,208,209,212,220,227,231,233,234−235,236,237,238,239

日本人　Japanese　111

茉莉花　Jasmine　142

《本生故事》　Jātaka tales　65

爪哇　Java　64,76,90,150,152,178,190,194,223

热河　Jehol　100,235

成吉思汗　Jenghis　167,168,171−175,183,215

耶路撒冷　Jerusalem　137

耶稣会士　Jesuits　150,212,213,228

耶稣　Jesus　24

珠宝　Jewelry　4,5,50,204,220

犹太人　Jews　125,134,151

耆婆　Jîvaka　91

柏朗嘉宾之约翰　John of Plano Carpini　186

柔然　Jou-jan, see Avars
新闻报道　Journalism　231
《儒林外史》　*Ju lin wai shih*　230
柔然　Juan-juan, see Avars
犹太教　Judaism　134, 182
荣启期　Jung Ch'i-Ch'i　164
帆船　Junks, see Boats
木星　Jupiter　28, 30
女真　Jurchen　111, 144, 148, 153, 157, 159, 164, 166, 168−170, 171−172, 183, 185, 196, 210, 214−215, 218, 229


坎普弗尔　Kaempfer　222
开封　Kaifeng　31, 132, 147, 148, 154, 158, 164, 172, 182, 207
张家口　Kalgan　99
梵语劫　Kalpa　68
迦腻色迦　Kanishka　65
甘肃　Kansu　2, 19, 21, 37, 45, 78, 90, 100, 103, 116, 124, 132, 144, 166, 167, 175, 181, 184, 225, 234
康熙朝　K'ang-hsi reign　226
康有为　K'ang Yu-wei　228
高仙芝　Kao Hsien-chih　124
高僧传　Kao sêng chuan　105
高岭　Kaolin　208
喀拉汗国　Kara-Khitaï　167
喀喇浩特　Karakhoto　168, 187

喀喇昆仑山　Karakorum　170,174,189-190

焉耆　Karashar　90

高本汉　Karlgren　7

卡尔纳马克　Karnamak　114

喀什　Kashgar　89,167

克什米尔　Kashmir　64,69,89,128

元大都　Khanbaliq　175

货利习弥　Kharizm　168

契丹　Khitan　123-125,143,144,146-147,164-169,171,173,185,209,218,229

和阗　Khotan　50,62,64,66,77,90

江西　Kiangsi　67,75,80,92,234

江苏　Kiangsu　61,62,66,79,95,126,149

秦朝　Kin dynasty, see Chin dynasty

吉尔吉斯斯坦　Kirghizia　51

基斯马尤　Kishmayu　150

风筝　Kite　114

葛洪　Ko Hung　92

高句丽　Koguryŏ　98,116,121,123

青海　Kokonor　84

贝格教堂　Kolberg cathedral　179

古兰经　Koran　181

朝鲜　Korea　13,18,35,39,45,47,49,77,84,88,95,98,101,111,116,119,120,123,125,128,135,136,138,139,141,144-145,158,163,165,172,173,176,178,181,190,196,203-204,

209-210,214-215,218,220,239

朝鲜人　Korean　111

寇谦之　K'ou Ch'ien-chih　67

科兹洛夫上校　Kozlov, Colonel　187

顾起元　Ku Ch'i-yüan　192

顾徽　Ku Hui　79

顾恺之　Ku K'ai-chih　94

顾炎武　Ku Yen-wu　228

《广州记》　Kuang-chou chi　79

广西　Kuangsi　34,75,189

广东　Kuangtung　34,76,79,112,144,160,219,221,227

忽必烈　Kubilai　170,175-176,178-181,183-185,186,200

龟兹　Kucha　64,77,89,92,99,105,128

库法　Kufa　140

鸠摩罗什　Kumārajīva　89,90,96

昆明　Kunming　239

昆曲　K'un-ch'ü　211

孔家　K'ung family　71

郭象　Kuo Hsiang　74

郭侃　Kuo K'an　173

郭守敬　Kuo Shou-ching　175,180-182

国子监　Kuo-tzǔ-chien　185

国民党　Kuomintang　234,237

贵霜　Kushan　44,45,61

桑原　Kuwabara　176

贵州　Kweichow　189,223

漆器　Lacquer　29,49,56,187,220
巴尔喀什湖　Lake Balkhash　84,219
喇嘛教　Lama church　181-182,184,186
土改　Land reform　142,242
风景山水　Landscapes　95,138,159,204
语言　Language　2,14,28,29,54,61,65,83,90,98,105,111-112,139,170,174,188,206,209,212,228
老子　Lao-tzǔ　24,26,37,53,61,66,69,70,74
《老子》　*Lao-tzǔ, The*　66-67,136-137
拉丁语　Latin　13,23
格子　Latticework　220
拉铁摩尔　Lattimore　167
劳费尔　Laufer　71,81,114,152,204
法　Law　26,35,72,226
法律　Laws　23,32,54,120,135,145,155,158,161,165,167,187,190,197,206,212,229,233
铅　Lead　71,151
皮革　Leather　17,84
使馆　Legations　224
传说　Legends　1,23,54,62,65,91,106,114,140
柠檬　Lemons　142
扁豆　Lentils　150
麻风病　Leprosy　180

莴苣　Lettuce　142
琉球群岛　Lew Chew Islands　116,209
词汇　Lexicon　141,144
拉萨　Lhasa　174
李　Li　62,78,79,141
李诫　Li Chieh　158
李济　Li Chih　200,211
李清照　Li Ch'ing-chao　158
李氏家族　Li family　119,134
李昉　Li Fang　157
李汝珍　Li Ju-chên　228
李塨　Li Kung　227
李陵将军　Li Ling, General　78
李白　Li Po　139,156
李时珍　Li Shih-chên　208
李世民　Li Shih-min　119,120,121,123,127,137
李斯　Li Ssǔ　32
郦道元　Li Tao-yüan　110
李自成　Li Tzǔ-ch'êng　200
李冶　Li-Yeh　170
李原　Li Yen　128
李渊　Li Yüan　119
《荔枝谱》　*Li-chih p'u*　158
梁　Liang　98,105,106,110,114
　后梁　Later　90,98,103,110,112,113,115

梁国　State of　75

梁州城　Liang-chou　90

西辽　Liao, western, see Kara-Khitaï

《聊斋志异》　*Liao chai chih i*　228

辽朝　Liao dynasty　148, 160, 165-166, 170, 186

辽河　Liao River　98

辽东　Liaotung　39, 47, 123, 164, 197, 214

图书馆　Libraries　51, 71, 72, 75, 96, 135, 156, 157, 178, 204, 228,

临安　Lin-an　148

占婆　Lin-i　76

《灵宪》　*Ling-hsien*　48

狮子　Lion　28, 117

荔枝　Litchi nut　50

文学　Literacy　236

校勘　Literary criticism　53-54, 205, 231

文献　Literature　23, 28, 34, 46, 51-52, 54, 65, 72-75, 79, 92-93, 108, 110-111, 114, 135, 137, 139-140, 149, 156-159, 167-168, 184, 186-188, 189, 204-210, 227-231

刘赤(邦)　Liu Chi　36-38

刘勰　Liu Hsieh　111

刘歆　Liu Hsin　47

刘义庆　Lui I-ch'ing　111

刘伶　Liu Ling　74

刘宋　Liu Sung　98, 103

洛河　Lo (river)　21, 47, 101

借贷　　Loans　42,235
罗贯中　Lo, Kuan-chung　210
乐浪　　Lo-lang　39,49
罗布泊　Lob-nor　77
黄土　　Loess　2,17,97
逻辑　　Logic　212
伦敦　　London　221,226
商君　　Lord of shang　24,26,31
净土宗　Lotus sect, see Pure Land sect
路易九世　Louis IX　183
洛阳　　Loyang　43,46,51,58,59,60,61,64,65,72,74,83,88,92,103,104,106,110,117,118,126,127,1130,132－133,145－146,150,154,164
陆机　　Lu Chi　97
陆九渊　Lu Chiu-yüan　163
陆龟蒙　Lu Kuei-mêng　137
陆慈　　Lu Tz'ǔ　139
陆元朗　Lu Yüan-lang　139
陆云　　Lu Yün　97
龙虎山　Lung Hu, Mount　67
龙门　　Lung-mên　104
吕光　　Lü Kuang　90

马浩　　Ma Hao　62
马端临　Ma Tuan-lin　157

澳门　　Macao　149,196,203,212,222

摩揭陀　　Magadha　90,160

麦哲伦　　Magellan　220

磁针　　Magnetic needle　151

摩诃菩提寺　　Mahābodhi temple　65

大乘　　Mahāyāna　64,89,106

玉米　　Maize　201,221,222

马六甲　　Malacca　194,201,221

马来亚　　Malaya　237

马来西亚　　Malaysia　150,197,210

满族　　Manchu　111

满洲里　　Manchuria　2,13,18-19,21,37,45,77,84,95,100,102,116,123,125,143-144,171,178-179,189-190,196-197,200,203,214-231,235,236,238-239,240

投石机　　Mangonels　153

蒙哥　　Mangu　183

摩尼教　　Manicheism　133,182

马尼拉　　Manila　197,203,219

毛泽东　　Mao Tsê-tung　240

茅元仪　　Mao Yüan-i　208

地图　　Maps　78,142,164,186,206,208,212,229

马可·波罗　　Marco Polo　97,175,184

马克·奥勒留·安东尼　　Marcus Aurelius Antoninus　76

马古礼　　Margouliès　74

马林·提尔　　Marin of Tyre　78

海关　Maritime customs　195,224,231

婚姻　Marriage　14,23,68,70,87,228

马斯安　Marsenne　207

马歇尔　Marshall, General George C.　239

数学　Mathematics　28,48,111,129,135,159,170,180,203,212,213,228,229

马图拉　Mathura　104

马祖　Matsu　241

莫里斯　Maurice　99

拜火教　Mazdaism, see Zoroastrianism

医药　Medicine　34,51,64,71,91-92,96,128-129,140,142,151,155,159,179,180,184,192,208,220,222,233

地中海　Mediterranean　13,28,50,76,113,179

梅鷟　Mei Tsu　206

梅膺祚　Mei Ying-tso　209

湄公河　Mekong River　207

孟子　Mencius　29

《孟子》　*Mencius, The*　163

水星　Mercury　71

美索不达米亚　Mesopotamia　173

金属　Metals　5,8,10,209

墨西哥　Mexico　196,203,221

云母　Mica, 96

军事科学　Military science　28,51,155,167,172-173,208

小米　Millet　4,8,179,202,222

尖塔　Minaret　181

矿井　Mines　199,209,231,232

明　Ming　113,169-170,182,183,184,189-213,215-216,218,219,226-227,230

明皇　Ming,emperor　49

《明史稿》　Ming shih kao　213

缩影　Miniatures　179

小件工艺品　Minor arts　112,138,204,207,226

青铜镜　Mirror,bronze　29,49-50

佛教传道者　Missionaries,Buddhist　61,62-63,64,65,87,88,91,105,109,128,160

　摩尼教　Manichean　133

　景教　Nestorian　132-133

　新教　Protestant　224,234

　罗马天主教　Roman Catholic　203,212-213,224,234

寺院　Monasteries　102,108,146,154,156,165

穆斯林教　Mohammedans,see Moslems

货币　Money　4,23,35,40,42,60,130,145,151-152,174-175,179,196,203,221,233,239

修女　Mongha,see Mangu

蒙古人　Mongol　98,111

蒙古　Mongolia　2,13,37,47,49,51,77,78,80,82,84,101,111,116,120,123,133,143-144,148-149,152,153,160,164,168,171-188,189-190,192,195,197,200,209,214-215,216,220,221,229

蒙古人种　Mongoloid race　2,86

僧侣　Monks　61 − 62,66,67,75,77,88,89,91,93,102,103,105,106,127,129,130 − 131,132,133,139,160,161,183, See also Priests

纪念碑　Monuments　48,55,72,96,103,158,206,225,233

摩尔　Moors　201

道德　Morals　26,63,70,72,74,163

摩洛哥　Morocco　124

莫斯科　Moscow　178

穆斯林　Moslems　93,114,124,125,134,153,167,175 − 176,180 − 181,184,192,202,212,225

清真寺　Moaques　176,181

西王母　Mother Queen of the West　66

墨子　Mo Ti　24,26

机动车公路　Motor roads　235

莫尔　Moule, A. C.　132

山脉　Mountains　206,207

活字印刷　Movable type　154

奉天　Mukden　197,214,216

骡子　Mule　28,41

音乐　Music　17,28,46,54,55,56 − 57,65,104 − 105,129,141 − 142,164,179,180,187,188,207,211


南朝　Nan chao　148

南越　Nan Yüeh　39

《南方草木状》 Nan-fang ts'ao-mu chuang (Flora of the Southern Regions) 79

土布 Nankeen 220

南京 Nanking 58,59,64,65,69,76,84,91-92,98,106,189-195,206,220,234,235,237

南口关 Nank'ou pass 180

奈良 Nara 136,138

翰林院 National Academy 135,145

国家书目 National bibliography 86,96

民族主义者 Nationalists 223,239-240

海上建筑 Naval architecture 150

海上远征 Naval expeditions 176,192-195

航海 Navigation 151,194

海军 Navy 150,195

乃颜 Nayan 178

近东 Near East 27,28

李约瑟 Needham, Joseph 129,159,204

内格里托斯 Negritos 86

新儒家 Neo-Confucianism 161-163

新石器时代 Neolithic 4-6,17

尼泊尔 Nepal 88,121,160

聂斯托利派 Nestorians 131,132,133,170,178,182,183

《律学新说》 New Remarks on the Study of Resonant Tubes 207

捻匪 Nien-fei 225

九国会议 Nine-power conference 235

宁夏　Ning-hsia　167−168,234
宁波　Ningpo　154,169,195−196
游牧民族　Nomads　19,56,83,99,167,171,183
北美　North America　2,11
小说　Novel　210,226,228
诺夫哥罗德　Novgorod　178
修女　Nuns　102,126−127,128,129,130−131,133,161
努尔哈赤　Nurhachi　169,214−215
护理　Nursing　233

小烟薰良　Obata, S.　120,139
陶笛　Ocarina　17
《诗经》　Odes, Book of　23,51,87,136,162,206
荻原　Ogihara　65
窝阔台　Ogodai　172,185
卫拉特　Oirats　195
奥日贝人　Ojibways　10
橄榄　Olive　142
洋葱　Onion　113
通商口岸　Opening of ports to trade　224−225
鸦片　Opium　222−225
光学镜片　Optical lenses　201
橘子　Oranges　50
鄂尔多斯　Ordos　100,116
带有簧片的风琴　Organ with reeds　180

鄂尔浑河　Orkhon River　102,120－121,165

鸵鸟　Ostrich　194

讹答剌　Otrar　190

欧阳修　Ou-yang Hsiu　143,156

欧阳询　Ou-yang Hsün　73

公牛　Oxen, see Cattle

阿姆河　Oxus River　64,183


桨轮　Paddle wheel　151

百济　Paekche　88,98,123

巴列维　Pahlavi　114

绘画　Painting　29,48－49,94－95,103,111－112,138,149,159－160,179,187,204,225,226

宫殿　Palaces　8,34,46,49,117,175

巨港　Palembang　194

旧石器时代　Paleolithic　1－4

巴尔米拉　Palmyra　51

帕米尔高原　Pamirs　28,38,60,123,124,167,219

班昭　Pan Chao　53

潘季驯　P'an Chi-hsün　166

班固　Pan Ku　53

班彪　Pan Piao　53

班智达　Pandita　160

纸　Paper　52,141,152

纸币　Paper money　145,152,174,179

巴黎　Paris　174,179,221,226

议会　Parliament　223

帕提亚　Parthia　28,30,61－62,64

华氏城　Pataliputra　90

保罗·朱维厄斯　Paulus Jovius　179

豌豆,花园　Pea,garden　113

花生　Peanut　202,221－222

珍珠　Pearls　39,50,151,209

农民　Peasants　8,87,120,142,199,214

裴秀　P'ei Hsiu　78－79

北直隶湾　Peichihli Gulf　2,166

裴矩　P'ei Chü　116

北平　Peiping,see Peking

北京　Peking　121,159,172,174－175,179－180,185,187,189,190,191,192,194,197,198,200,206,215,216,218,221,226,235,236

北京人　Peking man,see Hominid

伯希和　Pelliot,Professor　64,79,96,97,228

人民共和国　People's Republic　240

辣椒　Pepper　142

佩雷斯　Peroz　123

波斯　Persia　16,27,55,101,114,120,123,125,129,131,132,133,138,150,152,171,172,174,178－181,204,209

波斯湾　Persian Gulf　192

秘鲁　Peru　221

澎湖　Pescadores　115,196,225

白沙瓦　Peshawar　65,104

比索　Pesos　196,203

法伦斯泰尔　Phalansteries　70,102,201

菲利普博览会　Philip the Fair　178-179

菲律宾　Philippines　150,152,196,197,202,204,219

语言学　Philology　13,139,157,205-206,228,229,233

哲学　Philosophy　109,160,163,229

腓尼基字母　Phoenician alphabet　174

发音学　Phonetics, see Philology

音韵学　Phonology, see Philology

琵琶　P'i-pa　55

法尺　Pied du Roy　180

汴梁　Pien-liang　148

猪　Pig　2,5,15,56,81

朝圣　Pilgrimages　65-66,90,105,106-108,127-128,129,131,160,183,200,210

菠萝　Pineapple　221

海盗　Piracy　113,125,152,195,197,222

开心果　Pistachio　179

瘟疫　Plague　233

行星　Planets　30,133

柏拉图　Plato　164

纸牌　Playing cards　150,179

犁　Plow　17,23,28,29,55-56

羽毛　Plumes　16

白居易　Po Chü-i　139

渤海　P'o-hai　125,164 −165,169

诗歌　Poetry　23,29,51,54,66,74,93,139,149,156,165,167,210,228

波兰　Poland　176

马球　Polo　142

石榴　Pomegranate　113

波美拉尼亚　Pomerania　179

教皇　Pope　229

人口　Population　8,21,39,40,42,45,86,138,150,161,202,206,216,219

　人口迁移　transfer of　31,60

瓷器　Porcelain　49,71,80,137 −138,150,151,179,196,203,220,226

亚瑟港　Port Arthur　239

葡萄牙　Portugal　194,195,196,203,220,222

马铃薯　Potato　222

陶轮　Potter's wheel　4

陶器　Pottery　2,4,5,8,9 −10,17,49,56,137 −138,150,187,203,209

　雕像　Figurine　112

鄱阳湖　P'oyang Lake　92

祈祷筒　Prayer cylinder　181

总统　President ( of the Republic )　234

祭司　Priests　10,14,15,21,68,70,103,105,106,126-129,133,139,141,183,200,218,228

印刷　Printing　52,138-139,141,144-145,154,156,161,167,179,188

禁忌　Proscriptions　109,133,137,146,200

新教徒　Protestants　231,234

普鲁士　Prussia　179

托勒密　Ptolemy　78

釜山　Pusan　192

蒲松龄　P'u Sung-ling　228

公共工程　Public works　8,15,27,35-36,117,119,149,166,170,174-175,189,197,232,233,也见灌溉、公路　See also Irrigation; Roads

出版　Punblishing　234

木偶戏　Puppetry　57

净土宗　Pure Land sect　88-89,108,125

平壤　Pyong-yang　39,121,123,196

毕达哥拉斯音阶　Pythagorean musical scale　28

辫子　Queue　218,230

列班·扫马　Rabban Sauma　178

电台　Radio　235

铁路　Railroads　231,233,235

油菜子　Rape seed　222

拉施德丁　Rashid-eddin　179

伊博恩　Read, Dr. Bernard　97, 208

起义叛乱　Rebellion　31, 36, 37, 43, 46, 103, 115, 124 -125, 173, 190, 234 -235

《西域传》　*Record of Central Asia, The*　69

参考书目　Reference books　228

再造林　Reforestation　233

改革　Reforms　42, 161 -162, 225, 226, 228, 233

雷孝思　Régis　228

艾香德　Reichelt　63

赖肖尔　Reischauer, Edwin O.　129

宗教　Religion　5, 8, 10, 14, 15, 16, 40, 48, 60 -74, 76, 83, 87 -89, 92, 102, 104, 106, 108 -110, 112, 120, 124, 126 -137, 138, 149, 160 -162, 165, 168, 170, 171, 181 -186, 200, 213, 231

文艺复兴, 欧洲　Renaissance, European　212

民国　Republic　203, 226, 232 -240

三藩之乱　Revolt of three viceroys　215 -216

革命　Revolution　190, 200, 225, 230

旋转书架　Revolving bookcase　109

犀牛　Rhinoceros　39, 151

韵律　Rhyme　23, 185, 206

利玛窦　Ricci　207, 212 -213, 228

水稻　Rice, 4, 8, 27, 55, 66, 68, 150, 222

理查德森, 塞缪尔　Richardson, Samuel　230

礼仪仪式　Ritual　8, 15, 18, 19, 25, 26, 40, 72, 157

《礼记》　Rituals, Rites ( Book of )　51,87,136

道路　Roads　27,32,34−35,68,97,118,145,166,174,175,197,232,235

罗马天主教　Roman Catholicism　182,212−213,228

《穆天子传》　Romance of Mu, Son of Heaven　75

罗马　Rome　30,39,42,43,81,84,99,138,174,178,182,212

地毯　Rugs　41,203,220

俄罗斯　Russia　4,21,123,152,168,172,174,176,178,180,196,212,220,224,225,238−240

俄属土耳其斯坦　Russian Turkestan　101


库尔特·萨克斯　Sachs, Curt　105,179

红花　Safflower　113

藏红花　Saffron　142

帆　Sails　77,81,151,204

圣丹尼斯　Saint-Denis　179

圣彼得堡　St. Petersburg　221

圣礼拜堂　Sainte Chapelle　179

释迦牟尼　Sakyamuni　69

盐　Salt　40,42,96,130,199,209

硝　Saltpeter　153,179,221

萨尔温江　Salween River　207

撒马尔罕　Samarkand　167,189,192

旧金山　San Francisco　238

《三国志通俗演义》(简称《三国演义》)　San kuo chih yen i　210−

211

《三才图会》 San ts'ai t'u hui 208

《三字经》 San Tzǔ Ching 185

梵文 Sanskrit 13,28,61,65,90,105,111,128,137,140,160

苏木 Sapan wood 151

萨珊 Sassanid 123

土星 Saturn 30

赛典赤·赡思丁 Sayyid Ajall,see Seyyid Edjell

汤若望 Schall 228

学校 Schools 72,135,168,173,233,236

 公立学校 public 155

 技术学校 technical 231

科学 Science 16,23,28,30,46−48,70,149,157,159,163,180,205,212,233

帘子,幕布 Screens 96

雕塑 Sculpture 17,48−49,62,95,103−104,138,154,204

斯基泰人 Scythians 21,28,51,64,77,100

海堤 Sea wall 149

印章 Seals 50,141,157

秘密会社 Secret societies 133,190,225

轿子 Sedan chair 96−97,150

地震仪 Seismograph 48

僧会 Sêng-hui 65,69

汉城 Seoul 39,196

芝麻 Sesame 113

赛典赤·赡思丁　Seyyid Edjell　176

皮影戏　Shadow play　57

沙陀　Sha-t'o　143

沙鲁克　Shahrukh　192

洋葱　Shallot　113

萨满　Shaman　170

商　Shang　7－12,15,16,18,19,29,50

上海　Shanghai　54,234,235,236,240

山西　Shansi　5,8,80,83,90,97－98,101,103－104,125,131,146,188

山东　Shantung　4,8,35,39,62,66,80,91,96,103－104,110,125,166,172,183,195,197,199,210,235

山阳　Shanyang　118

绍兴　Shao-hsing　80,95,137

邵雍　Shao Yung　159,162,163

圣典　Shastras　89,106

绵羊　Sheep　5,15,38,56

申　Shên　21

沈怀远　Shên Huai-yüan　110

沈括　Shên Kua　181

沈约　Shên Yüeh　112

神宗　Shên-tsung, Emperor　161

陕西　Shensi　19,31,32,67,95,103,118,184,225,234

《史记》　*Shih chi*　52

始皇帝　Shih-huang-ti　32－36,37－38,42

胡适　Shih Hu　88

施耐庵　Shih Nai-an　210

神殿　Shrines　128,129,131,197,200

萧洛克　Shryock　72

蜀　Shu　95

蜀(蜀汉)　Shu(Shu Han)　58-59

《水浒传》　*Shui hu chuan*　154,185,210-211

暹　Siam　86,180,190,209

西安　Sian　8,19,20,181,236

西伯利亚　Siberia　2,51,104,196,220

西西里岛　Sicily　159

丝绸　Silk　7,10,17,28,29,38,39,41,42,51-52,82,112,127,138,148,152,160,196,220,221,222,230

新罗　Silla　98,123,125

银　Silver　29,84,113,130,148,151,174-175,199,203,221,223

新加坡　Singapore　152,194

苏族人　Sioux　10

六部　Six ministries　216

奴隶　Slavery　16,42,56,121,131,197

接种天花　Smallpox inoculation　159,208

鼻烟　Snuff　221

索靖　So Ching　73

耶稣会　Society of Jesus,see Jesuits

苏格拉底　Socrates　24,164

粟特　Sogdiana　38,39,45,62-65,69,76,77,105,133

土壤侵蚀　Soil erosion　219

索马里兰　Somaliland　159

苏州　Soochow　54,192,211

高粱　Sorghum　179,202,221-222

南美　South America　203

南海　South Seas　64,76-77,192

播种机　Sowing machine　82

大豆　Soybean　55,222

西班牙　Spain　124,196,202,203,219,221

西属美洲　Spanish America　203,219-220

矛　Spear　4,16

矛头　Spear head　18

球面三角学　Spherical trigonometry　181

香料　Spices　192,221

菠菜　Spinach　142

《春秋》　Spring and Autumn Annals　51,72,87

南瓜　Squash　222

松赞干布　Sron-bcan-sgan-po　121

司马迁　Ssǔ-ma Ch'ien　47,52-54,56

司马光　Ssǔ-ma Kuang　110,150,156,162-163

雕像　Statues　104,105,106,128,146,164

章程　Statutes　216

轮船　Steamships　231

石碑　Stele　132

马镫　Stirrup　100-101

曼陀罗　Stramonium　208

佛塔　Stūpa　62,64,65,109,146,197

苏轼　Su Shih　156,161

苏颂　Su Sung　159

善无畏　Subhakarasimha　129

沙伯泰　Subotai　172,176

糖　Sugar　209

　　甜菜　beet　142

　　糖果　candy　221

　　精制提炼　refining　180,209

隋　Sui　86,114,115−119,120,126−142,146

硫　Sulphur　71,153,192

苏门答腊　Sumatra　194

孙畅之　Sun Ch'ang-chih　111

孙过庭　Sun Kuo-t'ing　93

孙中山　Sun Yat-sen　226,232

孙颜　Sun Yen　112

星期日　Sunday　134

日晷　Sundial　47

宋　Sung　89,98,119,134,146−163,165−169,172,176,182,186,188,190,201,210

宋应星　Sung Ying-hsing　208

宋云　Sung Yün　106

松花江　Sungari River　190

佛经　Sūtra　61,65,68,91,96,103,106,109,117,141

甘薯　Sweet potato　202,221,222

施永格　Swingle　205,208

犹太教堂　Synagogue　182

梅毒　Syphilis　203,208

叙利亚　Syria　43,120,132

四川　Szechuan　19,31,45,49,60,62,66,79,82,84,88,95,114,126,131,145,161,172,181,199,234,236


大同　Ta-t'ung　87,104

《大同书》　*Ta t'ung*　228

匾牌　Tablets　52,73,75,135,157

大不里士　Tabriz　178,179

大陈　Tachen　241

泰　T'ai, see Thai

台庆,围攻　T'ai, siege of　114

太平　T'ai-ping　219,225,230

《太平寰宇记》　*T'ai-p'ing huan yü chi*　157

《太平广记》　*T'ai-p'ing kuang chi*　157

《太平御览》　*T'ai-p'ing yü lan*　157

台湾　Taiwan　116,195−196,216,220−225,238

太原　T'ai-yüan　83

塔克拉玛干沙漠　Takla-makan　51

塔拉斯河　Talas River　124

唐　T'ang　84,93,100,115,119−142,143,146,148,149,150,154,165,176,181−182

唐明　T'ang-ming　76

西夏　Tangut　44, 147, 148, 150, 164 − 165, 167, 168, 171, 172, 173, 174

道安　Tao-an　88

陶潜　T'ao Ch'ien　92 − 93

《道德经》　Tao-tê-ching (The Way and Its Power)　109, 136, 184

陶宗仪　T'ao Tsung-i　186 − 187

陶渊明　T'ao Yüan-ming, see T'ao Ch'ien

道教　Taoism　26, 62, 66 − 71, 76, 87 − 89, 91 − 94, 102, 103, 109, 111, 126, 128, 129 − 130, 134 − 135, 136 − 137, 140 − 141, 145, 155, 159, 160, 162, 165, 167, 183 − 184, 188, 200 − 201, 210, 218

达头可汗　Tardu　99, 115 − 116

塔里木　Tarim　2, 45

塔尔苏斯　Tarsus　137

鞑靼人　Tartar　80, 120, 165, 168

塔什干　Tashkent　116, 124

赋税　Taxation　27, 32, 36, 40, 42, 102, 120, 130 − 131, 142, 145, 150, 168, 173, 198, 199, 201, 202, 219, 223

塔克西拉　Taxila　104

茶　Tea　79 − 81, 96, 148, 150, 220, 221, 222

《茶经》　Tea Classic　80 − 81

电报　Telegraph　235

电话　Telephone　235

铁木真　Temujin, see Jenghis

寺庙　Temples　8, 15, 17, 40, 61, 62, 69, 70, 88, 96, 102, 103, 105,

120,128-131,146,158,181,183,185,197,200,206

十国　Ten independent states, the　143

邓嗣禹　Têng Ssǔ-yü　139,186

梯田　Terraces　221

地球仪　Terrestrial globe　180

织物布帛　Textiles　17,56,96,123,138,150,151,179,203,221

泰　Thai　86,124,125,176

泰国　Thailand, see Siam

小乘佛教　Therarada　64

思想　Thought　24,26,48,53,88,140,149,160-161,162,163,200,227

《千字文》　Thousand Character Classic, The　110

三国　Three Kingdoms　58-82,210

台比留　Tiberius　42

西藏　Tibet　13-14,38,80,82,116,120-126,148,167-168,181,182,183,184,186,190,195,209,220,240

《天工开物》　Tien kung k'ai wu　208

天龙山　T'ien-lung hill　104

天山　T'ien shan　123,124,166,189

天台宗　T'ien-t'ai sect　108-109

瓦　Tiles　49,158

木材　Timber　192

帖木儿　Timur　178,190

锡　Tin　16,154

拓跋　T'o-pa　80,82,98-99,101,104

拓跋濬　T'o-pa Chün　103
拓跋弘　T'o-pa Hung　103
拓跋嗣　T'o-pa Ssǔ　87
拓跋焘　T'o-pa Tao　99
烟草　Tobacco　203,221−223
东京　Tokio　226
墓塚　Tombs　17,28,46,48,49,50,62,113,157,197
交趾　Tongking　34,43,64,75,76,84,120,125
工具　Tools　1,2,4,5,8,17,23,29,130,203,208
龟壳　Tortoise shell　10,151
玩具　Toys　5
贸易　Trade　4,28,39,41,51,56,62,64,78,80,113,116,119,123,125,127,134,137−138,145,150,151−152,158−159,174,192,196,219−221,223,233
贸易路线　Trade routes　45,77,79,131,134,142,150,192,194
翻译　Translations　61,64,65,89,90−91,103,106,128,137,140,160,161,167,168,170,212,213,231
旅行　Travel　27,77,90−91,106,113,158,174,186,207
条约　Treaties　38,79,220,235,236
贡品　Tribute　15,16,21,39,40−41,45,76,86,148,150,152,164,165,169,174,192,194
《大藏经》　*Tripitaka*　90,127,145,161,167,200
鼎　Tripod　5,17,157
蔡襄　Ts'ai Hsiang　158
曹植　Ts'ao Chih　105

曹雪芹　Ts'ao Hsüeh-ch'in　230

曹操　Ts'ao Ts'ao　46,67,74

沙皇　Tsar　212

晋　Tsin　58,77,78,79,82,84,86,92,95,96

济南　Tsinan　8,172

《左传》　*Tso chuan* (*Tso Chronicle*)　72-73,75,136

宗喀巴　Tsong-Kha-pa　183,195-196

祖冲之　Tsu Ch'ung-chih　111

崔浩　Ts'ui Hao　87

《丛书》　*Ts'ung-shu*　205

杜甫　Tu Fu　139

突厥　T'u-chüeh　101

土耳其　Türküt, see Turks, eastern

杜佑　Tu Yu　140,157

吐谷浑　T'u-yü-hun　84,98,116

拖雷　Tului　172

敦煌　Tun-huang　73,90,96,103,104,133,134,141

董卓　Tung Cho　45,46

东胡　Tung Hu　37

董作宾　Tung Tso-pin　7

《通鉴纲目》　*T'ung chien kang mu*　163

《通志》　*T'ung chih*　157

桐油　T'ung oil　153

《通典》　*T'ung Tien*　140

通古斯　Tungus　82,84,98,124,148,168

吐蕃　Turfan　64,190

土耳其斯坦　Turkestan　101,124,172

土耳其　Turkey　209,222

突厥人　Turks　82,84,98,101－102,119－120,123,136,167,180

　　东突厥　eastern　101,115－116,120－121

　　西突厥　western　115－116,121,123

突厥　Turkic　98

绿宝石　Turquoise　17,84

《资治通鉴》　*Tzǔ chih t'ung chien*　156

《字汇》　*Tzǔ-hui*　209


乌地亚那　Uddiyana　108

回鹘族　Uigur　13,14,123,124,125,133,144,160,165,167,174,182,210

乌兰巴托　Ulan Bator　49

兀鲁伯　Ulugh-beg　192

联合国　United Nations　223,238,239

美国　United States　220,225,231,235,236,237,238

《奥义书》　*Upanishads*　89

乌拉尔山脉　Ural Mountains　2,101

兀良哈台　Uriangkatai　176

苏联　USSR　237

乌托邦主义　Utopian ideas　93,227

金刚智　Vajrabodhi　129

瓦斯科·达·伽玛　Vasco da Gama　203

吠陀　Vedas　89

车辆　Vehicles　7,40,96,209

威尼斯人　Venetians　178

南怀仁　Verbiest　228

白话　Vernacular　139,140

越盟　Vietminh　240

越南　Vietnam　47,240

紫罗兰之塔　Violet Tower　181

词汇　Vocabularies　87,209-210

伏尔泰　Voltaire　220


韦利　Waley　54,139

壁纸　Wallpaper　220

城墙　Walls　4,26,28,32,35,60,149,153,171,197

胡桃　Walnut　50

万历年间　Wan-li period　212

王安石　Wang An-shih　155,156,161-162,175

王圻　Wang Ch'i　208

汪精卫　Wang Ching-wei　237

王充　Wang Ch'ung　48,53,57

王符　Wang Fu　157

王夫之　Wang Fu-chih　227

王羲之　Wang Hsi-chih　93 -95,97

王献之　Wang Hsien-chih　94

王伊同　Wang I-t'ung　143

王莽　Wang Mang　42 -43,47,66

王弼　Wang Pi　74

王世贞　Wang Shih-chên　198

王守仁　Wang Shou-jên　198,200,205

王思义　Wang Ssǔ-i　208

王肃　Wang Su (195—256)　73

王肃　Wang Su (464—501)　79

王维　Wang Wei　139

王应麟　Wang Ying-lin　185

华盛顿　Washington, D. C.　7,235,239

水牛　Water buffalo　27

水钟　Water clock　47,164

水磨机　Water mill　81

水路　Waterways　27,32,34,149,161,175,197,206,231

武器　Weapons　2,4,5,8,10,12 -13,16,23,28,30,99,100, 114,152 -153,169,172,208 -209,233

星期　Week, seven-day　133

魏　Wei　58,72 -76,78,98 -99,103,104,106,109,112,184

魏伯阳　Wei Po-yang　70

魏收　Wei Shou　102

《魏书》　*Wei shu*　104

卫铄　Wei Shuo　94

韦文秀　Wei Wên-hsiu　111

韦应物　Wei Ying-wu　139

度量衡　Weights and measures　32

文成　Wên-chêng　121

《文献通考》　Wên hsien t'ung k'ao　157

克迈斯特　Werckmeister　207

西河　West River　34,207

西天　Western Heaven　89

小麦　Wheat　4,8,27,202,222

轮　Wheel　7,8,29,32,81

手推车　Wheelbarrow　81

韦慕庭　Wilbur, Dr. C. M.　56

罗伯鲁　William of Rubruck　164,183,186

风车　Windmill　204

窗　Windows　96

酒　Wine　38,42,50,56,74,79,80,179

木琴　Woodblocks　138,154,158,179,206,207,208

木刻　Woodcuts, see Woodblocks

芮沃寿　Wright, Arthur　88

著述　Writing　5,7,10−14,34,54,65,73,88,93−94,98,165,167,169

　起源　origin　10

　风格　style of　73

书写工具　Writing tools, materials, implements　10,11,13,29,51,52,75

吴　Wu　18,21,54

　三国　Of three kingdoms　58,64,76

武皇后　Wu, Empress　128

梁武帝　Wu (first emperor of Liang)　53,103,106

武昌　Wu-Ch'ang　58,230

吴承恩　Wu Ch'êng-ên　210

吴敬梓　Wu Ching-tzǔ　230

吴道玄　Wu Tao-hsüan (Wu Tao-tzǔ)　138

武周　Wu-chou　75

五台山　Wu-t'ai shan　131

武帝　Wu-ti (Emperor Wu)　38−41,42,43,50,51,53,66,99−100,106

武丁王　Wu-ting, King　8

吴越　Wu Yüeh　146

威利　Wylie　180−181


杨坚　Yang Chien　115−116

杨朱　Yang Chu　24

杨孚　Yang Fu　79

杨衒之　Yang Hsüan-chih　110

杨广　Yang Kuang　115−119

扬州　Yangchow　117,118,119,129,137,154,176

长江　Yangtze　18,21,23,34,54,61,79,84,86,88,95,100,117,133,148−150,169,195,197,207,211,234,237

姚崇　Yao Ch'ung　128

姚莘农　Yao Hsin-nung　187, 211

黄帝　Yellow Emperor, see Huang-ti

黄河　Yellow River　2, 4, 5, 7, 12, 19, 32, 38, 43, 60, 84, 86 −88, 98, 117, 148, 166, 167, 168 −169, 171 −172, 186, 238

耶律楚材　Ye-lü Ch'u-ts'ai　173 −174, 182, 185

耶律大石　Ye-lü Ta shih　166 −167

燕　Yen　190

越南　Yenan　234, 237

燕京　Yenching, see Peking

雁门　Yen-mên　119

颜师古　Yen Shih-ku　139

颜元　Yen Yüan　227

殷　Yin　7

《殷历谱》　*Yin-li-p'u*　7

《营造法式》　*Ying tsao fa shih*　158

于法开　Yü Fa-k'ai　92

元皇帝　Yüan, Emperor　86

元朝　Yüan dynasty　134, 166, 171 −189, 198, 210, 211

袁世凯　Yüan Shih-k'ai　173

越　Yüeh　18, 21 −23, 137

月氏　Yüeh-chih　37 −38, 45, 61

乐史　Yüeh Shih　157

乐器　Yüeh ware　80, 137

雍正朝　Yung-chêng reign　226 −227

永乐朝　Yung-lo reign　190, 192, 195, 204

《永乐大典》 Yung-lo ta-tien 204-205

云南 Yünnan 43,60,125,148,176,181,189,192,197,202,221,223,225,227

云南府 Yünnanfu 23

桑给巴尔岛 Zanzibar 150

斑马 Zebra 194

零 Zero 48,159

锌 Zinc 71

古筝 Zither 55,57,179

   鞠躬 bowed 180

拜火教 Zoroastrianism 67,125,131-132

# 中外学者关于本书的书评

## (一)胡适的书评[①]

我将毫不犹豫地推荐此书,因为在用欧洲语言书写的所有已出版的中国史著作中,这本著作是最优秀的一部。我真诚认为这部著作有一些值得中国史家思考及关注之处。富路德教授凭借其出色的写作技艺,成功地在短短230页篇幅之中书写出一部关于中华民族及其文明的真实且富动感的历史。他取得成功的原因在于,果断而近乎彻底地消减朝代和政治史,以便留出充足篇幅来突出中国人在物质、技术、社会、思想、艺术、宗教等生活方面发展的故事。

例如,在作者无情的笔端下,仅用一行即将孔子打发了(第24页),但关于马镫的故事却用了21行(第100页);伟大哲学家王守仁(王阳明)仅占用了三行半(第201页),但关于印度玉米、甘薯、花生的引进却占了整整一页。为什么不呢?如果"马镫能使中原人更好地打击他们的传统敌人",如果"这三种植物不仅肯定影响到土地的使用和饮食习惯,而且对人口的增长亦有影响",显

---

[①] 胡适(Hu Shih),《评富路德的〈中华民族简史〉》(Review A Short History of the Chinese People by L. Carrington Goodrich),《太平洋杂志》(Pacific Affairs),Vol. 17, No. 2, 1944年6月,第225页。

然就值得对它们做更为突出的介绍。毕竟,仅有一部分中国人受王阳明甚或孔子学说的影响!

正是这种非传统的方式,使得这本小书既令人不安,又富有启发性。对于那些自鸣得意的传统史家来说,它令人不安甚至是令人讨厌;对于所有希望知悉"中国人是如何发明和'采用'他们的工具、如何发现和栽植他们的主食、如何制造和进口他们的商品、如何创作他们的艺术和文学并建立起他们的文明"的人来说,这部著作却是非常令人感兴趣。它是一部关于"中国人如何沿着时光隧道从旧石器时代走到现在"的动态记录。

这本著作也可称为一部最实用的西方中国史研究概要;其注释和所列补充阅读材料,说明作者已充分利用了西方学术研究成果。中华民族与更广阔的外部世界之间的历史关系,东西方之间文化、物品及思想的交流,自然成为整部著作强调的重点。关于中国史的这些"全球性"方面,常为中国史家所忽略或不当处理,因此像本书这样的巧妙概述应该受到中国史家的欢迎。

然而,必须指出的是,作者在对待如此遥远过去的文化对象时,经常犯有过于倾向"文化借用"理论而甚少承认文化"独立或平行发展"的错误。例如,中国古代使用的棺材肯定不是来自于古埃及的"一种外来文化渗透";对中国人来说,"修筑护城河以保护筑有防御工事之城镇的泥墙以及扩井的使用"等军事技艺(第28页)无须借用外部世界。在大多数这样的例子中,归因于文化借用似乎牵强附会,而且也并非历史事实。面对类似的需要和困惑,人类心灵通常能够而且实际上也确实发明了或多或少相类似的解决方法。仅仅是存在相似性,并不总意味着相同的起源。

富路德教授自己即指出(第207页),早在马斯安和维克迈斯特分别于公元 1636 年及 1691 年发现十二音构问题之前，朱载堉在公元 1584 年已通过采用"根号 2 开 12 次方"发现间隔区间存在着"十二平均律"。难道像这样确凿无疑的独立发展案例还能让我们毫不犹豫地将诸如古代中国的"毕达哥拉斯音阶和西方几何学公理"（第 28 页）解释为"外来文化渗透"的结果？

## （二）杨联陞的中文书评①

作者是哥伦比亚大学中文系副教授，在美国现在的汉学家中，年辈算比较高的。同国会图书馆的恒慕义氏都已在中年以上，两个人都勤于著述，不让青年。恒氏主编的《清代名人传》第一卷，六百余页，去年已经在华盛顿出版。富氏也在同年发表了这本《中华民族小史》。在序言之中，回忆他在上次大战末期同美国军队在法国与华工常有来往，感觉到中美两国民众特别相似，想从历史上寻求解释。在这烽火满天的今日，大约是不胜其感慨的。全书 260 页，分九章。第一章，中华民族之初始，包括史前时代及商周；第二章，初期帝国，秦及两汉；第三章，政治分裂，魏、南北朝；第四章，中国重复统一，隋及唐；第五章，分裂，宋与北方及西北分治；第六章，元朝；第七章，明朝；第八章，清朝；第九章，民国。除了第三章 56—110 页特别长以外，其余各章篇幅差不多。比起来，近代稍略一点。附有铜版图 15 面，大抵是关于考古及美术的，选择很精。每章有补充读物，都是中西学者用英文写的重

---

① 杨联陞：《富路德，中华民族小史》书评，载《思想与时代月刊》，第 36 期，1944 年。

要著作，还有一个史表，标举各朝代的重要史实，宗教及思想、艺术、文化几方面的进展，这个表很能表现作者特别用心的地方（见本书附录"史表"）。

表中所列，好像很复杂。但是，很可能看出西方汉学者对于中西交通同物质文明的进展特别注意。以前芝加哥博物院的洛弗尔在这方面成就最大。现在美国学者当中，在这一类最渊博的要数富氏了。他对于饮茶、吃荔、玉蜀黍、花生等都有专文讨论。这本书最大的优点就在这些地方的考证。后面附的索引，简直可以当作文化史辞典用。这种零碎的博物知识积累起来，有时也足以见大。如富氏在《新世界对于中国之早期影响》一文中，指出玉蜀黍、甜薯、花生等之传入，对于17、18世纪中国人口之增加或者不无关系，即是一例。

其他宗教史、美术史等方面，西洋学者的贡献很多都网罗在内。在综合方面，作者实在很用了一番心。只可惜篇幅太短，往往语焉不详。杂志里的文章，有时候引用了结论，可是不注出处，想寻根究底的读者，不免要失望的。

这本书对于政治经济两方面太忽略，所以对于全民族的活动，不能深刻体会，稍稍辜负了《中华民族小史》这一个题目。

至于方法态度，却很谨严公允。例如，论夏朝说"实际上还没有满意的证据，能证明这一国曾经存在。没有一件礼器兵器或铭文，我们能确证是夏朝的。不过这许许多多的从商代传下来的工艺及文字，绝不是初民所为，在中国一定早有了好几百年的历史了。这些东西，使我们可以断定说，即使没有过夏朝，在黄河岸上也一定有过几个中心会铸造青铜器、知道筮的用处、用车战并且开始有文字了"（第6页）。这种见解在惯于疑古的西洋学者当中,是比较难得的。

书里有几处小错误,如蜀亡于263年,不是264年;灭蜀的是司马昭,篡位及平吴的是他的儿子司马炎,第58页把两个人混成一个人。五台山在山西写成陕西,第130页。恐怕是笔误。最大的毛病是书里的几张历史地图,不但简陋,上面黄河的河道,多半是错的。按黄河大徙,一般承认有六次,连同最近1927年5月南徙,一共有七次了。大徙的年岁路径,史册都有记载,后人也有考证。画历史地图的人,如果确定了图的年份,是不应该以意为之的。(本书评针对该书1943年的版本,在1969年版本中这些错误已被修正。——译注)

## (三)杨联陞的英文书评①

这些著作都是对史前时代到现在的综合性考察,但各自侧重不同时期。富路德用于清代和民国时期的篇幅仅占整部著作的十分之一;崔植则将三分之一的笔墨用于这一历史时期;如同标题所表明的那样,拉铁摩尔的著作主要关注现代中国。不过,拉氏著作有近四分之一的篇幅讲述从北京人到1644年的故事。

拉铁摩尔的著作实现了其宣称的简洁明了之目标。由于该书的特色在于富有同情心的解释及其合理结构,故此值得向公众

---

① 译自杨联陞刊发于《地理学评论》(*Geographical Review*, Vol.34, No.4, 1944年10月,第687—690页)的书评。该书评评述了富路德的《中华民族小史》,欧文·拉铁摩尔的《现代中国的形成》及崔植(Tsui Chi)的《中华文明简史》。

推荐。对初学者来说,他的优势在于不需要读者具有任何有关中国的知识储备。相对而言,富路德和崔植的著作要深奥得多,但不应为任何严谨的中国史研究者所忽略。

富路德的著作可以说是对现代西方学术成果的出色综合。然而,颇为令人遗憾的是,沙畹、伯希和、马伯乐等伟大汉学家的著述却没提及,作者对他们显然是熟悉的。补充阅读书目非常出色,但仅局限于英文著作。作者似乎对中国的物质文化特别感兴趣,他以高度浓缩的形式来描述中国人的成就,读者可能会有浏览一部百科全书的感觉。

在这三部简史中,崔植的著作最为详细。对许多西方人来说,其冗长的中文参考书目可能毫无意义。然而,核实后表明,作者所列书目绝大部分都利用到了,并对它们做了忠实可靠的翻译。其主要局限在于,作者在处理利用这些史料时,没有进行足够严谨的考辨。一些著作出现年代错误;他似乎并不清楚传奇小说不是历史,像盘古开天辟地这类神话以及像汉室明妃嫁给蛮族首领的故事当然有趣,但冗长的叙述并没有聚焦于中国文明的特点。

拉铁摩尔对于中国史的解释,则带有更多的想象性和理解性。然而,偶尔的失误显示作者缺乏精细的知识。古代商遗址的挖掘是在安阳而不是洛阳;纸发明于汉代,但印刷术要几个世纪后才出现;第124—125页的历史对照图表,有一些历史年代是错误的。在富路德著作的第243—244页,有与之相类似的历史图表,但比较而言他的历史图表更具学术性和启发性。拉铁摩尔认为棉花是在唐代时期引入中国的,这明显与他自己的说法相矛盾。他在著作的第102页中说棉花是在蒙元时期引入中国的。

富路德的处理就更为严谨:"棉花是作为进呈的贡品……早在公元5—6世纪时(根据藤田丰八的研究,在汉代时棉花已为中原人所知),但到宋代人们意识到其价值和用途后,它才成为一种商品。这种植物的大规模栽种以及棉纺织品的制造,要到公元13世纪以后才变得普遍起来。"(第202页)

无论富路德的著作还是崔植的著作都有瑕疵,细小问题在这里就不加以讨论,所应关注的是这三部著作中的黄河河道图。这只常带来灾难的怪兽,其河道在数个世纪的中国历史中发生过许多变化。公元以来,有记载的黄河下游河道大改道即有六次,但三部著作的地图都将其中的绝大部分给忽略了。

## (四)邓嗣禹的书评①

直到十年前,中国史在很大程度上仍为西方人所忽视。如果有人能够在世界史教科书中找到有关中国文化的几页篇幅,那他一定非常幸运。在英语世界,唯一拥有丰富资料来源的著作是卫三畏(S. Wells Williams)的《中国总论》,对整整一代人来说,它一直是权威的教科书。赖德烈(Kenneth Latourette)的《中国人:他们的历史与文化》,主要参考的是卫三畏的《中国总论》。像卫三畏一样,赖德烈是耶鲁大学教授,同时也是一位长期活动在中国的传教士。赖德烈的著作简洁、清晰并具学术性,每章后面都附

---

① 邓嗣禹(S. Y. Teng),《评富路德的〈中华民族简史〉》(*Review A Short History of the Chinese People by L. Carrington Goodrich*),《宗教杂志》(*The Journal of Religion*),Vol. 24, No. 4, 1944年10月,第294页。

有一份有价值的学术性书目。自 1934 年第一次出版以来,它作为大学中国史教科书即无出其右者。现在,对于赖德烈的著作来说,富路德教授的《中华民族简史》可能是一个挑战。

《中华民族简史》分为九章:第一章讲述中国人的开端,从史前时代一直延续到公元前 221 年秦始皇统一六国;第二章讨论的是从公元前 221 年的第一位皇帝到公元 220 年;第三章讨论的是从 221—589 年的政治分裂时期;其后是从公元 590—906 年的重新统一中原时期,等等。时期的划分,显示了作者合理的分类以及对中华民族发展主题的准确把握。著作的每一章都相应地探讨了当时的政治、社会和文化史,其风格简洁,并具高度概括性;历史事件的日期非常清晰,并制作了精美地图。24 幅铜版插图都是精挑细选出来的,这些插图与其放在一个地方,倒不如将它们散落放置于书中各章空隙处。

尽管比赖德烈的著作简短许多,但富路德教授的著作却包含了在赖德烈书中未出现的大量信息,尤其是植物、花卉、游戏以及其他许多有趣的物品。这些有趣物品要么是从中国流传到西方国家,要么是从西方国家引入中国。富路德教授已出版了许多关于文化交流的论述,并对中文书目有着极大兴趣,正因为如此,他在《中华民族简史》这部著作中讨论了中国文学史、大型著述编撰以及印刷术和火药的发明等。更重要的是,他利用了大量中国史研究方面的最新专著,在中文史料的处理方面,他也明显好于赖德烈教授。

不幸的是,富路德教授的著作对普通读者来说过于简短,以致难以彻底理解,尤其是 19 世纪到今天这段时期。因此,这部著作与赖德烈的著作并不存在太多重叠之处。

富路德教授特别关注宗教史,故此他在第三章非常出色地阐释了对中国人生活有着实质性影响的佛教和道教;对于基督教、摩尼教、犹太教等外来宗教的引入、传播及其与中国政治、社会、文化的关系史,他都做了探讨。整部简史是一种概要式处理,没有任何主题被加以详细介绍,宗教也不例外。著作如能清晰地呈现社会和政治背景,对于神学研究者无疑会有很大帮助。

简而言之,基于对中文和西方文献材料的潜心研究,作者撰著了一部出色的中华文明史概要。相比于普通读者,这种概述对专业学者更为有用,因为极其简要的概述连同其中充满暗示的历史日期会让门外汉望而却步。

## (五)韩玉姗的书评[①]

富路德教授在 260 页的篇幅中写出了一部出色而独特的著作,其贡献是当下所迫切需要的。该著作已经超出了其前言中所申明之目的,因为它采用了一种由"新材料"支撑的新方法。作者使中文文献中被一些学者遗弃的研究成果重新复活,并概览了近年来学者们所提供的重要成果之精华。

考虑到篇幅有限,作者所涉及的参考书目中有部分因简洁而常缺少解释。然而,本书中所呈现出来的内容,对各领域的进一步研究来说是一永恒的挑战,也会使人对作者得出的众多结论产

---

① 韩玉姗(Yu-Shan Han),《评富路德的〈中华民族简史〉》(*Review A Short History of the Chinese People by Carrington L. Goodrich*),《太平洋历史评论》(*Pacific Historical Review*),Vol. 13,No. 1,1944 年 3 月,第 78 - 79 页。

生合理怀疑。新方法强调的是文化前进道路上中国的"给予和汲取",它向读者介绍了一种理解中国历史的视角,并使读者抛弃了中国是一极端保守国度的传统观念。

富路德教授提供了17幅简易地图以及补充性阅读书目、年表和图表。尽管如此,由于教师和学生无法在他们的图书馆中找到其中大部分史料,所以他们很难将此书当作教材使用。当学术能够因介绍而达成一种全球性理解,当研究结果能为所有人利用之时,思想的"门户开放"时代才成熟。

作者在书中提出的两个历史年代需要更正。第一个,中国正式放弃阴历是在1912年而非1927年(第47页);第二个,道教中"所谓的天师"是在1912年而非1927年被正式废弃(第67页)。除了继续沿用道教中"天师"这一不准确的传统术语外,作者还对此做了进一步的误导性说明:"这种所谓的天师并没有被官方正式承认,直到公元748年;但它时常拥有巨大的权力。1927年,中华民国正式废弃了这一称号。"(第65页)"官方认可"持续了多长时间?"天师"拥有什么权力?多长时间?这些问题应该给予回答。公元1747年之后,张天师成为唯一一位五品宗教官员(官方地位)。在中文人名的"拼音"方面,发现有两处错误:第一,绘图者姓P'ei而非Pei(第76页),第75页是正确的;第二,它是郑氏家族而非"Ch'eng"氏(第211页)。关于郑氏家族,作者应介绍"四世"中的一位,比如郑成功,如此,读者可能会更容易辨识这一家族。①

《中华民族简史》代表着作者多年研究和教学的成果,无论对公众还是学术界,这本著作都有极高的价值。

## (六)赖德烈的书评②

这两部对中国史进行简要考察的著作,在范围、观点和学术质量方面有着很大不同。

第一部著作是由富路德这位成熟的汉学家所撰。长期以来,他一直为这一领域的同行尊敬和爱戴。这是一部紧凑的概括性著作,目的是服务于有思想的读者或希望对这一主题做一了解的学生,而非专业人士。这部著作是作者多年来研究及教学的成果浓缩,更重要的是,作者以为其朋友熟知的视角进行撰述。政治事件所占篇幅的比例要远少于其在普通历史著作中所占的比例。富路德的著作在一定程度上涉及了政治事件,但主要是将其作为文化等其他方面的一种框架。它涉及文化的各个方面,其中,到中原的其他民族之人所做的贡献在这部著作中占据了相当比例的篇幅。因此,它不是将中国看作一个分裂的帝国,而是将中华

---

① 需要说明的是,这些书评都是针对此书第一版即1943年版所作的评述,而本译稿是根据2002年版,这一版对1943年版中的错误都做了修订,且页码也与本书不同,故此译稿中没有出现这些错误。——译注

② 节选自赖德烈(Kenneth. Scott. Latourette)刊发在《远东季刊》(*The Far Eastern Quarterly*, Vol. 3, No. 3, 1944年5月,第272—274页)上的书评。该书评评述了富路德的《中华民族简史》(*A Short History of the Chinese People*)和崔植的《中华文明简史》(*A Short History of Chinese Civilization*)。

民族视为一个与其他民族相互交流接触、互通有无的民族。例如,许多篇幅用于介绍佛教的引入和传播;汉隋间的数个世纪则占据了更大比例的篇幅,这个时期正是佛教在中国取得最大收获的时期。有关佛教的本土化、本土宗教道教的兴起和发展等只有一个轮廓,关于文学的部分亦相当少。基于茶在中国人的饮食和生活习俗中的地位,作者用近两页篇幅来介绍其发现、用途的延伸及如何流传到其他地区是合适的,这大致也适用于被广泛使用的运输工具独轮车。该著记述了印刷术的发明和完善,这非常合适而正确,尤其作者是卡特所在院系的同事。这部著作向我们讲述了首次提及的骰子、轿子,并让我们对煤的早期使用有所了解。这些只是偶拾的几处例证,如此丰富的信息被浓缩进约8万字的文本中。

爱挑剔的评论者本不应该追问这样一部简要著作中的一切。然而,他们很好奇:阅读这部小册子的读者是否能从中获得中国文明之主流思想和趋向的任何印象。这部著作几乎没有以我们欧洲的方式提及儒家思想的起源与发展,尽管儒家思想在形塑中国方面的影响力远远超过佛教甚或道教,它值得花费更多的篇幅。有关源于儒家思想并为科举考试强化的宗族及政府组织结构之重要性,初学者无法从该书中获得足够的启示。儒家教育方式是中国最伟大的成就之一,它向世界证明了中国传统文明的政治能力和成熟性,然而现代西方却普遍将其忽略了,它们仅仅只知道中国最近发生的变乱。然后呢?大概是有意为之,19世纪被富路德教授省略了。他对民国时期只做了最为简要的介绍,描述了这一时期中国文化遭遇的最大威胁及经历的彻底革命。换句话说,《中华民族简史》在某种程度上辜负了其标题。它的真正价值在于,它可作为其他著作的有益补充读物。对于那些为汉学初学者提供阅读建议的人来说,他们应该推荐一两部需要预先细读的同类读物提供知识背景,接下来再读富路德教授的著作会被证明是一种惊喜。

## (七)柯睿格的书评①

富路德教授的这部著作,在再版时做了一些细微修订,它在中国文化研究者的基本读物中将占有重要的一席之地。这部著作的标题可能会产生一些误导,但无论是形式还是内容都令人耳目一新,它抛弃了在此之前为绝大多数中国通史所遵循的模式,特别强调在中国历史的早期和近期之间进行更为合理的篇幅安排。在广阔的历史时期内,它对于历史的探讨是按照主题而非时间顺序。作者在对主题的处理方面有着相当大的自由度,有的主题详加扩展,有的主题则轻巧掠过。诸如人名和历史年代等细节常被省略,这种处理方式使得有趣的思想观念源源不绝,令非专业读者感到兴奋。与此同时,专业学者的注意力则被每一页出现的新颖史实和观点所吸引。以前,这些新颖的史实和观点只能在专业学术论文中找到,有的甚至在专业学术论文中也无法找到,中国的科技及物质文化部分尤其如此,但它们并非唯一。三国和六朝时期(220—589),通常为一般性通史甚至专业著述所忽略,

---

① 柯睿格(E. A. Kracke, Jr),《评富路德的〈中华民族简史〉》(Review A Short History of the Chinese People by L. Carrington Goodrich),《哈佛亚洲研究》(Harvard Journal of Asiatic Studies),Vol.10,No.2,1947年9月,第244-245页。

除蒙元入侵和民国时期,这段历史时期在这本著作中所获的关注是其他历史时期的一倍,这与它的时间跨度是成正比的。

这本著作要对专业人士和非专业人士都有吸引力,这意味着存在某些不可避免的困难。专业学者希望那些有用的概括能附上更多的人名和历史日期,他们对作者某些缺乏文献证据且不同于主流观点的结论有时感到不满意。反过来,非专业学者会发现,对理解中国来说非常重要的历史事实有时却被忽视,因为作者为使该书对专业学者有吸引力而注重不同寻常的史料,最为明显的例子就是关于中国早期哲学的探讨。在第 25 页,作者对中国早期哲学的概述只用了半个段落的篇幅,而关于孔子仅有一行。这本著作特别强调唐代的经济革命及唐代和随后朝代在行政组织方面的某些重要成就,普通读者当然也可能会从中获益。

所有读者都将感激该著所附的附录。作者为每章都提供了英文补充阅读文献,以附录的形式放在著作后面。当然,所列举的仅是著作,而且还包含有许多常被忽视的著作。如果富路德能将相关论文也收入参考书目的话,可能会使普通读者受益更多。除了提供完整的索引外,该著还为我们提供了 24 幅精心挑选的插图(其中包括一些非常精美的照片);所附的历史图表不仅列出了宗教、思想、艺术和大众文化方面的重要事件,还标出了它们的朝代和大致的历史时期;另外,作者精心构思并制作了各个历史时期的中国疆域图及其对外交往的地图。

尽管在具体问题上可能会有不同意见,我认为不管出于什么样的阅读动机,大多数读者都会以感激之情来看待这本著作,因为它对于我们了解中国的贡献是如此巨大。

## (八)萧洛克的书评①

这部简明扼要又令人钦佩的著作满足了一项真正的需求。无论是作为研究中国文化的入门手册还是大学院校的教科书,这本书都具有价值。除了非常出色的地图和插图外,该书还附有年代表、历史图表、索引,并提供了一份经过甄选的补充阅读书目。

西方学界的老一辈中国史家将他们著作的绝大部分篇幅用于解释过去几个世纪中国和西方的关系。例如,E. T. Williams 于 1928 年出版的《中国简史》,在 428 页的篇幅中,现代外交关系占了很大一部分,仅有 192 页是关于中国史的其余部分。赖德烈为我们提供了一部精彩的中国历史文化概要,但这本书太过于详细和厚重,以致难以用作教科书;并且,此前对中国并不熟悉的读者会被该书众多的史实和陌生人名而吓倒。

富路德教授避免了这些缺陷,他通过批判性选择的方式将中国史的基本史实呈现出来。他的叙述十分简要,这满足了非汉学专业文化人士的需求,也满足了那些渴望对一个曾取得伟大成就并在将来仍可能取得伟大成就的民族有所了解之人的需要。值得庆贺的是,富路德教授利用了最新的人种学资料。尽管在目前这场战争结束后的几年时间内,新的考古发现可能会使本书的这

---

① 萧洛克(John K. Shryock),《评富路德的〈中华民族简史〉》(*Review A Short History of the Chinese People by L. Carrington Goodrich*),《美国政治与社会科学纪事》(*Annals of the American Academy of Political and Social Science*), Vol. 232, 1944 年 3 月,第 194 - 195 页。

部分内容显得过时。

相对于目前可用的其他同类著作而言,这本著作是一个显著的进步,它应该有着广泛的使用价值。从确切意义上来说,它是一部普及性著作,同时也是有着扎实学术功底的著作。

## (九)宓亨利的书评①

就其不恰当的大小和开本来说,这部富有价值的著作显得不成比例。除了出版商会私下劝告作者不要从知识之树上采摘太多,以免著作变得太过厚重并对普通大众变得过于昂贵外,人们感觉出版商之于作者的关系已经类似于蛇之于夏娃的关系。有一天,当富有知识、雅性及灵感的书籍不再为纸张的缺乏和政府订单所限时(而丑闻传单和滑稽漫画比以往任何时候都要厚),希望富路德教授能够心动并以更具吸引力的形式出版当前的研究,更为重要的是,他也在准备对中国历史与文化进行更为详尽的阐述。像目前导言所证明的那样,他完全有资格和能力去这样做。

有读者认为,《南京条约》签订之前的中国史对西方研究者来说并不重要。让这部分读者感到震惊的是(但令那些认为在进入与西方世界相对亲密关系之前的中国人过着真正文明生活之人感到欣喜的是),富路德教授将其不到 232 页中的 209 页篇幅用

---

① 宓亨利(Harley Farnsworth MacNair),《评富路德的〈中华民族简史〉》(*Review A Short History of the Chinese People by L. Carrington Goodrich*),《美国历史评论》(*The American Historical Review*),Vol. 49,No. 3,1944 年 4 月,第 480 - 481 页。

于满族统治之前的历史。这部著作共九章,其中的每一章都非常出色,但叙述中华民族从北京人到明代之发展(而非他们的统治者)的前七章最为精彩。这七章充满了富有价值且有趣的知识信息,所收集的史料毫不夸张地达一千种,其中的大多数都被编织进一幅历史的壁毯之中。所使用的史料非常丰富,无任何多余,这使得此书偶尔显得不易阅读。正像许多语法学家和文体家所期盼的那样,大多数段落并非只有一个,而是有着一打甚或更多的重要思想和事实。

像各种名录一样,这本著作材料虽丰富,但与其记述方式和风格却显得有些脱节,必须集中精神反复阅读多次,不然就只有求助于祈祷才能领会其内容。但无论如何,令人欣慰的是,其16页的参考书目为更多有趣史料的详尽阐述提供了线索;并且,它所展示的有趣史料比其他任何叙述中国史且规模是其数倍的著作要多得多。8页补充阅读书目、1份历史年表、1张历史图表、24幅精选插图、17幅轮廓清晰的地图,大大增加了该著的价值。

## (十) T. H. Lindsay 的书评①

所有对中国历史、语言、文学、艺术和考古感兴趣之人都将感激这部《中华民族简史》,因为它在相对有限的篇幅里准确记述了

---

① T. H. Lindsay,《评富路德的〈中华民族简史〉》(*Review A Short History of the Chinese People by L. Carrington Goodrich*),《不列颠及爱尔兰皇家亚洲学会杂志》(*Journal of the Royal Asiatic Society of Great Britain and Ireland*),No. 1,1945 年 4 月,第 97-98 页。

中华民族从最初到今天的历史。它探讨的主要是有关中国文化的各个方面,如殷商时代以来的演变发展、与这种演变发展相关的著名人物之作用、邻近和边远地区民众对这个国家生活的影响等,各种作物和手工业的引进及推广都受到了充分的关注。探讨的对象被逐章划分到精心挑选的历史时期,对晚近历史时期所做的探讨没有早期充分,其结果是描绘出一幅均衡的中华民族演进图景。尽管因无数征战和内战之浩劫而发展迟缓,但当一连串强大的统治者给这个国家带来和平与秩序时,这种历史的演进总是显得波澜壮阔。中国艺术家和工匠们的创造性天才为其他方面的进步提供了机会。即使在像周朝行将结束的几个世纪以及汉唐间的数百年这样混乱的时代,中国仍存在大量的智力活动,人们可以自由接受新的思想观念。所有这一切为汉唐各自的辉煌做好了铺垫。

"政治分裂时期"这一章特别有价值,这一历史时期在许多方面都是最为有趣的,然而却也是中国历史最为迷茫的时期。作者用一页纸即理顺了这三百年间统治着不同区域的众多王朝,并对它们进行了总结。还根据不同时代佛教在中国不同地区的出现,得出佛教正逐渐渗入的结论。令人耳目一新的是,本书中有这样明确的叙述:"没有人知道佛教是什么时候出现的";佛经翻译的困难被很好地呈现出来;在混乱动荡的时代,佛教对中国人存在着不同寻常的吸引力。这一章所涉及的其他问题还有:道教发展成为一种全国性宗教,它对佛教起初是友好的,后来才变成敌对的;这两种宗教对官方儒学的影响;这一时期精彩绝伦的佛教雕塑;中国朝圣者前往印度圣地的旅程。突厥人起初是作为工匠从事着卑微的工作,后来崛起为伟大帝国的建造者;公元5至6世纪时期,各种形式的中国思想和信仰经朝鲜传入日本,对于这些,这一章都给予了适当的注意。除了为许多后来的中国历史提供线索外,这一章还为诸多方面的研究指明了路径。

这部著作附有17幅有价值的地图和一系列有趣的图片。书末的参考书目和著作中的注释,为所有希望做进一步研究或获取更进一步的知识信息之人提供了帮助。

## (十一) M. A. S 的书评①

相当长时间以来,一直渴望有一部能够吸引美国普通读者的中国文明简史。现在,两部出色的著作出现了,它们都出自毕生致力于此课题研究的作者笔下。

要将四千年历史压缩成一本两百余页的小册子,这是一项并不轻松的工作,尤其是当所关注的对象是世界上最伟大的文明之一,当作者试图尽可能以简单且人性化的用语来描写时,这项工作就更为艰难。然而,这两本著作都实现了令人钦佩的目标。它们努力告诉美国人此前并不了解的中国文明对于世界的贡献。

相比于第二本著作,第一部著作《中华民族简史》更为确切地讲是一部历史著作。作者追寻了中华民族从石器时代一直到清王朝被推翻的历史,非常生动地讲述了有关中国的历史故事。这

---

① M.A.S.,《评富路德的〈中华民族简史〉和拉铁摩尔的〈现代中国的形成〉》(Review A Short History of the Chinese People by L. Carington Goodrich; The Making of Modern China by Owen Lattimore; Eleanor Lattimore),《远东观察》(Far Eastern Survey),Vol. 13, No. 8, 1944年4月19日,第74页。

部著作强调的是每一历史时期的特色以及中国人对世界知识宝库的贡献。与正文相随的是一份非常出色的书目以及颇具价值的历史图表，这份历史图表描述了在中国历史上的重要时期西方所发生的事件。

这本书没有探讨近代中国，仅有不到六页的篇幅是关于1912年以来的历史。对此，读者会有一种失望的感觉，但作者的目的很明显是解释过去而非现在。

《现代中国的形成》一书的作者为自己设置了一个更为雄心勃勃的任务。他向读者提供的不仅是中国过去的图景，同时还包括中国现在和未来的图景。此外，他希望帮助读者理解中华民族以及这个国家的地理，并分析战后必定出现的某些问题。中国真的能够建立一个民主形式的政府吗？将来会不会发生内战？存不存在对外贸易和投资的机遇？或者中国人是否能将他们的国家变成另一个日本，以廉价商品冲击世界市场并试图吞并其他国家的领土？

今天这部著作特别受欢迎，因为越来越多的美国人比之前任何时候都对我们的太平洋盟友更感兴趣。该书以通俗易懂的术语进行表述，这是专为吸引外行而设计；对于成年的市民以及学生和军队来说，这部著作应该广有用武之地。

## (十二)L. M. King 的书评[①]

这部富有洞察力且以平衡方式撰述的学术著作,为西方人理解中国做出了非常有价值的贡献。它涵盖了从远古时代一直到现在的整个中国历史,开始于最近考古发现的北京人(北京人是东亚智人的远祖)这一旧石器时代的著名原始人,结束于民国和珍珠港事件。每一历史阶段的价值和重要性以及中国漫长历史中的著名人物、事件、运动,都以一种清晰流畅且始终富有吸引力的风格呈现出来,使之引人入胜并颇为均衡。整个叙事非常流畅,所有没有意义的东西似乎都被省略了,要点都在那里,并借此得以避免畸轻畸重。

富路德教授对预言是谨慎的,但像这类暗示是危险的,比如,"地方分裂的消失,便是目前强调地方控制所带来的结果。政治团体之间的尖锐分歧,导致一种寡头政治成为必要,但是,民众的意志也将会得以体现"(第236页)。本书前面(第35页)还提到了中国人在分裂之后趋向统一的思维方式:"始皇帝(前221—前207)开创了将长城以内所有民族统一起来的思想观念;这种思想观念从未被忘记,即使在帝国崩溃后的很长一段时间内都依然如此。"

---

[①] L. M. King,《评富路德的〈中华民族简史〉》(*Review A Short History of the Chinese People. by L. Carrington Goodrich*),《国际事务》(*International Affairs*), Vol. 25, No. 2,1949年4月,第240页。

## (十三) P. H. C 的书评[①]

这部对中华民族文明背景进行学术性叙述的著作,是由我们在中国史方面最具权威的史家所撰。该书的内容涵盖了整个中国历史,开始于史前时期,结束于共产主义对中国的征服。

这部著作重点关注的是中华民族及其文明,包括他们的谋生方式、宗教、道德思想、官府组织、文学、精美艺术等,它提供了一种对中国历史、哲学、文化和主要政治趋势的富有鉴赏力的理解。

---

① P. H. C.,《评富路德的〈中华民族简史〉》(Review A Short History of the Chinese People. by L. Carrington Goodrich),《远东季刊》(The Far Eastern Quarterly), Vol. 11, No. 3, 1952 年 5 月, 第 425 页。

## 译后记

  自20世纪以来,美国学界出版了为数不少的中国通史性著作,如赖德烈的《中国人:他们的历史与文化》、欧文·拉铁摩尔的《现代中国的形成》、Gerald F. Winfield 的《中国:土地与人民》、Paul Clyde 的《远东:西方对东亚影响的历史》、艾伯华(Wolfram Eberhard)的《中国史》、梅谷(Franz Michael)与戴德华(George Taylor)合著的《现代世界中的远东》、饶大卫(David Nelson Rowe)的《现代中国简史》等。这些中国通史性著作出版后,在华文汉学界并没有引起多少关注,这或许是因为在以汉语为母语的中国学人看来,因理解中文的能力有限,美国学人不仅在解释史料时常存误解误译,而且其材料的搜集和审别亦难以博雅,故此他们的中国史研究著述常如雾里看花,难求其情真理得,难度更大的中国通史性著述更是不必多言。① 杨联陞在给胡适的信中曾言:"外国人写中国通史,不是不大,就是不精,总难让人满意。"②

---

  ① 参见拙文《民国学者视野中的美国汉学研究》,载《华南农业大学学报》(社会科学版),2014年第3期。
  ② 胡适纪念馆编,《论学谈诗二十年——胡适杨联陞往来书札》,安徽教育出版社,2001年,第44页。

然而,富路德的《中华民族简史》一书则大不一样。此书自1943年初版后,便颇受国际汉学界的欢迎与好评,原因在于它是一部富有特色的著作。自晚清以来中国学界出版了为数众多的中国通史著作,较知名者如夏曾佑的《中国古代史》三册、李泰棻的《中国史纲》三卷四册、邓之诚的《中华二千年史》五卷、王桐龄的《中国史》四册、吕思勉的《白话本国史》四册、缪凤林的《中国通史纲要》三册、章嵚的《中华通史》五册等。1945年,顾颉刚在《当代中国史学》中就这些中国通史著作指出:"中国通史的写作,到今日为止,出版的书虽不少,但很少能够达到理想的地步。本来以一个人的力量来写通史,是最困难的事业,而中国史上需考证研究的地方又太多,故所有的通史,多属千篇一律,彼此抄袭……编著中国通史的人,最易犯的毛病,是条列史实,缺乏见解,其书无异为变相的《纲鉴览》或《纲鉴易知录》,极为枯燥。"与这些中国通史著作不同,富路德所撰的这部著作具有以下几个特点:

其一,此书把中国史置于世界史的语境中,关注的重点是常为中国史家所忽视的中国史之"全球性"方面,即中华民族与广阔外部世界之间的历史关系、东西方之间文化物品及思想的交流。作者在书后附有一史表,表中标举出各朝代的重要史实和宗教、思想、艺术、文化等方面的进展,同时并标示出各自对应的外部世界所处历史时期。富路德用心绘制的这张史表很好地反映了他的"全球性"史观。他曾计划写作有关日本、中国、印度的文明史三部曲,写作目的正如他在该书的序言中所说,"对于作者来说,依然只是希望通过对中华文明进行深入透彻的研究,从而使无论欧洲的、西亚的、美洲的或任何其他地区的历史研究者能够在理解历史时有一个更好的基础。事实上,这是达成一种全球性理解的唯一路径"。

正是抱着达成全球性理解之史观，富路德在写作《中华民族简史》时处处流露其对中国史"全球性"方面的关注。他在描述各个历史时期的政治史时，多侧重于各朝代对外疆域的扩张，这是因为伴随疆域扩张而来的是中原民族与西域少数民族之间、东西方之间的物质文明及思想文化的交流和互鉴；在叙述每一历史时期的中华物质文明进展时，则将更多的篇幅用于描述中国对西方物质文明的贡献和我国西藏地区、蒙古以及遥远西部国家对中原艺术的影响。在叙述或评论中国史实和物质文明进展时，作者常常将其放置于世界史的语境中进行评述。例如，他认为在周朝的几百年间，中国人之所以开始同亚洲其他地区有了密切联系，是因为大流士统治下的波斯人将他们的征服区域扩展到东方的印度河，并使伊朗境内所有部落都处于他的统治之下。与此同时，中国人也已到达这一地区，他们在这里接受到波斯商队带来的新思想和制度。又如，他对郑和下西洋后明朝实行的海禁政策如是评论道："其结果，毫无疑问改变了历史的进程。它使中国放弃开放，开始遭受距离最近的海上力量日本的袭击；它使中国将印度洋的控制权拱手让给阿拉伯人，75 年后则为葡萄牙人所控制；它使中国停止了通商，并切断了帝国的海关收入。最为糟糕的是，当欧洲准备进入地球的每一个角落时，它却使中国陷于孤立之中。"

其二，在写作方法上，此书强调的是文化前进道路上中国的"给予和汲取"。一部好的通史，贵在"上下脉络连贯一气"，有"一贯的精神"。富路德在写作本书时，放弃了绝大多数中国史家所遵循的方式，他更多的是将政治史视为文化发展阶段的一种框架。在简短介绍每一历史时期的王朝政治史后，他即将关注重点转向介绍此一时期中国人对于世界知识宝库的贡献以及其他民族对中国所做的贡献。比如，作者用大量篇幅介绍印刷术、火药的发明及其在西方的传播以及植物、游戏等从中国介绍到西方的有趣事物；与此同时，他亦花费大量篇幅介绍来自中亚和西方的实物、技术和思想文化对于中原科学、艺术、文学、音乐、手工业和体育活动的影响。作者坚决甚至是冷酷无情地去除朝代和政治史，从而给中国人在物质生活、技术、社会、思想、艺术、宗教等方面的发展故事留出了充足空间。在作者的笔端，孔子仅出现了一行，但关于马镫的故事却花费了21行来讲述；伟大思想家王阳明仅占用了3行半，但关于印度硬币、甘薯、花生的介绍却占了整整一页。正是由于作者采用忽略具体政治史实而将更多空间用于介绍中国物质文化的进展这种非传统方式，才使本书成功展现了一部真实而富有动感的中华民族及其文明史，并向读者介绍了理解中国历史的一种新视角。基于此，这本书不仅有助于使西方读者了解中国物质文明对世界的贡献，同样有助于让中国人了解外部世界对中国物质文明发展的贡献和影响。

其三，作者的态度谨严公允。作者在治学时，一直保持着非常严谨的态度。他的第一部专著即是由其博士论文改写而成的《乾隆时期的文字狱》，此书于1935年出版后，民国著名学者洪煨莲、雷海宗和郭斌佳分别在《史学消息》《清华学报》和《国立武汉大学文哲学季刊》刊文指出书中所存在的诸多问题[1]，但其治学态

---

[1] 洪煨莲：《评古得林著乾隆书考》，《史学消息》，1937年，第1卷第6期；雷海宗：《书评：The Literary Inquisition of Ch'ien-Lung, Luther Carrington Goodrich》，《清华学报》，1935年，第10卷第4期；郭斌佳：《书评：乾隆之禁书运动》，《国立武汉大学文哲季刊》，1936年，第5卷第3期。

度还是得到中国学人的肯定。郭斌佳即认为:"吾人综观全书所得之印象,即作者治学之态度非常忠实。一字一句,不稍苟且。"①他的这种治学态度在这部小书中得以延续。杨联陞在书评中对其治学态度赞誉道:"至于方法态度,却很谨严公允。"②例如,作者在谈到夏朝时如是言道:"事实上,目前还没有满意的证据能证明这一国曾经存在。没有一件礼器、兵器或铭文,我们能确证是夏朝的。不过这许许多多的从商代传下来的工艺及文字,绝不是初民所为,在中国一定早有了好几百年的历史。这些东西使我们可以断定,即使没有过夏朝,在黄河岸上,也一定有过几个中心会铸造青铜器、知道蚕的用处、用战车并且开始有文字了。"这种见解在惯于疑古的西方学者当中是比较难得的。

张荫麟先生曾慨叹,"写中国通史永远是一种冒险"。作为一种冒险或者说尝试,富路德的这部《中华民族简史》不可避免地存在局限性。比如,作者为使本书简洁,往往将中国历史上的诸多人名、历史日期甚至具体史实予以省略或浓缩,这就使得不具备中国历史知识的西方非专业人士有时无法领会其中的内容。当然,对于中国读者来说不存在这一问题。又如,作者以这种高度浓缩的形式来描述中国人在物质文明进展方面的许多成就,以致读者可能会有一种浏览百科全书的感觉。再如,在对待遥远过去的文化对象时,作者经常犯有过于倾向"文化借用"理论而甚少承

---

① 郭斌佳:《书评:乾隆之禁书运动》,《国立武汉大学文哲季刊》,1936年,第5卷第3期。

② 杨联陞:《富路德,中华民族小史》书评,载《思想与时代月刊》,第36期。

认文化"独立或平行发展"的错误,如认为中国古代使用的棺材是来自于古埃及的"一种外来文化的渗透"。实际上,正如胡适所说:"面对类似的需要和困惑,人类心灵通常能够而且实际上也确实发明了或多或少相类似的解决方法。仅仅是存在相似性,并不总意味着相同的起源。"另外,富路德的这部著作虽可说是对现代西方中国史研究所取得之发现和贡献的一种出色综合,然而,颇为令人遗憾的是,诸如沙畹、伯希和、马伯乐等伟大汉学家的众多著述都未被提及。

由于作者谨严公允的方法态度以及非传统的历史写作方式,所有对中国历史、语言、文学、艺术和考古感兴趣的人都能够在这短短两百多页的篇幅里准确了解中国从最早时代一直到今天的物质文明发展,特别是每一时期中国人对于世界知识宝库的贡献以及其他民族对中国物质文明发展所做的贡献。正因为如此,富路德的这部《中华民族简史》自 1943 年由美国 Harper & Brothers 出版社出版后,先后于 1951、1959、1969 年出版了修订版;英国伦敦 George Allen & Unwin 出版社自 1948 年出版该书后,亦于 1957、1969 年出版了修订版。此外,该书还分别于 1950、1961、1968 年被翻译成西班牙语、瑞典语、泰语等,并且都相应出版了修订版。值得一提的是,美国纽约 Dover 出版社根据 1969 年的版本于 2002 年再次出版该书,并于 2007 年重印。此书现在虽然已经不再当作教科书使用,但仍有电子版销售,可谓经得起时间的考验。一部小书能够一版再版,且被译成多国文字,足可见其学术价值和学术生命力。

作者能够写出如此具有学术生命力的著作,与其成长经历有着密切的关系。富路德于 1894 年出生于中国河北通州(今北京通州)。其父富善(Chauncey Goodrich,1836—1925)是1865年来华的美国公理会①传教士,曾在通州设立公理会神学院,富有语言天赋,被公认为北京话讲得最好的传教士,并撰有《中英袖珍字典》和《官话特性研究》。因为受过顶尖的语言训练,官话又讲得好,富善被推举和著有《笔算数学》《代数备旨》《官话课本》等的长老会教士狄考文一道,共同主持翻译《官话和全本新旧约全书》。富路德的母亲莎拉(Sara)是美国中部威斯康星州一位公理会牧师的女儿。她在石渡口女子学院毕业前夕,听闻教会需要一位单身女士到中国张家口传教,便毅然于1879年来到中国。富路德是其母的第四个孩子,幼年的他经历过义和团运动。此后,富善一家乘船到天津,再渡海到日本,然后回到美国住了三年后,又回到中国通州。富路德12岁到山东烟台,在一所为传教士子弟开办的学校寄读了四年,在中学的最后两年,适逢其父母假期,便跟随父母到美国念书,入读其父的母校威廉斯学院。1917年,富路德毕业后从军,参加了第一次世界大战。不到一年,战事就宣告结束,他于1919年到法国基督教青年会替华工服务,为劳工与英美当局的沟通架设语言桥梁。1920年春,富路德再次回到美国,很快又被以学生海外传教人员的身份派往中国,任北京协和医学校体育教师、洛克菲勒基金会中国医药委员会助理研究主任。在中国期间,他的一项工作内容就是游历中国,参观医院和医学院。1926年,他回美入哥伦比亚大学东方语言学系攻读硕士

---

① 公理会在基督教新教中是比较温和开明的宗派,每个地方的会众自组教会,自行表决教条和崇拜仪式,以民主方式推选领导及聘任牧师,特别热心办教育。

学位,1927 年获硕士学位后即在哥伦比亚大学任教,同年,他开始攻读博士学位,为完成论文,曾于 1930—1932 年到中国搜集论文资料,1934 年获得博士学位。正是因为富路德成长于一个开明而有浓厚学术气氛的家庭,长时间在多元文化环境之中耳濡目染并思考各种文化如何交集和融汇,他才能够写得出《中华民族简史》这部宏观历史著作。

《中华民族简史》一书能够具有长久的学术生命力,与作者长期致力于中国与西域间物质和文化交流方面的教学和研究亦是分不开的。杨联陞曾言,劳费尔之后,在中西交通与物质文明的进展方面最渊博的美国人就是富路德了。自从事汉学研究以来,他即专注于这一领域。在 20 世纪三四十年代期间,富路德撰写了许多有关中西交通与物质文明进展方面的学术论文,如《中国中世纪的四种游戏》(1935)、《新世界对中国的最初影响》(1936)、《中国对花生的早期介绍》(1936)、《金鸡纳树在中国》(1937)、《红薯传入中国》(1937)、《古代中国的马球》(1938)、《东亚植物学的一些书目文献》(1940)、《中国人的笙与西方的乐器》(1941)、《中国的旋转书架》(1942)、《关于茶叶的补充说明》(1942)、《鼻烟在中国》、《棉花在中国》(1943)、《早期关于鱼类化石的早期记载》(1943)等。① 另外,他还同中国学者合作撰著或翻译相关的论文和著作,如同冯家升合撰《中国火枪的早期发展》、同瞿同祖合撰《隋文帝时期宫廷中的外来音乐》、同钱星海合

---

① 具体可参见富路德之子为其整理的著述目录,见 Thomas D. Goodrich, "*Luther Carrington Goodrich* (1894—1986): *A Bibliography*", Journal of the American Oriental Society, Vol. 113, No. 4, Oct. -Dec. , 1993, pp. 585 -592.

译陈垣的《元西域人华化考》等。正是因为建立在对中西交通与物质文明的精深研究及教学基础之上,富路德这部富含学术价值的小书才能具有如此长久的学术生命力。

这部著作是建立在作者丰富多元的成长环境及精湛的学术研究基础上的产物,故此书中常闪现新颖动人的观点和见解。比如,作者认为欧洲民族对统一的观念如此陌生,而中国人却对统一有着强烈的渴望,其原因在于"他们将统一与秩序、繁荣及可能的荣耀联系在一起。正是公元 10 世纪的恃强凌弱者,使他们领悟到保卫帝国以避免其陷入分裂的重要性"。又如,作者认为宋王朝之所以没能突破契丹、女真、西夏及蒙古人政权的围堵封锁,原因在于"缺乏充足的马匹繁殖地和牧场,这使他们不可能向其邻居发起进攻"。再如,谈到近代以来新世界对中国的影响时,他认为"中国人按照自己的时间和方式艰苦筛选来自新世界的思想和技术,努力使其适应自己的需要。这个过程是昂贵的,但即便如此,也远比直接采用不适宜中国人思想文化的制度要好得多"。其他还有,作者在解释 19 世纪中期为什么有如此多博学的汉人站在满人一边而不是太平天国起义者一边,以及为什么 20 世纪初期许多人宁愿维持满人统治并继续留着作为被奴役象征的辫子却反对革命团体时,他将其原因归之于乾隆皇帝主持修纂的《四库全书》,因为这项工程"摧毁了反抗其王朝的知识根基"。印刷术在隋唐时期出现是因为科举考试制度的设立和宗教的盛行;中国女子缠足始于隋唐时代非常流行的舞者或类似西方的芭蕾舞女,诸如此类新颖而睿智动人的观点和见解在书中随处可见。

说到本书的翻译,原本以为这样一本通识性的教科书,其翻译的难度应该会比学术性专著要小很多，但实际上翻译过程并不轻松，仅仅 China/Chinese 一词的翻译就让我大为头痛。作者在书中大量使用 China 和 Chinese，这是西方学者的习惯用法，有时指中国和中国人，更多时候则指中原或专指汉人、汉族。为此，在翻译过程中笔者必须结合上下文语境，仔细斟酌，选择合适的译法。再者，本书的作者在叙述时大量借用西方学者关于中西交通及物质文明的专题论著中相关史料的翻译，虽注明了所引西文出处，但没有注明西文文献英译史料的中文出处，这大大增加了回译中文原文的难度，以致目前在书中仍有三处史料只能按照其英译译文回译成中文，而无法回译为中文原文。书中在提到中国物质文明进展成果或中国学人对西方物质文明的介绍时，往往只是简单加以概括，而没有详细注明成就名称或具体的中国学者人名。为使读者能更好地理解，译者在翻译时需不时以译注的形式加以说明。另外，书中引用了大量西方学者的研究成果，但在引用时仅非常简单地列出了作者的名字或刊物名称，以致翻译时需一一去查找校对，费力良多。

幸运的是，笔者在翻译过程中得到许多朋友的鼎力帮助。首先要感谢的就是我的同事宋宏副教授，他是一位以读书、教学和研究为乐之人，涉猎书籍非常广，学识渊博。他在家事和教学科研等诸多事务缠身之时，仍慨然允诺帮忙承担译稿的审校任务。正是得益于他的帮助，书中所引中文史料，绝大多数都查找到了原始出处，并回译为中文原文。其次要感谢中国矿业大学的孟庆波副教授，他在繁重教学科研任务的空隙，牺牲难得的新春佳节假期校对了整部译稿。作为专事美国汉学研究者，他的校对使译稿增色良多，不仅避免了许多翻译上的错讹，同时也使语言更为流畅。感谢上海师范大学的阮洁卿师妹,她热情地帮助我翻译了本书中的法语注释。感谢本书的编辑西北大学出版社的任洁编辑,本书的出版也凝结了她的心血。由于本书的英文版年代久远,加之原作者也已去世,任编辑为此书的版权事宜费尽周折;为了让本书的中文版顺利面世,她与译者的邮件往来不下30封,就译稿的用词、体例等贡献其专业意见。正是得益于她的辛劳付出和专业睿智的建议,本书才能够以如此面貌呈出在读者面前!

当然,译稿中所出现的错误概由本人承担。在中国现行的科研体制之下,翻译确实是一项吃力不讨好的工作,完全成了译者的个人业余爱好,成为译者的良心活。然而,学术的发展离不开翻译。出色的译作是中国学术不断前行的养料来源之一。期待中国的学术科研体制有所改变,给予学术翻译工作正常的发展空间,如此方能有上好的译作不断涌现!

吴原元

2017年12月1日